2023

공인노무사
핵심정리
행정쟁송법

김기홍

박영사

머리말

[2023 공인노무사 핵심정리 행정쟁송법(제9판)의 개정특징]

1 <2023 핵심정리 행정쟁송법>의 가장 큰 특징은 기존에 수록되었던 기출문제와 간단한 해설을 삭제하여 가독성을 높이고, 약 100여 페이지를 축소하였습니다. 기출문제와 해설은 <쟁점정리 행정쟁송법>이나 <기출사례 행정쟁송법>을 참조해 주세요.

2 현재의 출제경향과 쟁점의 중요도를 바로 파악하실 수 있도록 2008년-2022년까지 시행된 공인노무사 행정쟁송법뿐만 아니라 모든 주관식 국가시험의 행정쟁송법의 기출쟁점을 각 쟁점별로 표시하였습니다.

3 <2023 핵심정리 행정쟁송법>에서도 형광펜 기능을 사용하여 핵심 키워드를 표시하였습니다. 행정쟁송법을 최종적으로 정리하시는 분들뿐만 아니라, 행정쟁송법을 처음 시작하시는 분들도 핵심 키워드를 기본서에서 체크하면서 공부하신다면 보다 효율적인 수험준비가 되실 것입니다.

4 <2023 핵심정리 행정쟁송법>에서도 모든 쟁점에 해당 쟁점의 중요도를 표시하였습니다. 별표 하나는 '보통', 둘은 '중요', 셋은 '매우 중요'하다는 의미입니다. 별표 둘과 셋은 반드시 숙지하셔야 할 쟁점입니다(매년 중요도는 조금씩 달라집니다).

핵심정리 행정쟁송법의 특징

1 행정쟁송법을 처음 공부하시는 초심자분들의 이해를 돕기 위해 풍부한 예를 들었습니다 (옆번호 30, 34, 37 등 참조).

2 다른 법학을 공부하지 않고 행정쟁송법을 공부하시는 분들을 위해 법학의 기초 개념(행정쟁송법교과서에는 소개되어 있지 않은 법학의 기초 개념)에 대해 개념(용어) 설명을 덧붙였습니다(옆번호 4, 5, 17 등 참조).

3 행정쟁송법의 추상적인 내용·표현을 구체화하기 위해 지면을 통한 강의형식으로 부연설명을 덧붙였습니다(옆번호 952, 955, 957 등 참조).

4 수험서로서의 역할에 충실하고자 판례와 일반적인 견해에 따라 서술하였습니다.

5 가독성을 높이기 위해 책의 흐름과 직접 관련이 없는 내용 중 중요한 것은 [쟁점]으로, 중요하지 않은 내용은 [참고]로 처리하였습니다.

6 모든 문단에 옆번호를 부여하였습니다. 어떤 쟁점과 연결되는 쟁점(또는 참고할 쟁점)이 뒷부분에 나오거나 이미 앞부분에 나왔다면, 해당 부분의 번호를 기재하여 연결되는 쟁점을 함께 혹은 참고해서 공부할 수 있도록 하기 위함입니다.

7 보다 편리한 판례공부를 위해 판례에 밑줄을 넣었으며, 이해가 어렵거나 중요한 평석이 있는 판례는 따로 [해설]을 덧붙였습니다.

감사의 말씀

이 책의 출간에 도움을 주신 박영사 안종만 회장님, 조성호 이사님, 김선민 이사님께 감사드립니다.
독자분들의 소망이 꼭 이루어지길 빌면서.

2022. 9.

김기홍

차례

제5장 행정절차법·행정정보

제6장 행정의 실효성 확보

제2부   행정쟁송법

제1편   행정심판법

제1장 일 반 론

제3장 당사자소송

제4장 객관적 소송

일러두기

이 책에는 옆번호가 있습니다. 내용에 고유 번호를 부여한 것으로, 개정 과정에서 삭제되는 부분은 해당 옆번호도 함께 지워집니다. 따라서 다음 옆번호와 연속되지 않을 수 있습니다.

01

행정법총론

제1절 행정법의 의의

● 제1항 행정에 관한 법으로서 행정법

Ⅰ. 행정법

행정법은 '행정의 조직과 작용에 관한 법'이다. 즉 행정목적을 달성하기 위한 행　1
정주체의 모든 활동을 규율하는 법의 총체를 말한다. 전체적으로 보면 행정법은 행정
주체의 조직에 관한 법, 행정작용에 관한 법, 그리고 사인의 권리구제(행정구제)에 관한
법으로 구성된다.

Ⅱ. 행정의 종류

1. 공법상 행정·사법상 행정

공법상 행정은 공법(公法)에 따라 이루어지는 행정을 말하며, 공익을 목적으로 하　2
고 국가와 사인 간의 관계에서 국가의 우월적 지위를 특징으로 한다. 그리고 사법상
행정은 사법(私法)에 따라 이루어지는 행정을 말하며, 사익을 목적으로 하고 국가와 사
인 간에 대등한 관계가 특징적이다. 공법상 행정은 권력행정과 비권력행정(단순고권행
정)으로 구분된다(비권력행정은 공법이 적용되기는 하지만 그 수단이 비권력적이라는 면에서 권력행
정과 구별된다. 예를 들어 전염병예방의 강제접종은 권력행정이나, 예방접종의 권고는 비권력행정이다).

2. 질서행정·급부행정

질서행정이란 공공의 안녕과 질서의 위험이나 장해를 예방하고 제거하는 것을 목　3
적으로 하는 행정을 말하며(예를 들어 교통경찰행정), 급부행정이란 국민의 생활조건을 개
선하고 이익추구를 증진시키는 행정을 말한다(예를 들어 장학금지원행정).

● 제2항 공법으로서 행정법

Ⅰ. 공법과 사법의 구별필요성

6   사법이 적용되는 법적 분쟁에 있어서 사법(司法)적 구제(재판작용)는 민사소송법에 의하지만, 공법이 적용되는 법적 분쟁에 있어서 사법적 구제는 일반적으로 행정소송법에 의한다.

Ⅱ. 공법과 사법의 구별기준

7   법률관계의 일방 당사자가 행정청이면서 행정청에게 우월적 지위를 인정하고 있거나 또는 우월적 지위를 인정하지 않는다고 하여도 공익실현을 직접적인 목적으로 하고 있는 경우에는 공법관계로 볼 수 있다.

제2절 행정의 법률적합성의 원칙

8   행정의 법률적합성이란 행정은 법률의 근거하에서 법률의 기속을 받아서 행해져야 한다는 법원리를 말한다. 일반적으로 법률의 유보, 법률의 우위를 내용으로 한다.

● 제1항 법률우위의 원칙

10   법률우위의 원칙이란 행정이 법률에 위반되는 행위를 해서는 아니 된다는 원칙을 말한다. 그 법률에는 헌법, 국회가 제정한 형식적 의미의 법률, 법률의 위임에 따라 제정된 법규명령, 불문법(29 이하) 등이 포함된다.

● 제2항 법률유보의 원칙

12   법률유보의 원칙이란 행정은 법적 근거를 갖고서 이루어져야 한다는 원칙을 말한다. 여기서 말하는 법률은 국회에서 제정한 형식적 의미의 법률을 말한다.

제1절 법원(法源)

● 제1항 행정법의 법원의 개념

Ⅰ. 의 의

행정사무를 처리하는 기준이 되는 모든 규범을 행정법의 법원이라고 한다. 15

Ⅱ. 성문법주의

행정법의 법원은 성문법원과 불문법원으로 나눌 수 있고, 성문법주의가 원칙적인 16
모습이다.

> 법원과 법규 17
> 법규를 국민을 구속하는 규범으로 이해하는 다수설(협의설)은 행정주체 내부관계를 규율하는 규범을 법규개념에서 제외하기 때문에 행정규칙을 법규로 보지 않는다. 다만 행정규칙은 행정사무 처리기준은 될 수 있기 때문에 법원에는 해당한다.

● 제2항 행정법의 법원의 종류

행정법의 법원에는 성문법, 국제법, 불문법원, 행정법의 일반원칙(조리) 등이 있다. 18

Ⅰ. 성 문 법

1. 헌 법

헌법은 행정의 조직과 작용에 관한 행정법의 최고의 법원이다. 19

2. 법　　률

20　　국회가 입법절차를 거쳐 제정한 법률(형식적 의미의 법률: '~법' 또는 '~법률'의 형식이다)은 가장 일반적이고 중요한 행정법의 법원이다.

3. 행정입법(법규명령, 행정규칙)(145 이하)

21　　행정기관에 의해 정립된 규범을 행정입법이라고 한다. 행정입법에는 법률의 위임에 따라 제정된 국민을 구속하는 규범인 법규명령(예: 대통령령인 도로교통법시행령)과 행정기관의 자율적 권한으로 제정한 행정내부를 규율하는 규범인 행정규칙(예: 상급행정청이 제정한 하급행정청 소속 공무원의 근무에 대한 규칙)이 있다. 양자는 모두 행정법의 법원이 된다(다수견해).

4. 자치법규

22　　자치법규란 공공단체(지방자치단체를 포함)가 법령의 범위 안에서 제정한 자치에 관한 법규를 말한다. 지방자치법상 자치법규에는 지방의회가 제정하는 조례, 지방자치단체의 장이 제정하는 규칙 등이 있다.

Ⅱ. 국 제 법

23　　일부의 국제법은 행정법의 법원이 될 수 있다. 헌법은 제6조에서 "헌법에 의하여 체결·공포된 조약과 일반적으로 승인된 국제법규는 국내법과 같은 효력을 가진다"고 하여 일정한 국제법을 법원으로 수용하고 있다.

Ⅲ. 불문법원

24　　성문법주의가 원칙이지만 행정은 가변적이기 때문에 모든 사항을 일일이 성문화하기가 곤란하며, 성문법이 완비되어 있지 않은 분야도 적지 않은바 불문법원이 필요하게 된다.

1. 관 습 법

25　　행정법의 법원으로서 관습법이란 행정에 대한 관행이 일정기간 반복되고 아울러 이러한 관행에 대해 일반국민이 법적 확신을 가지는 법규범을 말한다.

2. 판　　례

28　　㈎ 행정사건에서 법원의 판결은 구체적인 분쟁에서 사실관계를 확정하고 그에 법령을 적용함으로써 해당 분쟁을 해결하고 법질서를 유지함을 직접적인 목적으로 한

다. 그런데 이러한 판결 결과에 의하여 정립된 기준(법리)이 그 합리성으로 인해 이후 같은 종류의 사건에 대한 재판에도 준거가 될 수 있는지가 판례의 법원성 문제이다(김동희).

(나) 대법원 판례의 법원성 여부에 관해 견해의 대립이 있다. 즉, ⓐ 개별(당해)사건에만 구속력을 미치고 일반적 구속력은 없다는 견해(부정설)와 ⓑ 형식적으로는 구속력이 없으나 사실상 구속력을 갖는다는 견해(긍정설)이다.

3. 행정법의 일반원칙(조리)

조리란 일반사회의 정의감에 비추어 반드시 그러하여야 할 것이라고 인정되는 사물의 본질적인 법칙 또는 법의 일반원칙을 말한다(류지태·박종수)(행정법의 일반원칙(조리)도 불문법원으로 분류될 수 있다). **29**

(1) 행정의 자기구속원칙

행정기관이 행정결정을 함에 있어 동일한 사안에 대하여 이전에 제3자에게 행한 결정과 동일한 결정을 상대방에게도 하도록 스스로 구속당하는 원칙을 말한다(예를 들어 동일한 법위반행위를 하였음에도 갑·을에게는 과징금 100만원을 과하고, 병에게는 500만원 과징금부과처분을 한 경우 병에게 발령된 처분은 행정의 자기구속원칙에 위반된다). **30**

(2) 비례원칙*

행정목적을 실현하기 위한 구체적인 수단과 목적 간에 적정한 비례관계가 있어야 한다는 원칙이다(예를 들어 1만원의 뇌물을 수수한 국가공무원에게 청렴의무 위반을 이유로 국가공무원법상 가장 중한 징계인 파면처분을 한다면 이는 비례원칙에 위반된다). **34**

(3) 신뢰보호원칙

행정청의 행위를 사인이 신뢰한 경우 보호가치 있는 신뢰라면 보호되어야 한다는 원칙을 말한다(예를 들어 건축허가를 받을 수 있다는 구청장의 약속을 믿고 토지를 구입하였으나 건축허가가 거부된 경우 사인은 신뢰보호원칙을 주장할 수 있다). **37**

(4) 부당결부금지원칙

행정작용과 사인의 반대급부 간에 부당한 내적 관련이 있어서는 아니 된다는 원칙이다(예를 들어 식품위생영업허가를 하면서 그와 아무런 관련 없는 사인의 토지를 지방자치단체에 기부하라는 조건을 부가한 경우 부당결부금지원칙에 위반된다). **46**

● 제3항 법원의 단계질서

Ⅰ. 내   용

51
국내법은 헌법·법률·법규명령·자치법규(조례와 규칙)의 순으로 단계를 구성한다.

Ⅱ. 충   돌

52
상위법과 하위법 사이에 충돌이 있는 경우에는 상위법이, 특별법과 일반법 사이에 충돌이 있는 경우에는 특별법이, 신법과 구법 사이에 충돌이 있는 경우에는 신법이 적용된다. 그러나 충돌이 없다면 관련법 모두가 적용된다.

53

> **참고**
> 적용의 우위와 효력의 우위
> 적용의 우위란 구체적인 사건에 헌법, 법률, 법규명령이 모두 적용되는 경우 하위의 규정이 먼저 적용된다는 원칙이다. 효력의 우위란 상하규범이 충돌된다면 상위법의 효력이 우위에 있다는 것을 말한다.

제2절 법원의 효력

● 제1항 시간적 효력

Ⅰ. 효력의 발생

54
법령은 공포로 효력이 발생하는데 공포란 확정된 법령의 시행을 위해 국민·주민에게 알리는 것을 말한다. 법령 등의 공포일은 해당 법령 등을 게재한 관보 또는 신문이 발행된 날로 한다(법령 등 공포에 관한 법률 제12조). 그리고 대통령령, 총리령 및 부령은 특별한 규정이 없으면 공포한 날부터 20일이 경과함으로써 효력을 발생한다(동법 제13조).

Ⅱ. 불소급의 원칙

55
특정법규가 그 법규의 효력발생일 이전의 사항에 대하여 적용되는 것을 소급이라 하는데, 법규의 적용에 소급을 인정하면 법적 안정성 또는 관계자의 신뢰에 침해를 가져올 수 있으므로 소급효를 인정하지 않는 불소급이 원칙이다(헌법 제13조 제1항·제2항 참조).

● 제2항 　지역적 효력

　　행정법규는 그 법규의 제정권자의 권한이 미치는 지역적 범위 내에서만 효력을 　56
갖는다. 예컨대 대통령령 · 부령은 전국에 미치고, 조례는 해당 지방자치단체의 관할구
역에만 미친다.

● 제3항 　인적 효력

　　속지주의원칙에 의거하여 행정법규는 해당 지역 안에 있는 모든 사람에게 적용된 　57
다. 자연인 · 법인, 내국인 · 외국인을 불문한다.

제1절 행정법관계의 개념

● 제1항 행정법관계

Ⅰ. 행정법관계(행정상 법률관계)의 의의*

59   (개) 행정주체가 행정기관의 행위를 매개로 행정객체를 상대로 형성하는 법률관계를 행정상 법률관계(권리·의무관계)라 부른다.

(나) '행정주체'란 행정기관이 행위를 하게 되면 그에 따른 법적 효과(권리·의무)가 귀속하는 주체를 말한다(예를 들어 장관(행정기관)이 일정한 행정작용을 하게 되면 그에 따른 법적 효과는 국가에 귀속된다. 따라서 행정주체는 권리나 의무의 귀속주체가 될 수 있지만, 행정기관은 권리나 의무의 귀속주체가 될 수 없다). '행정기관'이란 행정주체를 위해 권한을 행사하는 행정주체의 내부조직을 말하며, 행정기관에서 현실적으로 업무를 담당하는 자가 공무원이다(예를 들어 '장관 홍길동'이라고 할 때 장관은 행정기관이며, 홍길동은 공무원이다).

(다) '행정객체'란 행정주체에 의한 행정권행사의 대상이 되는 상대방을 말한다. 행정객체는 일반적으로 사인이지만, 공법상 법인(지방자치단체를 포함하여)이 될 수도 있다.

Ⅱ. 행정주체의 종류

60   행정주체로는 국가, 지방자치단체(지방자치단체도 넓은 의미의 공법상 법인이다), 공법상 법인(공법상 사단·공법상 재단·공법상 영조물법인이 있다), 그리고 공무수탁사인이 있다. 국가(시원적인 행정주체)와 국가로부터 위임된 권력을 갖는 공법상 법인인 지방자치단체가 행정주체의 기본적인 형태이다.

1. 공법상 법인

62   공법상 법인이란 특정한 행정목적을 위해 법률이나 법률에 근거한 행위로 설립된 법인격이 부여된 단체를 말한다.

(1) 공법상 사단(공공조합)

공법상 사단이란 특정의 공적 목적을 위해 결합된 인적인 결합체를 말한다(예: 상   63
공회의소, 재건축조합). 공통의 직업이나 공통의 신분을 가진 자들만 이해관계를 갖는 사
무는 국가가 이를 관장하기보다는 그들로 하여금 단체를 구성하여 사무를 수행하는
것이 효율적이기 때문에 인정한 것이다.

(2) 공법상 재단

공법상 재단이란 일정한 공적 목적을 위해 설립된 재산의 결합체를 말한다(예: 한   64
국연구재단, 중소기업진흥공단).

(3) 공법상 영조물법인

공법상 영조물법인이란 공적 목적에 제공된 인적·물적 결합체로 권리능력이 있   65
는 행정의 단일체를 말한다(예: 서울대학교병원, 한국방송공사, 한국도로공사).

2. 공무수탁사인

(1) 개 념

1) 의 의 공무수탁사인이란 법률이나 법률에 근거한 행위(행정행위, 공법   66
상 계약)로 공적인 임무를 자기의 이름으로 수행하도록 권한이 주어진 사인을 말한다
(예를 들어 사법경찰관리의 직무를 수행할 자와 그 직무범위에 관한 법률 제7조(① 해선(海船)[연해항로
(沿海航路) 이상의 항로를 항행구역으로 하는 총톤수 20톤 이상 또는 적석수(積石數) 2백 석 이상의 것]
안에서 발생하는 범죄에 관하여는 선장은 사법경찰관의 직무를, 사무장 또는 갑판부, 기관부, 사무부의
해원(海員) 중 선장의 지명을 받은 자는 사법경찰리의 직무를 수행한다. ② 항공기 안에서 발생하는 범
죄에 관하여는 기장과 승무원이 제1항에 준하여 사법경찰관 및 사법경찰리의 직무를 수행한다)에 따라
선장이나 기장 등이 사법경찰관 등의 직무를 수행하는 경우를 말한다).

2) 구별개념 ① 행정의 보조인은 행정주체를 위해 일하는 단순히 도구이며   67
독립성이 없으므로 공무수탁사인이 아니다(예: 교통사고 현장에서 경찰의 부탁에 의해 경찰을
돕는 사인). ② 공의무부담사인은 권한을 행사하는 것이 아니라 의무를 부담하는 것이
므로 공무수탁사인이 아니다(예: 석유 및 석유대체연료 사업법 제17조 제1항에 따라 석유비축의무
를 지는 석유정제업자).

(2) 법적 근거

공무수탁사인제도는 공권의 행사가 사인에게 이전되는 것이므로 법적 근거를 필   68
요로 한다.

❍ 제2항 행정법관계의 종류

Ⅰ. 행정조직법관계

75   행정조직법관계는 행정주체 내부의 법관계와 행정주체 간의 법관계로 나눌 수 있고, 전자에는 상급행정청과 하급행정청의 관계, 지방의회와 지방자치단체장의 관계 등이 있고, 후자에는 국가와 지방자치단체의 관계, 지방자치단체 상호 간의 관계 등이 있다.

Ⅱ. 행정작용법관계[*]

1. 공법관계

(1) 권력관계

76   권력관계란 행정주체가 우월한 지위에서 일방적으로 행정법관계를 발생·변경·소멸시키는 관계를 말하며, 행정법관계 중 가장 중요한 영역을 차지한다(예를 들어 행정행위). 공법규정과 공법원리가 적용되며 행정소송 중 주로 항고소송의 대상이 된다.

(2) 비권력관계

77   비권력관계(관리관계라고도 한다)란 행정주체가 대등한 지위에서 행정작용을 하는 법관계를 말한다. 공법상 계약이나 비권력적인 사실행위 등이 여기에 해당한다. 여기에도 원칙적으로 공법규정이 적용되며 행정소송 중 주로 당사자소송의 대상이 된다(류지태·박종수).

2. 행정상 사법관계(국고관계)

78   행정주체가 사법(私法)상의 재산권 주체의 지위(이를 '국고(國庫)'라고 한다)에서 형성하는 법률관계를 말한다(예: 물건의 매매, 국유재산의 임대). 행정상 사법관계에는 원칙상 사법규정이 적용되며 민사소송의 대상이 된다.

제2절 행정법관계의 내용

❍ 제1항 국가적 공권

92   국가적 공권이란 행정법관계에서 국가 등 행정주체가 사인에 대해 갖는 권리, 즉 자기의 이익을 주장할 수 있는 법률상의 힘을 말한다.

● 제2항　개인적 공권

Ⅰ. 개인적 공권과 반사적 이익의 의의, 구별실익

(가) 개인적 공권(주관적 공권(권리))이란 자신의 이익을 위하여 국가 등 행정주체에 대하여 일정한 행위를 요구할 수 있도록 개인에게 주어진 법적인 힘을 말한다(예를 들어 과세처분이 있다면 사인은 이를 이행할 의무를 부담하지만, 그 과세처분이 위법하여 사인이 이를 다투고자 하는 경우 위법한 과세처분에 대항할 수 있는 힘이 개인적 공권이다).

(나) 그러나 반사적 이익(불이익)이란 행정법규가 공익목적을 위해 또는 일정한 사인을 위해 행정기관이 작위·부작위할 것을 규정하고 있는 결과 다른 사인이 얻게 되는 사실상의 이익(불이익)을 말한다(예를 들어 인근 지역이 절대보전지역으로 지정됨으로써 주민들이 받는 환경상 이익은 반사적인 이익에 불과하다).

(다) 행정소송법 제12조 제1문은 취소소송의 원고적격(취소소송을 제기할 원고가 될 자격)과 관련해 "취소소송은 처분등의 취소를 구할 법률상 이익이 있는 자가 제기할 수 있다"고 규정하는데, '법률상 이익이 있는 자'에 개인적 공권을 가진 자는 포함되지만(개인적 공권을 가진 자는 취소소송의 원고적격이 인정된다) 반사적 이익을 가진 자는 포함되지 않기 때문에 반사적 이익만으로는 취소소송을 제기할 원고적격이 인정되지 않는다. 따라서 이 점이 개인적 공권과 반사적 이익을 구별하는 실익이 된다.

Ⅱ. 개인적 공권의 성립근거

(가) 개인적 공권은 다양한 근거에 따라 성립될 수 있지만, 법률에 근거하여 성립되는 것이 일반적인 모습이다. 반면 헌법상의 기본권은 언제나 국민에게 구체적이고도 현실적인 권리(개인적 공권)를 부여하지는 않는다. 따라서 헌법상의 기본권이 개인적 공권의 성립에 어떤 기능을 하는지가 문제된다.

(나) 공권은 우선적으로 법률에서 인정근거를 찾아야 하고, 그로부터 개인적 공권이 도출될 수 없을 경우에 실효적인 권리구제를 위해 헌법의 기본권규정이 개인적 공권성립의 보충적인 근거규정이 될 수 있다는 것이 일반적인 입장이다(류지태·박종수, 김남진·김연태, 박균성, 김성수). 판례도 유사한 입장이다(국세청장의 지정행위의 근거규범인 이 사건 조항들이 단지 공익만을 추구할 뿐 청구인 개인의 이익을 보호하려는 것이 아니라는 이유로 청구인에게 취소소송을 제기할 법률상 이익을 부정한다고 하더라도, 보충적으로 기본권에 의한 보호가 필요하다. 따라서 일반법규에서 경쟁자를 보호하는 규정을 별도로 두고 있지 않은 경우에도 기본권인 경쟁의 자유가 바로 행정청의 지정행위의 취소를 구할 법률상의 이익이 된다(헌재 1998. 4. 30. 97헌마141)).

(다) 다만, 침익적 처분(예: 운전면허취소, 과세처분)의 상대방이 그 침익적 처분의 제거를 목적으로 하는 경우(예를 들어 운전면허취소의 취소를 구하거나 과세처분의 취소를 구하는 소송을 제기하려는 경우)에는 개별법률규정을 검토함이 없이도 권리 침해를 이유로 취소소송

등을 제기할 수 있다(이를 직접상대방이론(침익적 처분의 상대방은 항상 권리침해가 인정된다는 이론) 또는 수범자이론이라고 한다)(김동희, 박정훈, 정하중). 판례도 유사한 입장이다(행정처분에 있어서 불이익처분의 상대방은 직접 개인적 이익의 침해를 받은 자로서 원고적격이 인정되지만 수익처분의 상대방은 그의 권리나 법률상 보호되는 이익이 침해되었다고 볼 수 없으므로 달리 특별한 사정이 없는 한 취소를 구할 이익이 없다고 할 것이다(대판 1995. 8. 22. 94누8129)).

Ⅲ. 개인적 공권의 성립요건[*]

94 　　일방에게 권리가 성립되기 위해서는 그에 대응하여 상대방에게는 법적 의무가 있어야 한다. 즉 권리는 법적 의무를 필수적 전제로 한다. 그러나 행정법관계에서 행정청에게 법적 의무가 존재한다고 하여 사인에게 반드시 권리가 성립되는 것은 아니다. 왜냐하면 행정의 본질은 공익실현이므로 행정청은 공익을 위한 법적 의무도 부담하기 때문이다. 따라서 개인적 공권의 성립요건으로 행정청의 의무의 존재와 이에 더하여 사익보호목적의 존재가 필요하다(즉, 법령에 행정청의 의무와 사익보호목적이 규정되어 있어야 한다). 다만 소구가능성의 존재에 대해서는 학설이 대립된다.

1. 행정청의 의무의 존재(강제규범성)

95 　　개인적 공권성립의 제1의 요소는 '해당 법규가 국가 기타 행정주체에게 행위의무를 부과할 것'이다. 이러한 의무에 대응하여 사인은 일정한 권리를 가지게 되는 것이다. 행정청의 의무에는 작위·부작위·수인·급부 의무가 모두 포함될 수 있다.

2. 사익보호목적의 존재

96 　　개인적 공권성립의 두 번째 요소는 '해당 법규가 사익보호를 목적으로 해야 한다'는 점이다. 법규가 특정인의 사익을 보호하는 경우는 물론이고 공익과 더불어 특정인의 사익의 보호를 목적으로 하는 경우에도 역시 사익보호목적은 존재하는 것이 된다.

3. 소구가능성(이익관철의사력)의 존재

97 　　일부 견해는 개인적 공권성립의 세 번째 요소로 '개인이 자신의 이익을 행정주체에 대해 소송으로 요구할 수 있을 것'이 요구된다고 본다. 그러나 다수설은 제3요소는 필요 없는 것으로 본다(2요소론). 왜냐하면 재판청구권(행정주체에 대해 소송으로 요구할 수 있는 법적인 힘)은 헌법상 일반적으로 보장되어 있기 때문에 이를 또 하나의 요건으로 볼 필요가 없기 때문이다.

Ⅳ. 개인적 공권과 법률상 이익과의 관계

99 　　㈎ 현행 행정소송법(1984년 12월 15일에 개정되고 1985년 10월 1일에 시행됨. 행정심판법도

1984년 12월 15일에 제정되고 1985년 10월 1일에 시행됨)의 시행 전 항고소송을 제기할 자격(원고적격)은 (좁은 의미)권리가 있거나 법이 보호하는 이익(=법률상 보호이익, 권리는 아니지만 행정쟁송을 통해 구제될 필요가 있는 법률상 이익)이 있는 자가 가진다고 보는 것이 일반적견해와 판례의 입장이었다. 그러나 현행 행정소송법은 제12조에서 법률상 이익이 있는 자가 원고적격을 가진다고 규정(행정심판법은 제13조의 청구인적격)하고 있어 권리와 법률상 이익의 관계에 관해 견해의 대립이 있다.

　(나) ① 학설은 권리와 법률상 이익을 ⓐ 구별을 긍정하는 견해(법률상 이익=(좁은 의미)권리+법률상 보호이익)와 ⓑ 구별을 부정하는 견해(법률상 이익=(넓은 의미)권리=법률상 보호이익)(다수설)가 있다. ② 판례는 구별을 긍정하는 입장이다(행정소송에서 소송의 원고는 행정처분에 의하여 직접 권리를 침해당한 자임을 보통으로 하나 직접 권리의 침해를 받은 자가 아닐지라도 소송을 제기할 법률상의 이익을 가진 자는 그 행정처분의 효력을 다툴 수 있다(대판 1974. 4. 9. 73누173)). ③ 권리의 개념을 넓게 이해하고, 권리 역시 법이 보호하는 이익으로 본다면 권리와 법률상 보호이익 그리고 행정소송법 제12조의 법률상 이익은 같은 개념이라고 보는 견해가 타당하다. 결국 권리를 가진 자는 행정소송법 제12조의 '법률상 이익이 있는 자'이므로 취소소송의 원고적격이 인정된다.

Ⅴ. 행정법관계에서 개인의 지위 강화(공권의 확대화)

　(가) 과거 개인적 공권은 행정작용의 직접 상대방이 중심이었으나, 현재는 행정작용의 상대방이 아닌 제3자와 관련하여 제3자에게 개인적 공권이 성립될 수 있는가가 문제된다. 현재 통설과 판례는 행정작용의 상대방이 아니라도 해당 법규에서 제3자에 대한 행정청의 의무와 사익보호목적을 규정하고 있다면 제3자에게 개인적 공권이 성립될 수 있음을 인정하고 있다(행정소송법 제12조 참조). 　100

　(나) 일반적으로 제3자에게 개인적 공권이 성립되는 경우로 경쟁자소송(경업자소송)(서로 경쟁관계에 있는 자들 사이에서 특정인에게 주어지는 수익적 행위가 제3자에게는 법률상 불이익을 초래하는 경우에 그 제3자가 자기의 법률상 이익의 침해를 다투는 소송), 경원자소송(일방에 대한 면허나 인·허가 등의 행정처분이 타방에 대한 불면허·불인가·불허가 등으로 귀결될 수밖에 없는 경우에 불허가 등으로 인한 자기의 법률상의 이익의 침해를 다투는 소송), 이웃소송(인인(隣人)소송)(이웃소송은 이웃하는 자들 사이에서 특정인에게 주어지는 수익적 행위가 타인에게는 법률상 불이익을 초래하는 경우에 그 타인이 자기의 법률상 이익의 침해를 다투는 소송)을 든다.

● 제3항　공 의 무

　공의무란 공권에 대응하는 개념으로서 의무자의 의사에 가해진 공법상의 구속을 의미한다. 작위의무(예: 철거의무)·부작위의무(예: 소음방지의무)·수인(受忍)의무(참아야 할 　108

의무)(예: 전염병예방접종의 수인의무) · 급부의무(예: 납세의무)로 나누어진다.

제3절 행정법관계의 발생과 소멸

○ 제1항 일 반 론

109

　　(가) 행정법관계의 발생 원인으로서 가장 중요한 것은 행정주체에 의한 공법행위이며(예를 들어 행정입법, 행정계획, 행정행위, 행정법상 계약 등을 말하며 상세한 설명은 행정의 행위형식에서 후술한다), 공법상 사건과 사인의 공법행위도 행정법관계의 발생 원인이 된다.

　　(나) 행정법관계의 소멸사유로는 급부의 이행(의무의 내용이 되는 의무자의 특정한 행위의 이행(예: 철거명령의 경우 자진철거)), 권리의 포기와 소멸시효(후술하는 시효 참조)의 완성, 실효, 기간의 경과(예: 허가기간의 만료), 대상의 소멸(예: 화재로 인한 건축물의 소실로 건축허가의 효력소멸), 사망(예: 사망으로 운전면허의 효력소멸) 등이 있다.

○ 제2항 공법상 사건

Ⅰ. 의　　의

111

　　공법상 사건이란 행정법상 법적 효과를 가져오는 행정법상 사실 중 사람이나 행정주체의 정신작용을 요소로 하지 않는 사실을 의미한다. 이것은 정신작용을 요소로 하는 사인의 공법행위나 행정주체의 행정행위 등의 법률사실과 구별된다. 공법상 사건의 예로 시간의 경과(예: 기간, 시효, 제척기간)를 들 수 있다.

Ⅱ. 종　　류

1. 기　　간

112

　　기간이란 일정시점에서 다른 시점까지의 시간적 간격을 말한다(예: 3년의 영업허가).

2. 시　　효

113

　　시효란 일정한 사실관계가 일정기간 계속되면 그 사실관계가 진실한 법률관계에 부합하는가를 묻지 않고 그 사실관계를 진실한 법률관계로 보는 것을 말한다. 시효에는 소멸시효(권리자가 권리를 행사할 수 있음에도 불구하고 권리를 행사하지 않는 사실상태가 일정기간 계속된 경우에 그 권리의 소멸을 인정하는 제도)(예: 국가재정법 제96조 ① 금전의 급부를 목적으로 하는 국가의 권리로서 시효에 관하여 다른 법률에 규정이 없는 것은 5년 동안 행사하지 아니하면 시효로 인하여 소멸한다)와 취득시효(무권리자라도 일정기간 점유-사실상 지배-하면 재산을 취득하게 되는 제도)(예: 민법 제245조 ① 20년간 소유의 의사로 평온, 공연하게 부동산을 점유하는 자는 등기함으로써 그 소유권을 취득한다)가 있다.

3. 제척기간

제척기간이란 법률이 정한 권리의 존속기간을 말한다. 행정쟁송법상의 제소기간 (심판청구기간)은 대표적인 제척기간의 예이다. 따라서 제소기간이 경과하면 소송을 제기할 권리가 소멸된다. ¹¹⁴

● 제3항 사인의 공법행위

Ⅰ. 일 반 론

1. 의   의

사인의 공법행위란 사인이 공법적 효과(공법상의 권리·의무의 발생·변경·소멸)의 발생 을 목적으로 하는 행위를 총칭한다. ¹²¹

2. 일 반 법

사인의 공법행위에 관한 일반법은 없다. 다만, 자체완성적 사인의 공법행위로서 신고와 관련하여 행정절차법(동법 제40조)에, 그리고 민원사무의 처리와 관련하여 민원 사무처리에 관한 법률에 몇 개의 원칙적인 규정이 있다. ¹²²

3. 분   류

(1) 자체완성적 사인의 공법행위

자체완성적 사인의 공법행위(자족적 공법행위)란 사인의 행위만으로 일정한 법률 효 과를 가져오는 경우를 말한다(예: 수리를 요하지 않는 신고, 선거인의 투표행위). ¹²³

(2) 행정요건적 사인의 공법행위

행정요건적 사인의 공법행위란 사인의 행위는 특정행위의 요건이 될 뿐 그 자체 로서 법률 효과를 발생시키지 못하는 경우를 말한다(예: 허가 등의 신청, 동의, 협의). 이 경 우 사인의 공법행위는 행정작용의 요건이 될 뿐이므로 공법상 법률효과는 행정청의 행위가 있어야 비로소 발생한다(예를 들어 사인의 허가신청이 있는 경우 행정청의 '허가', 공법상 계약에서 '승낙'). ¹²⁴

4. 적용법규

125   사인의 공법행위를 규율하는 총칙적인 규정이 없기 때문에 이러한 경우 사법규정이 유추적용된다.

Ⅱ. 사인의 공법행위로서 신고

1. 신고의 개념·일반법

132   사인의 공법행위로서 신고란 사인이 공법적 효과의 발생을 목적으로 행정주체에 대하여 일정한 사실을 알리는 행위를 말한다. 행정절차법 제40조 제1항은 법령에서 행정청에 대하여 일정한 사항을 통지함으로써 의무가 끝나는 신고만을 규정하고 있다.

2. 신고의 종류**

(1) 종   류

133   **1) 수리를 요하지 않는 신고(자체완성적 사인의 공법행위로서 신고)**   사인이 행정청에 대하여 일정한 사항을 알리고 그것이 도달함으로써 공법적 효과가 발생하는 신고를 말한다(예: 당구장업 개설신고).

134   **2) 수리를 요하는 신고(행정요건적 사인의 공법행위로서 신고)**   사인이 행정청에 대하여 일정한 사항을 알리고 행정청이 이를 수리함으로써 공법적 효과가 발생하는 신고를 말한다(예: 주민등록전입신고). '수리'란 사인이 알린 일정한 사실을 행정청이 유효한 것으로 판단하여 받아들이는 것을 말한다.

(2) 구별기준

136   수리를 요하지 않는 신고와 수리를 요하는 신고의 구별은 ① 관련법령에서 수리에 관한 규정을 두고 있거나 수리(수리거부)에 일정한 법적 효과를 부여하는 경우는 수리를 요하는 신고이며, ② 신고 요건이 형식적 심사(요건)인 경우 수리를 요하지 않는 신고이며, 실질적 심사(요건)인 경우 수리를 요하는 신고로 보아야 한다(학설은 대립되지만 최근 대법원 판례는 이러한 입장이다. 그리고 이러한 입장의 근거는 행정절차법 제40조 제1, 2항이다)[판례]. ③ 그럼에도 불분명한 경우에는 사인에게 유리하도록 수리를 요하지 않는 신고로 보아야 한다.

행정관청이 노동조합으로 설립신고를 한 단체가 노동조합 및 노동관계조정법 제2조 제4호 각 목에 해당하는지 여부를 실질적으로 심사할 수 있는지 여부(적극) 및 실질적 심사의 기준

노동조합 및 노동관계조정법이 행정관청으로 하여금 설립신고를 한 단체에 대하여 같은 법 제2조 제4호 각 목에 해당하는지를 심사하도록 한 취지가 노동조합으로서의 실질적 요건을 갖추지 못한 노동조합의 난립을 방지함으로써 근로자의 자주적이고 민주적인 단결권 행사를 보장하려는 데 있는 점을 고려하면, 행정관청은 해당 단체가 노동조합법 제2조 제4호 각 목에 해당하는지 여부를 실질적으로 심사할 수 있다 … 행정관청은 일단 제출된 설립신고서와 규약의 내용을 기준으로 노동조합법 제2조 제4호 각 목의 해당 여부를 심사하되, 설립신고서를 접수할 당시 그 해당 여부가 문제된다고 볼 만한 객관적인 사정이 있는 경우에 한하여 설립신고서와 규약 내용 외의 사항에 대하여 실질적인 심사를 거쳐 반려 여부를 결정할 수 있다(대판 2014. 4.10. 2011두6998).

3. 신고의 요건

신고의 요건은 개별법률에서 구체적으로 정하는 바에 의한다. 다만, 수리를 요하지 않는 신고 중에서 의무적인 성질을 갖는 신고의 경우에 요건을 갖추지 못한 신고서가 제출된 경우, 행정청은 지체 없이 상당한 기간을 정하여 신고인에게 보완을 요구하여야 한다(행정절차법 제40조 제3항). 137

4. 신고의 수리

신고의 수리는 수리를 요하지 않는 신고는 문제되지 아니하고, 수리를 요하는 신고에서만 문제된다. 법령이 정한 요건을 구비한 적법한 신고가 있으면 행정청은 의무적으로 수리하여야 한다. 138

5. 신고의 효력 발생 시기

ⓐ 수리를 요하지 않는 신고가 요건을 갖춘 경우에는 신고서가 접수기관에 도달된 때에 공법상 효과가 발생한다(행정절차법 제40조 제2항 참조). ⓑ 그러나 수리를 요하는 신고의 경우에는 행정청이 수리함으로써 비로소 신고의 효과가 발생한다(대판 2009. 1. 30. 2006다17850). 140

행정의 행위형식

제1절 행정입법

1. 행정입법의 의의

145   행정입법이란 일반적으로 국가 등의 행정주체가 정립한 일반적 · 추상적인 규범 (또는 규범을 정립하는 작용)을 의미한다.

2. 법규명령과 행정규칙의 구별

146   일반적 견해는 행정입법을 법규(국민을 구속하는 힘이 있는 규범)의 성질을 가지는 법 규명령과 행정내부의 조직과 활동을 규율하기 위한 것으로 법규의 성질을 갖지 않는 행정규칙으로 구분한다.

● 제1항 법규명령

Ⅰ. 법규명령의 개념

1. 의   의

147   법규명령이란 행정기관이 상위법령의 위임(수권)에 따라 제정한 규범으로 국민을 구속하는 힘이 있는 것을 말한다.

2. 종   류

(1) 일반적 법규명령

149   일반적으로 법규명령(일반적 법규명령)이란 행정주체가 정립한 것으로 국민을 일반 적(수범자의 불특정)이고 추상적(무제한적으로 반복적용)으로 규율하는 규범을 말한다(예: 혈중 알콜농도 0.1 이상인 경우 운전면허를 취소한다는 법규명령). 일반적 법규명령은 행정소송법 제2 조 제1항 제1호의 '구체적(특정사건을 규율)' 사실에 관한 '법집행행위'가 아니므로 항고

소송의 대상이 되지 않는다(행정소송법 제19조 참조).

(2) 처분적 법규명령

처분적 법규명령이란 대통령령·총리령·부령 등의 법규명령의 형식을 취하지만, 실질적으로는 행정처분의 성질(규율사건의 구체성(특정사건을 규율))을 갖는 법규명령을 말한다(예를 들어 월드컵 개막식날 서울지역 주점 영업시간을 제한하는 법규명령). 처분적 법규명령은 항고소송의 대상인 처분이라는 점에서 일반적 법규명령과 구별된다.

> 처분적 법규명령에 대한 논의는 처분적 법률, 처분적 고시(187)와 처분적 조례에도 동일하게 적용된다.

151

152

3. 형   식

대통령이 제정하는 법규명령은 대통령령이며, 일반적으로 '…법시행령'이라는 이름을 붙인다. 총리가 제정하는 법규명령은 총리령, 행정각부의 장관이 제정하는 법규명령은 부령이며, 일반적으로 '…법시행규칙'이라는 이름을 붙인다. 예외적으로 '…에 관한 규정'이나 '…에 관한 규칙'이라는 명칭을 사용하는 경우도 있다.

Ⅱ. 법규명령의 적법요건·하자

(가) 법규명령은 정당한 권한을 가진 기관이 권한 내의 사항에 관해 법정절차에 따라 제정하고, 문서로 제정하되 법조문 형식에 의하며, 아울러 법령 등 공포에 관한 법률이 정하는 바에 따라 공포되고 시행기일이 도래함으로써 효력이 발생한다.

158

(나) 법규명령(주체·내용·형식·절차·공포의 요건)의 적법요건에 흠이 있으면 위법한 것이 된다. 위법한 법규명령은 행정행위와는 달리 무효가 된다는 것이 일반적 견해와 판례의 입장이다(대판 2008. 11. 20. 2007두8287)(왜냐하면 법규명령에는 행정행위에 특유한 효력인 공정력이 없다. 후술하는 행정행위의 효력 참조)(302 이하).

Ⅲ. 법규명령의 효과

법규명령은 법규로 직접적 외부효를 가지며 국민을 구속한다. 따라서 법률의 위임에 따라 제정된 법규명령은 침익적 행정작용의 근거가 될 수 있을 뿐만 아니라, 법규명령을 위반하는 행정작용을 위법하게 만든다.

159

❍ 제2항 행정규칙

Ⅰ. 행정규칙의 개념

1. 의 의

182 　행정규칙이란 행정내부의 조직과 활동을 규율하기 위한 것으로 법규의 성질을 갖지 않는 것을 말한다.

2. 종 류

(1) 내용에 따른 분류

185 　**1) 재량준칙** 상급기관이 하급기관의 통일적이고도 동등한 재량행사를 확보하기 위해 일반적 기준으로 발하는 행정규칙을 말한다.

186 　**2) 법률(법령)보충규칙** 법률(법령)보충규칙이란 법률의 내용이 너무 일반적이어서 보충 내지 구체화의 과정이 필요하기 때문에 이를 보충하거나 구체화하는 행정규칙을 말한다.

(2) 형식에 따른 분류

187 　**1) 고시형식의 행정규칙** 행정규칙인 고시란 행정기관이 행정내부의 조직과 활동을 규율하기 위해 발령하는 것으로 일반·추상적 성질을 가지는 것을 말한다.

187a
> **참고 고시**
> 일반적으로 고시란 행정기관이 일정한 사항을 알리는 형식을 말하는데, 그 고시에 담겨진 구체적인 내용에 따라 법적 성질이 달라진다. 즉 고시가 일반·추상적 성질을 가지는 경우는 법규명령(법규성이 있는 경우)이거나 행정규칙(법규성이 없는 경우)이며, 개별·구체적인 성질을 가지는 경우 항고소송의 대상인 처분(이를 '처분적 고시'라고 한다)이 된다.

188 　**2) 훈령형식의 행정규칙** 훈령은 협의의 훈령·지시·예규·일일명령으로 세분된다. '협의의 훈령'이란 상급관청이 하급관청에 대하여 발하는 명령을 말하고, '지시'란 상급기관이 하급기관에 개별적·구체적으로 발하는 명령을 말한다. '예규'란 행정사무의 통일을 기하기 위한 반복적 행정사무의 처리기준을 말하고, '일일명령'이란 당직·출장·시간외근무·휴가 등 일일업무에 관한 명령을 말한다.

Ⅱ. 행정규칙의 적법요건·하자

190 　① 행정규칙은 권한 있는 기관이 제정하여야 하고, 그 내용이 법령이나 상위행정규칙에 반하지 않아야 하며, 정해진 절차와 형식이 있으면 갖추어야 한다. ② 적법요건을 갖추지 못한 행정규칙은 무효이다.

Ⅲ. 행정규칙의 효과

1. 내부적 효과

행정규칙은 행정규칙의 적용을 받는 행정조직 내부의 상대방을 직접 구속한다. 191
따라서 행정규칙에 반하는 행위를 한 자에게는 징계책임이 가해질 수 있다.

2. 외부적 효과

행정규칙은 법규가 아니므로 직접적인 외부적 효과를 갖지 아니한다. 따라서 행 192
정규칙위반은 위법이 아니다(일반적으로 위법은 법규위반을 말한다).

제2절 행정계획

◉ 제1항 행정계획의 개념

행정계획이란 특정한 행정목표를 달성하기 위하여 행정주체가 설정한 활동기준 204
(수단)을 말한다(대판 2007. 4. 12. 2005두1893).

◉ 제2항 행정계획의 절차

행정계획의 확정절차에 관한 일반법이나 통일적인 절차는 없다. 206

◉ 제3항 행정계획의 효과

국민의 권리·의무와 직접 관련된 행정계획은 국민들에게 알려져야만 효력을 발 207
생한다.

◉ 제4항 행정계획의 법적 성질(항고소송의 대상적격)

행정계획은 종류와 내용이 매우 다양하고 상이한바, 모든 종류의 계획에 적합한 213
하나의 법적 성격을 부여한다는 것은 불가능하다. 따라서 행정계획은 법규범으로 나
타날 수도 있고, 행정행위로 나타날 수도 있고 단순한 사실행위로 나타날 수도 있는
것이므로 계획의 법적 성질은 개별적으로 검토되어야 한다(개별검토설)(통설·판례).

● 제1항 행정행위의 개념

Ⅰ. 의   의

216   각종 법령에 규정되어 있는 허가·인가·면허·특허·확인·면제 등 용어들의 공통된 성질을 포괄하는 학문상의 용어가 행정행위이다. 즉 '행정행위'란 행정청이 행하는 구체적 사실에 대한 법집행으로서 행하는 권력적 단독행위로서 법적 행위를 말한다.

Ⅱ. 행정행위의 개념 요소[*]

1. 행정청의 행위

217   행정행위는 행정청의 행위이다. 행정청이란 행정주체의 의사를 외부적으로 결정·표시할 수 있는 권한을 가진 기관을 말한다.

2. 구체적 사실에 대한 행위

218   '구체적'이란 시간적으로 1회적이며, 장소적으로는 한정되어 있음을 말한다(후술하는 쟁점 참조).

3. 법집행행위

219   입법행위가 아니라 만들어진 공법을 집행하는 행위이다(도로교통법은 법이며, 도로교통법에 근거하여 운전면허를 취소한 경우 운전면허취소는 도로교통법의 집행행위로 행정행위다).

4. 권력적 단독행위

220   행정행위는 일방적으로 국민의 권리·의무 기타 법적 지위를 결정하는 권력적 단독행위이다.

5. 법적 행위

221   행정행위는 사실행위가 아니고 법적 행위이다. 법적 행위란 외부적(행정조직 내부의 행위가 아닌 국민과의 관계)이며 직접적인 법적 효과(권리·의무와 관련된 행위)를 가져오는 행위를 말한다(자세한 내용은 취소소송의 대상적격 참조(910 이하)).

💎 쟁점 행정행위와 규범의 구별

규율사건 ＼ 수범자(관련자)의 범위	개별적 규율 (수범자의 특정)	일반적 규율 (수범자의 불특정)
구체적 규율 (특정사건을 규율)	행정행위	행정행위(일반처분)
추상적 규율 (무제한적으로 반복 적용되고, 공간적으로는 한정 안 됨)	행정행위(다수설)	규범

Ⅲ. 일반처분★★

1. 의　　의

일반처분이란 관련자의 인적 범위는 일반적(수범자의 불특정)이나 규율하는 사건은 225
구체적인(시간적으로는 1회적(1회만 적용되고 소멸함)이고, 장소적으로는 한정됨) 행정의 행위형식
을 말한다. 따라서 규율대상이 구체적이라는 점에서 규범(입법)과 구분된다(전술한 '[쟁
점] 행정행위와 규범의 구별'(222) 참조).

2. 법적 성질

일반처분을 행정행위의 한 유형으로 보는 것이 통설이다. 판례는 <u>지방경찰청장의</u> 226
<u>횡단보도설치행위</u>(일반처분)는 보행자의 통행방법을 규제하는 것으로 국민의 권리·의
무에 직접 관계가 있는 행위라고 하면서 <u>항고소송의 대상인 처분</u>으로 보았다(대판
2000. 10. 27. 98두8964).

3. 종　　류

(1) 인적 일반처분

인적 일반처분이란 규율하는 대상은 구체적이지만, (사후에는 인적 범위가 특정될 수 227
있다고 하더라도) 행정행위의 발령당시에 인적 범위가 특정되어 있지 않은 처분을 말한
다(예: A지역에서 예정된 집회의 금지명령).

(2) 물적 일반처분

물적 일반처분이란 물건의 성질이나 상태를 규율하는 처분을 말한다(예: 주차금지구 228
역지정처분). 이는 인적 범위가 한정되지 않는다는 점에서 일반처분의 성질을 가진다(류
지태·박종수).

> **참고 수익적 · 침익적 · 복효적 행정행위**
>
> 수익적 행정행위란 그 행위의 효과가 권리(이익)를 부여하거나 의무를 면제(축소)하는 것을 내용으로 하는 행위를 말하고, 침익적 행정행위란 그 행위의 효과가 권리(이익)를 제한하거나 의무를 부여하는 것을 내용으로 하는 행위를 말하며, 복효적 행정행위(제3자효 있는 행정행위)란 수익적인 것과 침익적인 것의 이중적인 효과를 가진 행위(행정청이 갑에게 연탄공장을 허가한 경우 이 허가는 갑에게는 수익적이지만 갑과 이웃하는 을에게는 침익적이다)를 말한다.

○ 제2항 불확정개념, 기속행위 · 재량행위

Ⅰ. 불확정개념과 판단여지(법률요건의 문제)

1. 불확정개념의 의의

232 불확정개념이란 공공의 복지 · 공적 질서 · 위험 등처럼 의미가 다의적으로 사용되는 개념을 말한다. 이러한 개념들은 주로 법률의 '요건'에 규정되어 있다.

2. 불확정개념과 사법심사

233 ① 불확정개념의 해석 · 적용은 특정한 사실관계가 요건에 해당하는가 여부에 대한 인식의 문제로서 법적 판단의 문제이기 때문에 원칙적으로 사법심사의 대상이 된다. ② 그러나 예외적으로 동일한 불확정개념을 해석 · 적용함에 있어서도 법을 적용하는 행정기관마다 서로 다른 결정을 할 수 있기 때문에 불확정개념의 해석 · 적용시 행정기관에게 일정한 판단의 여지(자유영역)를 인정할 수 있는지가 문제된다.

234

> **참고 불확정개념의 해석 · 적용과 판단여지**
>
> ① 경찰관직무집행법 제4조 제1항은 "경찰관은 수상한 행동이나 그 밖의 주위 사정을 합리적으로 판단해 볼 때 다음 각 호의 어느 하나에 해당하는 것이 명백하고 응급구호가 필요하다고 믿을 만한 상당한 이유가 사람을 발견하였을 때에는 보건의료기관이나 공공구호기관에 긴급구호를 요청하거나 경찰관서에 보호하는 등 적당한 조치를 할 수 있다"고 규정하는데, 만일 경찰관이 겨울철에 길에 쓰러져 있는 취객을 발견한 경우 '경찰관이 취객을 발견'한 '사실'이 경찰관직무집행법 제4조 제1항의 요건인 '다음 각 호의 어느 하나에 해당하는 것이 명백하고 응급구호가 필요하다고 믿을 만한 상당한 이유가 있는 사람을 발견하였을 때'라는 '법률요건'에 해당하는지를 판단하는 것이 불확정개념의 해석 · 적용의 문제(요건해당성에 대한 판단)이다. 따라서 이 점이 재판에서 쟁점이 된다면 법원은 요건해당성 여부를 심사할 수 있다.
>
> ② 그러나 법률에서 "심사위원은 연주능력이 우수한 자 중 단원을 선발할 수 있다"고 규정한다면, 일정한 자의 연주행위가 '연주능력이 우수한 자'에 해당하는지는 심사위원만이 판단할 수 있다. 따라서 이 점이 재판에서 쟁점이 된다고 하더라도 법원은 요건해당성 여부를 심사할 수 없다. 이처럼 행정청(심사위원)에게 인정되는 자유영역을 판단여지라고 한다.

3. 판단여지

(1) 의　의

판단여지란 불확정개념과 관련하여 사법심사가 불가능하거나 가능하지만 행정청 235
의 자유영역을 인정하는 것이 타당한 행정청의 영역을 말한다.

(2) 인정근거

대체불가능한 결정이 존재할 수 있다는 점이 판단여지의 인정근거가 된다. 236

(3) 적용영역

일반적 견해는 ① 비대체적 결정영역(시험결정, 상급공무원에 의한 인사고과 및 승진결정 238
과 같이 사람의 인격·적성·능력 등에 관한 판단과 관련된 결정을 말한다), ② 구속적 가치평가영
역(예술·문화 등의 분야에 있어 어떤 물건이나 작품의 가치 또는 유해성 등에 대한 독립한 합의제 기관
의 판단을 말한다), ③ 예측적 결정영역(예측결정)(환경법 및 경제행정법분야 등에서 미래예측적 성
질을 가진 행정결정을 말한다), ④ 행정정책적인 결정영역(행정정책적인 결정)(전쟁무기의 생산 및
수출 등의 외교정책, 자금지원대상업체의 결정과 같은 경제정책, 기타 사회정책 및 교통환경 등 행정정
책적인 결정들에 대한 판단을 말한다) 등에 판단여지가 인정된다고 본다.

Ⅱ. 기속행위와 재량행위(법률효과의 문제)

1. 기속행위와 재량행위의 개념

(1) 기속행위

기속행위란 법규상 구성요건에서 정한 요건이 충족되면 행정청이 반드시 어떠한 240
행위를 발하거나 발하지 말아야 하는 행정행위를 말한다.

(2) 재량행위

1) 의　의　　재량행위란 법령상 요건이 충족되더라도 행정기관이 효과를 241
선택할 수 있는 행정행위를 말한다(예를 들어 도로점용허가 여부가 재량이라면 사인이 요건을 충
족하여 도로점용허가를 신청하더라도 행정청은 거부할 수 있다).

2) 재량의 유형　　행정청이 어떠한 행위를 할 것인가 아니할 것인가에 대한 242
재량(결정재량. 예: 건축법 제11조 ④ 허가권자는 다음 각호의 어느 하나에 해당하는 경우에는 … 건축
허가를 하지 아니할 수 있다)과 선택 가능한 여러 행위 중 어떠한 것을 할 것인가에 대한
재량(선택재량. 예: 국가공무원법 제79조 징계는 파면·해임·강등·정직·감봉·견책으로 구분한다) 두
가지가 있다.

(3) 재량행위와 기속행의 구별기준

판례는 ① 관련법령에 대한 종합적인 판단을 전제로 하면서 ② 효과재량설(침익적 243

행위는 기속행위이고, 수익적 행위는 재량행위로 보는 견해)을 기준으로 활용하거나 ③ 공익성을 구별기준(공익적 사정이 중대하면 재량으로 본다)으로 활용한다.

2. 재량하자

247   재량하자란 행정기관이 재량의 목적과 한계를 벗어나게 재량권을 행사하는 경우를 말한다. 재량하자에는 재량권의 일탈(법령상 주어진 재량의 한계를 벗어나게 재량을 행사하는 경우를 말한다. 예: 법령에서 500만 원 이하의 과태료라고 되어 있는데 1,000만 원의 과태료를 부과하는 경우), 재량권의 남용(법령상 주어진 재량권의 범위 내에서 재량권이 행사되었으나 비례원칙에 반하여 재량을 행사하는 경우를 말한다. 예: 법령에서 500만 원 이하의 과태료라고 되어 있는데 동일한 사안임에도 갑에게는 300만 원, 을에게는 500만 원의 과태료를 부과한 경우), 재량권의 불행사가 있다(행정소송법 제27조 참조).

● 제3항   행정행위의 분류(종류)

248   행정행위에는 법률행위적 행정행위와 준법률행위적 행정행위가 있다. 법률행위적 행정행위란 행정청의 의사표시로 법적 효과가 발생하는 행정행위를 말하며, 준법률행위적 행정행위란 행정청의 의사표시가 아니라 의사표시 이외의 정신작용(판단 내지 인식)의 표시에 대해 법률에서 일정한 법적 효과(권리나 의무에 변동을 가져오는 효과)를 부여한 결과 행정행위의 개념요소를 구비하게 되는 행위를 말한다(277 이하). 둘 다 행정행위이므로 항고소송의 대상인 처분이라는 점에서는 같다.

제1목   법률행위적 행정행위

249   명령적 행위와 형성적 행위로 나눌 수 있다. 전자에는 하명, 허가, 면제 등이 있고, 후자에는 특허, 인가, 공법상 대리, 변경행위 · 탈권행위 등이 있다.

제1   명령적 행위

250   명령적 행위란 사인의 자유를 제한(하명)하거나 그 제한을 해제하는 행위(허가, 면제)를 말한다.

I. 하   명

251   하명이란 작위 · 부작위 · 수인 · 급부 등의 의무를 명하는 행정행위를 말한다(예: 철거명령, 소음금지명령, 과세처분)(유사한 개념으로 각종의 의무를 명하는 부관을 부담이라고 한다. 후술하는 부관의 종류 참조).

Ⅱ. 허   가

1. 의   의

허가란 위험의 방지(＝경찰＝질서유지)를 목적으로 금지하였던 바를 해제하여 개인   252
의 자유권을 회복시켜주는 행위를 말한다(금지에는 폐수배출금지처럼 절대적인 금지와 허가받
지 않은 건축행위의 금지처럼 상대적인 금지가 있다. 건축허가는 상대적 금지를 해제하는 행위이다). 여
기서 말하는 허가는 학문(강학)상 용어이므로 특정한 행위가 허가인지의 여부는 법령
상 표현에 관계없이 관계법령의 규정내용과 규정취지에 비추어 판단하여야 한다(예를
들어 도로교통법은 운전'면허'라고 하지만 이 '면허'는 학문상 허가이다. 이하에서 모든 허가는 실정법상
의 표현에 상관없이 학문상의 허가를 말한다(특허나 인가도 마찬가지다)).

2. 효   과

허가 사업으로 인한 경제적 이익은 반사적 이익이다(예를 들어 갑의 유흥주점영업장 옆   255
에 동일한 유흥주점영업을 허가하였다고 하더라도 이는 법률상 이익의 침해가 아니다. 후술하는 취소소
송의 원고적격 참조(980)).

3. 허가의 갱신(기간연장)

허가기간에 제한이 있는 경우에 종전 허가의 효력을 지속시키기 위해서는 허가의   257
갱신(허가기간의 연장)이 필요하다. 허가의 갱신을 받으면 종전의 허가의 효력은 지속된
다. 즉, 갱신 전·후의 허가는 별개가 아니라 하나의 허가이다.

4. 허가와 수리를 요하는 신고*

허가는 법률행위적 행정행위이나 수리는 준법률행위적 행정행위이다.   258

Ⅲ. 면   제

면제란 작위·부작위·수인·급부의무를 해제하여 주는 행위를 말한다.   261

제2 형성적 행위

형성적 행위란 특정인에게 권리 등을 설정하거나 법률행위의 효력을 부여하는 행   262
위를 말한다.

Ⅰ. 특   허

1. 의   의

특허란 특정인에게 특정한 권리를 설정하는 행위(설권행위)를 말한다. 여기서 말하   264

는 특허는 학문상 용어이므로 특정한 행위가 특허인지의 여부는 법령상 표현에 관계 없이 관계법령의 규정내용과 규정취지에 비추어 판단하여야 한다(예를 들어 도로법 제61 조의 도로점용허가에서 '허가'는 학문상 '특허'에 해당한다). 판례는 공유수면매립면허(대판 1989. 9. 12. 88누9206), 공유수면점용·사용허가(대판 2004. 5. 28. 2002두5016), 여객자동차운수사 업법에 따른 개인택시운송사업면허(대판 2010. 1. 28. 2009두19137) 등을 특허로 본다.

2. 효과(법률상 이익인지 여부)

266   허가와는 달리 특허사업으로 인한 독점적 이익은 법률상 이익이다(예를 들어 갑의 시외버스운송사업구간과 동일한 구간에 다른 자에게 또 시외버스운송사업을 허가(특허)하였다면 이는 갑 의 법률상 이익의 침해이다. 후술하는 취소소송의 원고적격 참조(980)).

II. 인   가

267   인가란 제3자의 기본행위(법률행위)를 동의로 보충하여 기본행위의 효력을 완성시 키는 행정행위이다(보충행위)(예: 사립대학의 설립인가(고등교육법 제4조 제2항)·재단법인의 정관변 경허가(민법 제45조 제3항)·토지거래계약허가(국토의 계획 및 이용에 관한 법률 제118조 제1항)(판례)). 따라서 기본행위(사법관계인 경우도 있고 공법관계인 경우도 있다)는 행정청의 인가를 받기 전 에는 효력이 없는 상태이다.

III. 공법상 대리

275   공법상 대리란 공법상 행정주체가 제3자가 할 행위를 대신하여 행한 경우 그 효 과는 제3자에게 귀속하는 제도를 말한다(예: 조세를 체납한 경우 행정주체가 체납자의 물건을 체납자를 대신해서 공매하는 경우).

IV. 변경행위·탈권행위

276   변경행위란 특허에 의해 발생된 효력을 일부 변경하는 행위를 말하며(예: 여객자동 차운송사업면허구역의 변경), 탈권행위란 특허에 의해 발생된 효력을 소멸하게 하는 행위 를 말한다(예: 여객자동차운송사업면허의 취소).

제2목   준법률행위적 행정행위

277   준법률행위적 행정행위에서 주어지는 법적 효과는 법률행위적 행정행위와 달리 행정청의 의사표시에 따른 것이 아니라 법률의 규정에 의한 것이다. 그러나 준법률 행위적 행정행위도 법적 효과가 주어진다는 점에서는 법률행위적 행정행위와 같다.

Ⅰ. 확　인

1. 의　의

확인행위란 특정의 사실 또는 법률관계의 존재 여부에 관해 의문이 있거나 다툼   278
이 있는 경우에 공권적으로 판단하여 이것을 확정하는 행위를 말한다[판례].

2. 성　질

법률에서 일정한 법적 효과를 부여한 행정청의 확인행위만이 준법률행위적 행정   279
행위인 확인이다.

3. 효　과

개별 법률이 정한 바에 따른다. 예를 들어 발명특허처럼 특허에 독점적인 지위가   280
부여되는 경우도 있으나 이는 행정청의 의사표시의 효과가 아니라 특허법 제88조 제
1항(특허권의 존속기간은 제87조 제1항에 따라 특허권을 설정등록한 날부터 특허출원일 후 20년이 되는
날까지로 한다)의 **효력이다**(따라서 여기서 발명'특허'는 학문상 특허가 아니라 준법률행위적 행정행위
인 확인이다).

Ⅱ. 공　증

1. 의　의

'공증'이란 특정의 사실·법률관계의 존재 여부를 공적으로 증명하여 공적 증거   281
력을 부여하는 행위를 말한다. 다수설은 확인은 특정한 법률사실이나 법률관계에 관
한 의문 또는 분쟁을 전제로 함에 비해 공증은 의문이나 분쟁이 없음을 전제로 한다
는 점에서 구별된다고 본다.

2. 성　질

각종 공적장부(예: 부동산등기부·건축물대장)에의 등재, 각종 증명서(예: 합격증서·졸업증   282
서)나 각종 허가증·여권·영수증 등의 발행은 공증이지만, 준법률행위적 행정행위로
서 공증은 법률에서 일정한 법적 효과를 부여한 행정청의 공증행위만이 준법률행위적
행정행위인 공증이다(준법률행위적 행정행위인 공증만이 항고소송의 대상인 처분이다).

3. 효　과

공증은 반증이 없는 한 공적 증거력을 가진다.   283

Ⅲ. 통 지^{**}

1. 의 의

288   통지행위란 특정인에게 어떠한 사실을 알리는 행위를 말한다. 그러나 준법률행위적 행정행위로서 통지란 법적 효과를 가져오는 행위만을 말한다[판례]. 통지행위의 예로는 대집행의 계고(의무를 불이행하는 경우 행정대집행한다는 사실을 알리는 행위)(후술하는 대집행 참조(532)), 납세의 독촉(체납액을 완납하지 않는 경우 재산이 압류됨을 알리는 행위)(후술하는 강제징수 참조(552)) 등을 들 수 있다. 내용상 대집행의 계고는 작위하명의 성질을 가지고, 납세독촉은 급부하명의 성질을 가진다(홍준형).

[판례] 대집행절차인 계고와 대집행영장발부통보의 처분성

후행처분인 대집행영장발부통보처분의 취소를 청구하는 소송에서 청구원인으로 <u>선행처분인 계고처분이 위법한 것이기 때문에 그 계고처분을 전제로 행하여진 대집행영장발부통보처분도 위법한 것이라는 주장을 할 수 있다(대판 1996. 2. 9. 95누12507).</u>

---

2. 성 질

289   법적 효과가 없는(당사자의 권리·의무에 영향을 주지 않는) 단순한 사실의 통지(예: 행정심판법상 고지(728))는 준법률행위적 행정행위로서 통지행위와 구별된다[판례].

[판례] 국가공무원법상 당연퇴직사유에 해당함을 알리는 인사발령

국가공무원법 제69조에 의하면 공무원이 제33조 각호의 1에 해당할 때에는 <u>당연히 퇴직한다고 규정하고 있으므로, 국가공무원법상 당연퇴직은 결격사유가 있을 때 법률상 당연히 퇴직하는 것이지, 공무원관계를 소멸시키기 위한 별도의 행정처분을 요하는 것이 아니며,</u> 충남 당진교육청교육장의 당연퇴직의 인사발령은 법률상 당연히 발생하는 퇴직사유를 공적으로 확인하여 알려 주는 이른바 <u>관념의 통지에 불과하고 공무원의 신분을 상실시키는 새로운 형성적 행위가 아니므로 행정소송의 대상이 되는 독립한 행정처분이라고 할 수 없다</u>(대판 1995. 11. 14. 95누2036).

---

3. 효 과

290   통지행위에 어떠한 효과가 주어지는가는 개별법규가 정한 바에 따른다. 예를 들어 납세의 독촉이 있음에도 납세자가 체납하면 체납처분(국세징수법에 따라 체납자의 재산을 압류하고 매각, 청산하는 절차)에 들어간다.

Ⅳ. 수 리[*]

1. 의 의

수리행위란 사인이 알린 일정한 사실을 행정청이 유효한 것으로 판단하여 받아들 291
이는 인식의 표시행위를 말한다(수리를 요하는 신고의 수리만을 말한다).

2. 효 과

수리행위에 대해 어떠한 효과가 주어지는가는 개별법규가 정한 바에 따른다. 293

● 제4항 행정행위의 성립 · 효력발생 · 적법 요건

Ⅰ. 행정행위의 성립요건과 효력발생요건

1. 행정행위의 성립요건

행정행위는 ① 행정기관의 행위이며, ② 내부적인 의사결정이 있어야 하고, ③ 294
외부로 표시되어야 성립된다. 성립요건이 미비되면 행정행위가 불성립하며 사인은 행
정소송법 제4조 제2호(무효등 확인소송: 행정청의 처분등의 효력 유무 또는 존재 여부를 확인하는
소송)의 부존재확인소송을 제기할 수 있다.

2. 행정행위의 효력발생요건

행정행위가 효력을 발생하기 위해서는 상대방에게 통지되어야 한다. 다만, 통지 294a
는 송달(송달이란 일정한 사항을 당사자 또는 이해관계인 등에게 알리기 위하여 법정 형식에 따라 서
류를 송부하는 행위를 말한다(446))에 의하는 경우와 고시나 공고에 의하는 경우로 나누어
진다. 만일 효력발생요건이 흠결되었다면 그 행정행위는 무효이다. 사인은 행정소송
법 제4조 제2호(무효등 확인소송: 행정청의 처분등의 효력 유무 또는 존재 여부를 확인하는 소송)의
무효확인소송을 제기할 수 있다.

(1) 송달의 경우

① 송달은 다른 법령등에 특별한 규정이 있는 경우를 제외하고는 해당 문서가 송 294b
달받을 자에게 도달됨으로써 그 효력이 발생한다(행정절차법 제15조 제1항). 정보통신망을
이용하여 전자문서로 송달하는 경우에는 송달받을 자가 지정한 컴퓨터 등에 입력된
때에 도달된 것으로 본다(행정절차법 제15조 제2항). ② 송달받을 자의 주소등을 통상적인
방법으로 확인할 수 없는 경우 또는 송달이 불가능한 경우에는 다른 법령등에 특별한
규정이 있는 경우를 제외하고는 공고일부터 14일이 지난 때에 그 효력이 발생한다.
다만, 긴급히 시행하여야 할 특별한 사유가 있어 효력 발생 시기를 달리 정하여 공고

한 경우에는 그에 따른다(행정절차법 제15조 제3항).

(2) 고시나 공고의 경우

294c (개) 개별법에서 통지의 방법으로 고시나 공고할 것을 규정하는 경우가 있다(이는 주로 행정행위의 상대방이 특정되지 않은 경우에 해당한다). 이 경우는 해당 고시나 공고의 효력 발생일을 법령상 명시적으로 규정하는데, 만일 효력발생일에 대한 명시적 규정이 없 다면 행정 효율과 협업 촉진에 관한 규정(대통령령) 제6조 제3항에 따라 고시 또는 공 고 등이 있은 날부터 5일이 경과한 때에 효력이 발생한다.

(내) 이러한 고시나 공고는 행정행위의 내용을 알리는 통지수단에 불과하기 때문 에 고시나 공고 자체는 항고소송의 대상인 처분이 아니다(이 사건 국세청고시는 특정 사업 자를 납세병마개 제조자로 지정하였다는 행정처분의 내용을 모든 병마개 제조자에게 알리는 통지수단에 불과하므로, 청구인의 이 사건 국세청고시에 대한 헌법소원심판청구는 고시 그 자체가 아니라 고시의 실 질적 내용을 이루는 국세청장의 위 납세병마개 제조자 지정처분에 대한 것으로 해석함이 타당하다(헌재 1998. 4. 30. 97헌마141)).

Ⅱ. 행정행위의 적법요건

295 아래의 적법요건에 흠결이 있으면 위법한 행정행위가 되며, 그 위법의 정도에 따 라 취소사유가 되거나 무효사유가 된다(325). 사인은 행정소송법 제4조 제1호(취소소송: 행정청의 위법한 처분등을 취소 또는 변경하는 소송)의 취소소송이나 제2호의 무효확인소송을 제기할 수 있다.

1. 주   체

296 행정행위는 권한을 가진 기관이 권한의 범위 내에서 행사하여야 한다.

2. 절   차

297 개별법 및 행정절차법상의 절차를 준수해야 한다.

3. 형   식

298 행정청이 처분을 하는 때에는 다른 법령 등에 특별한 규정이 있는 경우를 제외하 고는 문서로 하여야 한다(행정절차법 제24조 제1항).

4. 내   용

299 법률유보의 원칙(12)상 중요한 사항(특히 침익적 사항)은 법적 근거를 요한다. 그리고 법률우위의 원칙(10)상 성문법 및 불문법에 반하지 않아야 한다.

○ 제5항 행정행위의 효력

Ⅰ. 의   의

행정행위가 성립요건과 효력발생요건·적법요건을 구비하면 그에 따라 행정행위 　300
는 효력(모든 효력은 넓은 의미의 구속력이다)이 발생하는데, 일반적 견해는 어떤 자(행정기관)
를 향한 구속력인지에 따라 여러 가지로 구분한다. 다만, 무효인 행위는 후술하는 모든
효력이 없다.

Ⅱ. (좁은 의미의) 구속력

(좁은 의미의) 구속력이란 행정청이 표시한 의사의 내용에 따라(법률행위적 행정행위) 　301
또는 법령이 정하는 바에 따라(준법률행위적 행정행위) 당사자(처분청+상대방)를 구속하는
법적 효과를 발생시키는 힘을 말한다. 구속력의 내용은 행정행위의 내용에 따라 결정
된다. 예를 들어 하명(251)의 경우에는 상대방에게 일정한 의무의 이행을 부과하는 것
이 구속력의 내용이 된다.

Ⅲ. 공 정 력*

1. 의의·범위

(개) 공정력이란 행정행위에 하자가 있다고 하더라도 권한을 가진 기관에 의해 취 　302
소될 때까지 그 효력을 부정할 수 없는 (효력과 존재를 인정해야 하는) 구속력을 말한다(행
정기본법 제15조).

(내) 공정력이 미치는 범위에 대해 ① 전통적 견해와 판례는 행정행위의 상대방이나
다른 행정청, 법원에게도 미친다고 보지만, ② 다수견해는 공정력은 상대방(이해관계인)
에게 미치는 구속력을 말하며, 다른 행정청이나 법원에 인정되는 구속력은 구성요건
적 효력으로 공정력과 그 성질이 다르다고 본다.

2. 이론적 근거

행정법관계의 안정성, 상대방의 신뢰보호, 행정의 원활한 운영이라는 정책적 관 　303
점에서 행정청의 결정에 잠정적인 통용력을 인정한 것이 공정력이라고 보는 법적 안정
성설(행정정책설)이 다수설이다.

Ⅳ. 구성요건적 효력

1. 의   의

구성요건적 효력이란 유효한 행정행위가 존재하면 다른 행정기관과 법원은 자신 　304
들의 결정에 있어 그 행정행위의 존재와 효과를 인정해야 하고 또한 그 내용에 구속

되는 효력을 말한다.

2. 근　거

305　　구성요건적 효력은 권한존중이나 권력분립 때문에 다른 행정청이나 법원에 인정되는 효력이다. 그러나 행정행위를 재판의 대상으로 할 수 있는 법원(항고소송을 담당하는 법원)에는 구성요건적 효력이 미치지 않는다(따라서 항고소송을 담당하는 법원이 행정행위를 취소하는 것은 구성요건적 효력 침해가 아니다).

306

> **다른 행정청에 미치는 구성요건적 효력**
> 한국인이 아닌 자는 광업권설정허가를 받을 수 없는데, 법무부장관으로부터 단순위법한 귀화허가를 받은 자가 산업통상자원부장관에게 광업권설정허가를 신청한 경우, 산업통상자원부장관은 위법하지만 유효한 귀화허가의 효력(구성요건적 효력)으로 인해 한국인이 아니라는 이유로 광업권설정허가를 거부할 수 없다.

3. 선결문제 ★★★ [17 노무] [10 입시] [10 사시] [13 사시] [13 5급] [14 사시] [14 5급] [15 사시] [16 변시] [16 사시] [18 변시]

(1) 의　의

307　　선결(先決)문제란 민사(당사자소송)·형사법원의 본안판단에서 행정행위의 효력 유무(존재 여부)나 위법 여부가 선결될 문제인 경우 그 '행정행위의 효력 유무(존재 여부)나 위법 여부'를 말한다. 종래 선결문제를 행정행위의 효력 중 ① 공정력의 문제로 보는 견해가 있었으나(전술한 공정력과 구성요건적 효력을 구별하지 않는 견해), ② 현재는 구성요건적 효력의 문제로 보는 견해가 다수견해이다(공정력과 구성요건적 효력을 구별하는 견해).

(2) 형　태

308　　선결문제는 민사사건(당사자소송)의 경우와 형사사건의 경우로 나눌 수 있고, 각각 행정행위의 효력 유무(존재 여부)가 선결문제로 되는 경우와 행정행위의 위법 여부가 선결문제로 되는 경우가 있다(행정사건 중 당사자소송사건도 문제될 수 있으나 대법원은 부당이득반환청구소송, 국가배상청구소송을 민사소송으로 보고 있는바 선결문제 해결에서는 민사소송으로 제기하는 경우와 당사자소송으로 제기하는 경우에 차이가 없다). 행정소송법 제11조 제1항(처분등의 효력 유무 또는 존재 여부가 민사소송의 선결문제로 되어 당해 민사소송의 수소법원이 이를 심리·판단하는 경우에는 제17조, 제25조, 제26조 및 제33조의 규정을 준용한다)은 선결문제의 일부(민사사건에서 효력 유무(존재 여부)가 문제되는 경우)에 관해서만 규정하고 있는바 나머지 사항은 학설과 판례에서 해결하여야 한다.

(3) 해　결

1) 민사사건의 경우

309　　**a. 행정행위의 효력 유무가 선결될 문제인 경우**　　예를 들어 과세처분의 무효를

이유로 하는 부당이득반환청구소송의 경우(판례에 따라 이 소송을 담당하는 민사법원은 원고에게 부당이득반환청구권이 있는지 여부(부당이득반환청구권의 존부가 부당이득반환청구소송의 소송물이다)를 판단하기에 위해서는 부당이득의 원인이 된 과세처분의 효력 유무를 먼저 결정해야 한다(부당이득이 되려면 행정주체가 법률상 원인 없이(=과세처분의 무효) 사인의 재산으로 이익을 얻고 이로 인해 사인에게 손해를 가해야 하기 때문이다(민법 제741조 참조)))와 같이 선결문제가 행정행위의 효력 유무인 경우, ① 민사법원은 행정행위가 무효 또는 유효임을 전제로(무효이면 무효임을 전제로, 유효이면 유효임을 전제로) 본안을 판단할 수 있다는 것이 실정법(행정소송법 제11조 제1항)·학설·판례의 입장이다[판례 1]. ② 그러나 민사법원은 행정행위의 구성요건적 효력으로 인해 유효한 행정행위의 효력을 부정(취소)할 수는 없다. 따라서 행정행위가 단순위법하여 여전히 효력이 있다면 법률상 원인이 없는 것이 아니므로 부당이득반환 청구는 기각될 것이다[판례 2].

판례

[판례1] 부당이득반환청구소송에서 행정처분의 당연무효가 선결문제인 경우 민사법원의 판단

민사소송에 있어서 어느 행정처분의 당연무효 여부가 선결문제로 되는 때에는 이를 판단하여 당연무효임을 전제로 판결할 수 있고 반드시 행정소송 등의 절차에 의하여 그 취소나 무효확인을 받아야 하는 것이 아니다(대판 1972. 10. 10. 71다2279).

[판례2] 과오납금 부당이득반환청구소송에서 조세처분의 효력 유무가 선결문제인 경우 민사법원의 판단

조세의 과오납이 부당이득이 되기 위하여는 납세 또는 조세의 징수가 실체법적으로나 절차법적으로 전혀 법률상의 근거가 없거나 과세처분의 하자가 중대하고 명백하여 당연무효이어야 하고, 과세처분의 하자가 단지 취소할 수 있는 정도에 불과할 때에는 과세관청이 이를 스스로 취소하거나 항고소송절차에 의하여 취소되지 않는 한 그로 인한 조세의 납부가 부당이득이 된다고 할 수 없다(대판 1994. 11. 11. 94다28000; 대판 2001. 1. 16. 98다58511).

---

b. 행정행위의 위법 여부가 선결될 문제인 경우

(i) **문 제 점**　　　예를 들어 사인이 공무원의 위법한 처분으로 손해를 입었다고 하면서 국가배상청구소송을 제기한 경우와 같이 선결문제가 행정행위의 위법 여부인 경우, 민사법원이 선결문제인 행정행위의 위법 여부를 판단할 수 있는가에 관해 견해가 나뉘고 있다. 310

(ii) **학　　설**　　　① 소극설은 행정소송법 제11조 제1항은 민사법원에 대한 처분의 효력 유무 또는 존재 여부만을 선결문제 심사권으로 규정한다고 제한적으로 해석된다는 점을 근거로 한다. ② 적극설(일반적인 견해)은 행정소송법 제11조 제1항은 310a

선결문제 심사권에 대한 예시적 규정이라는 점을 근거로 한다.

310b　　　(ⅲ) **판　례**　　판례는「행정처분의 <u>취소판결이 있어야만</u> 그 행정처분의 위법임을 이유로 피고에게 배상을 청구할 수 있는 것은 아니라고 해석함이 상당할 것(대판 1972. 4. 28. 72다337)」이라고 하여 일반적인 견해와 같이 적극적인 입장이다.

310c　　　(ⅳ) **검　토**　　민사법원인 국가배상청구의 수소법원이 본안을 인용하는 판결을 하더라도 해당 행정행위의 효력은 여전히 유지되며 그 행정행위의 효력은 부정되지 않기 때문에 위법성을 판단할 수 있다는 적극설이 타당하다.

311　　　**2) 형사사건의 경우**　　형사사건도 민사사건의 경우와 마찬가지로 효력 유무가 쟁점인 경우와 위법 여부가 쟁점인 경우가 있으며 민사사건의 경우와 결론을 같이 한다(다수설, 판례).

Ⅴ. 존 속 력

311a　　　일단 행정행위를 발령하면 이에 근거하여 새로운 법률관계가 형성되므로 법적 안정성의 필요에서 행정행위를 존속시킬 필요성이 나타나게 된다. 이러한 필요에서 생겨난 개념이 행정행위의 존속력이며, 형식적 존속력과 실질적 존속력이 있다.

1. 형식적 존속력(불가쟁력)

(1) 의　의

312　　　행정행위의 상대방등은 일정한 사유가 존재하면 그 행정행위의 효력을 쟁송절차에서 다툴 수 없게 되는바, 이러한 행정행위의 효력을 형식적 존속력 또는 불가쟁력이라 한다.

(2) 사　유

313　　　불가쟁력이 발생하는 사유로 쟁송기간의 경과, 법적 구제수단의 포기, 판결을 통한 행정행위의 확정 등을 들 수 있다.

2. 실질적 존속력(불가변력)

(1) 의　의

314　　　행정행위에 원시적인 흠이나 후발적 사유가 있으면 이를 취소(변경)·철회할 수 있지만, 일부의 행정행위는 그 행정행위를 발령한 행정청도 직권으로 취소(변경)·철회할 수 없는 구속력을 실질적 존속력이라고 하는 것이 다수견해이다.

(2) 사　유

315　　　실질적 존속력은 모든 행정행위에 공통하는 효력이 아니고 예외적으로 특별한 경우에만 인정된다(예: 행정심판의 재결).

3. 형식적 존속력과 실질적 존속력의 관계

형식적 존속력은 행위의 상대방(이해관계인)에 대한 구속력을, 실질적 존속력은 처분청 등 행정기관에 대한 구속력을 말한다. 따라서 제소기간이 경과하여 형식적 존속력이 생긴 행위(예: 제소기간의 경과)일지라도 실질적 존속력이 없는 한 권한행정청은 그 행위를 취소·변경할 수 있고(행정소송법 제20조 참조), 실질적 존속력이 있는 행위(예: 행정심판의 재결)일지라도 쟁송수단이 허용되는 한 제소기간이 경과하기 전이라면 상대방 등은 다툴 수 있다(후술하는 취소소송의 대상적격에서 재결취소소송 참조(930 이하)). 316

● 제6항 행정행위의 하자

Ⅰ. 의   의

행정행위의 '적법'요건(295)을 흠결한 행위를 하자 있는 행정행위라고 한다. 행정행위의 '성립'요건을 흠결한 행위인 행정행위의 부존재와 구별된다. 318

Ⅱ. 행정행위의 하자의 효과

행정행위에 하자가 있는 경우 그 효과는 하자의 정도에 따라 무효가 되거나 취소사유(=단순위법)가 된다. 319

Ⅲ. 행정행위의 무효와 취소의 구별 기준

(가) 대법원은 하자 있는 행정처분이 무효이기 위해서는 그 하자가 적법요건의 중요한 부분을 위반한 중대한 것이고 일반인의 관점에서도 외관상 명백한 것이어야 하며, 그러하지 아니한 경우(중대하지만 명백하지 않거나 명백하지만 중대하지 않은 경우)에는 취소사유에 불과하다고 한다(중대명백설). 325

(나) 헌법재판소는 원칙적으로 중대명백설의 입장이다.

Ⅳ. 하자 있는 행정행위의 치유*

1. 의   의

행정행위가 발령 당시에 위법한 것이라고 하여도 사후에 흠결을 보완하게 되면 적법한 행위로 취급하는 것을 하자 있는 행정행위의 치유라 부른다. 하자 있는 행위의 치유는 보완적인 것이므로, 그 자체는 하나의 독립적인 행정행위가 아니다. 335

2. 하자 치유의 요건(사유)

336   하자의 치유를 인정하기 위해서는 '흠결된 요건의 사후 보완'이 있어야 한다. 그리고 요건의 보완은 보완행위를 할 수 있는 적법한 권한자에 의해 이루어져야 한다.

3. 적용범위

337   **(1) 무효인 행정행위의 치유 여부**
전통적 견해와 판례는 행정행위의 하자의 치유를 취소할 수 있는 행정행위에만 인정한다. 무효는 언제나 무효이므로 무효행위에 치유를 인정하기는 곤란하므로 전통적 견해와 판례의 입장은 타당하다.

338   **(2) 내용상 하자의 치유 여부**
① ⓐ 절차와 형식상의 하자 외에 내용상의 하자도 치유가 가능하다는 견해도 있으나, ⓑ 행정의 법률적합성의 원칙을 고려할 때 내용상 하자의 치유는 불가능하다는 견해가 타당하다. ② 판례도 부정한다(대판 1991. 5. 28. 90누1359).

4. 한   계

339   **(1) 실체적 한계**
행정행위의 성질이나 법치주의의 관점에서 볼 때 하자 있는 행정행위의 치유는 원칙적으로 허용될 수 없을 뿐만 아니라 이를 허용하는 경우에도 국민의 권리와 이익을 침해하지 않는 범위에서 예외적으로 인정하여야 한다(판례).

340   **(2) 시간적 한계**
학설은 대립하나, 판례는 "치유를 허용하려면 늦어도 과세처분에 대한 불복 여부의 결정 및 불복신청에 편의를 줄 수 있는 상당한 기간 내에 하여야 한다"고 하고 있어 행정쟁송제기 이전까지만 가능하다는 입장이다.

● 제7항 행정행위의 폐지

343   행정행위의 폐지에는 행정행위의 직권취소와 철회가 있다.

Ⅰ. 행정행위의 직권취소

344   행정행위의 직권취소란 위법 또는 부당한 하자가 있는 행정행위를 그 행위를 발령한 처분청(감독청)이 직권으로 효력을 소멸시키는 것을 말한다(예를 들어 연령결격자에게 발령된 운전면허처분을 행정청이 취소하는 경우를 말한다). 행정행위의 직권취소는 행정행위의 성립에 흠(원시적인 하자)이 있는 행정행위의 효과를 소급(또는 장래)적으로 소멸시킨다는

점에서, 행정행위 발령 이후의 새로운 사정(후발적 사정)을 이유로 행정행위의 효력을 장래적으로 소멸시키는 행정행위의 철회와 구별된다.

Ⅱ. 행정행위의 철회

행정행위의 철회란 사후적으로 발생한 사유에 의해 행정행위의 효력을 장래를 향 349
해 소멸시키는 의사표시를 말한다(예를 들어 건축허가를 받은 후 그곳이 환경보호에 중요한 지역임이 밝혀져 행정청이 그 건축허가를 취소하는 것을 말한다). 실정법상으로는 취소라고 한다.

행정청이 행한 공사중지명령의 상대방이 그 명령 이후에 그 원인사유가 소멸하였음을 들어 행정청에 대하여 공사중지명령의 철회를 신청하였으나 행정청이 이에 대하여 아무런 응답을 하지 않고 있는 경우, 그러한 행정청의 부작위의 위법 여부(적극)

행정청이 행한 공사중지명령의 상대방은 그 명령 이후에 그 원인사유가 소멸하였음을 들어 행정청에게 공사중지명령의 철회를 요구할 수 있는 조리상의 신청권이 있다 할 것이고, 상대방으로부터 그 신청을 받은 행정청으로서는 상당한 기간 내에 그 신청을 인용하는 적극적 처분을 하거나 각하 또는 기각하는 등의 소극적 처분을 하여야 할 법률상의 응답의무가 있다고 할 것이며, 행정청이 상대방의 신청에 대하여 아무런 적극적 또는 소극적 처분을 하지 않고 있는 이상 행정청의 부작위는 그 자체로 위법하다고 할 것이고, 구체적으로 그 신청이 인용될 수 있는지 여부는 소극적 처분에 대한 항고소송의 본안에서 판단하여야 할 사항이라고 할 것이다(대판 2005. 4. 14. 2003두7590).

● 제8항 행정행위의 실효

행정행위의 실효란 행정행위의 효력이 행정청의 의사와 관계없이 일정한 사실의 355
발생에 의해 장래를 향하여 당연 소멸되는 것을 말한다(예: 운전면허취득자의 사망, 영업허가처분을 받은 물적 시설의 철거, 종기가 정해진 행정행위의 종기의 도래(예를 들어 5년간 영업허가를 받은 후 5년이 경과한 경우)). 행정행위의 효력의 소멸이 행정청의 의사와 무관하다는 점에서 행정행위의 직권취소·철회와 구별된다.

● 제9항 행정행위의 부관

Ⅰ. 부관의 개념

1. 의   의

행정행위의 부관이란 행정행위의 효과를 제한 또는 보충하기 위하여 행정기관에 356
의하여 주된 행정행위에 부가된 종된 규율을 말한다(다수설). 법령에서 직접 행정행위의 효력범위를 정하고 있는 경우는 행정행위의 부관이 아니다(예를 들어 법령에서 허가기간을 3년으로 획일적으로 정하고 있는 경우, 허가하면서 기간 3년을 부관으로 부가하는 것)(이를 행정행위의 부관과 구별하여 법정부관이라 부른다).

2. 부관의 부종성

357 부관은 부종성(주된 행정행위와의 관계에서 종적인 지위를 가지는 관련성)을 갖는다. 따라서 형식적으로 주된 행정행위의 존재 여부와 효력 유무에 의존하게 되며(주된 행정행위가 무효이면 부관도 당연히 소멸된다), 내용적으로 부관의 내용은 주된 행정행위와의 실질적 관련성이 있는 것에 한정되는 한계가 있다(류지태·박종수).

Ⅱ. 부관의 종류[17 5급]

1. 판단기준

358 부관의 종류 중 어디에 해당하는지는 ⓐ 그 표현에 관계없이 행정청의 객관적인 의사에 따라 판단하여야 한다. ⓑ 다만 그 의사가 불분명하다면 최소침해의 원칙상 상대방인 사인에게 유리하도록 판단한다.

2. 조   건

359 조건이란 행정행위의 효력의 발생·소멸을 장래에 발생 여부가 불확실한 사실에 종속시키는 부관을 말한다. 조건에는 정지조건과 해제조건이 있다. '정지조건'이란 조건의 성취로 행정행위의 효력이 발생하는 조건을 말하며(예를 들어 주차장의 확보를 정지조건으로 한 여객자동차운수사업면허를 발령하였다면 주차장확보의 정지조건을 성취해야 여객자동차운송사업면허의 효력이 발생한다), '해제조건'이란 조건의 성취로 발령된 행정행위의 효력이 소멸되는 경우의 조건을 말한다(예를 들어 상수원보호구역으로 지정되면 내수면어업허가가 소멸될 것을 해제조건으로 하였다면 상수원보호구역지정이라는 해제조건이 성취되는 순간 내수면어업허가의 효력은 소멸된다).

3. 기   한

360 기한이란 행정행위의 효력의 발생·소멸을 장래에 발생 여부가 확실한 사실에 종속시키는 부관을 말한다. 기한에는 시기(始期)(예: 도로점용허가의 효력발생을 장래 특정일자로 정하는 경우)와 종기(終期)(예: 3년을 기간으로 영업을 허가하는 경우)가 있다.

4. 철회권(취소권)의 유보

361 철회권의 유보란 일정한 사정이 발생하면 행정행위를 철회할 수 있음을 미리 정해 두는(=유보) 부관을 말한다(예를 들어 건축허가를 하면서 사후에 환경보존의 필요성이 생기면 건축허가를 취소할 수 있음을 미리 정해 두는 부관을 말한다).

5. 부   담

(1) 의   의

부담이란 수익적인 주된 행정행위에 부가된 것으로 상대방에게 작위·부작위·수 362
인·급부 등 의무를 과하는 부관을 말한다(예를 들어 도로점용을 허가하면서 점용료납부의무를
과하거나 유흥주점영업을 허가하면서 영업방법제한 등 각종의 행위제한을 가하는 것을 말한다).

(2) 부담과 정지조건

부담부 행정행위는 부담의 이행 여부를 불문하고 일단 주된 행정행위의 효력은 363
발생하지만, 정지조건부 행정행위는 조건이 성취되어야 효력이 발생한다. 그러나 양
자의 구별은 불분명한 경우가 많다. 이 경우 최소침해의 원칙상 상대방에게 유리하도
록 부담으로 보아야 한다(통설).

(3) 성   질

조건이나 기한과 달리 부담은 주된 행정행위의 일부분이 아니라 그 자체로 독립 364
된 행정행위다. 다만 부담은 주된 행정행위와 관련되어 있고 주된 행위의 효력에 의
존한다는 종속적인 면에서 부관으로 볼 수 있는 것이다(부종성을 갖는 행정행위).

Ⅲ. 부관의 위법성의 정도

부관의 적법성(부관의 가능성과 한계)의 범위를 벗어난 부관은 위법한 것이 된다. 위 372
법한 부관은 중대·명백설에 따라 중대하고 명백한 하자를 가진 부관은 무효가 되고,
그에 이르지 않은 하자를 가진 부관은 단순위법사유가 된다.

Ⅳ. 위법한 부관에 대한 쟁송

1. 부관의 독립쟁송가능성★★[08 5급] [11 사시] [12 변시] [12 입시] [13 5급] [16 법행] [22 입시]

(1) 문 제 점

사인이 수익적 행정행위를 발급받을 때 그 효과를 제한하는 기한, 조건 등이 부 373
가되거나 의무를 과하는 부담이 부가되는 경우 상대방은 침익적인 부관이 부가되지
않는 수익적인 주된 행정행위의 발급만을 원할 것이다. 따라서 부관만의 독립쟁송가
능성이 문제된다. 만일 부관부 행정행위 전체가 취소된다면 이미 발급받은 수익적인
행정행위도 소멸되므로 상대방에게는 더 침익적일 수 있기 때문이다.

(2) 소송형태

부관에 대한 소송형태로는 ① 행정행위의 일부만을 취소소송의 대상으로 하는 373a
소송인 진정일부취소소송(형식상으로나 내용상으로도 부관만의 취소를 구하는 소송이다), ② 형
식상으로는 부관부 행위 전체를 소송의 대상으로 하면서 내용상 일부의 취소를 구하

는 소송인 부진정일부취소소송, ③ 형식상으로나 내용상으로 부관부 행정행위의 전체의 취소를 구하거나, 부관의 변경(적극적 변경)을 구하는 소송이 있을 수 있다.

(3) 학 설

1) 모든 부관이 독립쟁송가능하다는 견해　　부담은 행정행위이므로 부담만으로도 쟁송의 대상이 될 수 있지만, 그 이외의 부관은 부관부행정행위 전체를 쟁송의 대상으로 하여야 한다는 견해이다. 즉, 부관은 모두 독립쟁송이 가능하지만, 부담은 진정일부취소소송의 형태로, 부담 이외의 부관은 부진정일부취소소송의 형태로 쟁송을 제기해야 한다고 한다.

2) 분리가능성을 기준으로 하는 견해

(가) 이 견해는 주된 행정행위와 부관의 분리가능성을 기준으로 독립쟁송가능성을 판단한다. 분리가능성의 판단기준은 ⓐ 부관 없이도 주된 행정행위가 적법하게 존속할 수 있을 것과 ⓑ 부관이 없는 주된 행정행위가 공익상의 장애를 발생시키지 않을 것을 든다.

(나) 주된 행정행위와 분리가능성이 없는 부관은 독립쟁송이 불가능하지만, 주된 행위와의 분리가능성이 인정되는 부관이라면 독립쟁송이 가능하다는 견해이다. 즉, ① 주된 행정행위와 분리가능성이 없는 부관은 (진정 또는 부진정 일부취소소송이 아니라) 부관부 행정행위 전체에 대해 쟁송을 제기해야 하고, ② 분리가능성이 인정되는 부관은 ⓐ 처분성이 인정되는 것은 진정일부취소소송의 형태로, ⓑ 처분성이 인정되지 않는 것은 부진정일부취소소송의 형태로 쟁송을 제기해야 한다고 본다.

(4) 판 례

(가) 판례는 「행정행위의 부관은 행정행위의 일반적인 효력이나 효과를 제한하기 위하여 의사표시의 주된 내용에 부가되는 종된 의사표시이지 그 자체로서 직접 법적 효과를 발생하는 독립된 처분이 아니므로 현행 행정쟁송제도 아래서는 부관 그 자체만을 독립된 쟁송의 대상으로 할 수 없는 것이 원칙이나 부담의 경우에는 다른 부관과는 달리 행정행위의 불가분적인 요소가 아니고 그 존속이 본체인 행정행위의 존재를 전제로 하는 것일 뿐이므로 부담 그 자체로서 행정쟁송의 대상이 될 수 있다(대판 1992. 1. 21. 91누1264)」라고 하여 부담만 독립쟁송이 가능하다는 입장이다.

(나) 즉, 판례는 부진정일부취소소송을 인정하지 않기 때문에 부담 이외의 부관에 대해서는 독립쟁송이 불가능하고 부관부행정행위전체를 소의 대상으로 하든지 아니면 부관이 없는 처분으로의 변경을 청구한 다음 그것이 거부된 경우에 거부처분취소소송을 제기하여야 한다는 입장이다.

(5) 검 토

① 모든 부관이 독립쟁송가능하다는 견해가 타당하다. ② 분리가능성을 기준으로   378
하는 견해에 대해서는 분리가능성 문제는 독립쟁송가능성의 문제(소송 요건의 문제)가
아니라 본안 판단의 문제라는 비판이 있다. ③ 또한 부진정일부취소소송을 인정하지
않는 판례는 부담 이외의 부관에 대해서는 부관부행정행위 전체를 소의 대상으로 하
든지 아니면 부관이 없는 처분으로의 변경을 청구한 다음 그것이 거부된 경우에 거부
처분취소소송을 제기해야 하기 때문에 상대방의 권리구제에 문제점이 있다.

2. 부관의 독립취소가능성

(가) 원고가 부관만의 취소를 구하는 경우에 법원이 심리를 통하여 부관이 위법하   379
다고 판단한 경우 부관만을 독립하여 취소할 수 있는지(아니면 부관부 행정행위 전체를 취소
하거나 기각해야 하는지) 여부가 문제된다.

(나) 판례는 위법한 부관이 부담이면 독립취소가 가능하고, 기타의 부관이면 둘로
나누어 위법부관이 중요부분이면 전부취소의 판결을 그렇지 않다면 기각판결을 해야
한다는 입장이다(기타 부관은 부관만의 독립취소가 불가능하므로).

제4절 공법상 계약

Ⅰ. 의 의

공법상 계약이란 공법상 효과(공법상 권리·의무의 발생·변경·소멸)의 발생을 목적으   394
로 하는 복수당사자의 의사의 합치를 말한다(예: 사유지를 공원이나 도로로 제공하는 계약).

Ⅱ. 종 류

공법상 계약은 주체에 따라 행정주체 간의 공법상 계약(예: 국가와 지방자치단체 간의   395
공공시설의 관리에 대한 합의), 행정주체와 사인 간의 공법상 계약(예: 사유지를 공원이나 도로
로 제공하는 계약)이 있다.

Ⅲ. 하 자

위법한 공법상 계약의 효과에 관한 일반적인 규정은 없다. 명문의 규정이 없는   396
한, 중대한 하자 있는 공법상 계약은 행정행위와 달리 공정력이 인정되지 아니하므로

무효이다.

Ⅳ. 권리구제

397   공법상 계약과 관련된 법률관계에 관한 소송은 행정소송법상 당사자소송으로 해결한다는 것이 일반적인 견해이다. 행정소송법 제3조 제2호는 당사자소송의 대상을 '행정청의 처분등을 원인으로 하는 법률관계에 관한 소송'뿐만 아니라 '그 밖에 공법상의 법률관계에 관한 소송'을 인정하고 있기 때문이다(후술하는 당사자소송 참조(1314 이하)).

제5절 공법상 사실행위

Ⅰ. 의의 · 종류

398   (가) 공법상 사실행위란 법률관계의 발생 · 변경 · 소멸을 목적으로 하는 것이 아니라 사실상의 효과 · 결과의 실현을 목적으로 하는 행정작용을 말한다(예를 들어 행정기관이 교량을 건설한다거나 도로를 청소하는 것을 말한다. 물론 후술하는 권력적 사실행위처럼 사실상의 효과(결과) 외에 법적 효과(권리나 의무의 발생 · 변경 · 소멸을 가져오는 효과)가 더불어 발생하는 경우도 있다. 그러나 일반적으로 공법상 사실행위라고 하면 비권력적 사실행위를 말한다).

(나) 공권력행사란 행정청이 우월한 지위에서 일방적으로 하는 행위를 말하는데, 권력적 사실행위란 공권력행사의 성질을 갖는 것을 말하며(예: 전염병환자의 강제격리조치, 무허가 건축물 철거행위), 비권력적 사실행위란 공권력행사의 성질을 갖지 않는 것을 말한다(예: 건설공사행위, 행정지도).

Ⅱ. 권리구제^{★★★}[12 5급] [15 사시] [16 사시]

1. 행정쟁송

(1) 권력적 사실행위

401   **1) 행정심판**   권력적 사실행위는 후술하는 것처럼 항고소송의 대상인 처분이라고 보는 것이 일반적인 견해이므로 행정심판의 대상인 처분이기도 하다. 따라서 상대방은 권력적 사실행위에 대해 취소심판이나 무효확인심판을 청구할 수 있다.

2) 항고소송

a. 소송요건

402   **(i) 대상적격**(자세한 내용은 후술하는 항고소송의 대상적격 참조)(897 이하)   (가) 권력

46
제1부   행정법총론

적 사실행위는 사실행위의 요소와 하명(의무를 명하는 행정행위)적 요소가 결합된 합성적 행위이기 때문에 공권력 행사 및 법적 행위(국민의 권리·의무에 영향을 미치는 행위)의 요건을 충족하여 항고소송의 대상인 처분이라고 보는 일반적인 견해가 타당하다(예를 들어 전염병환자를 강제격리조치하는 경우 강제격리행위 자체는 사실행위이지만 그 안에 행정기관의 강제격리행위를 수인할 의무를 상대방에게 부과하는 하명적 요소가 포함되어 있다고 본다).

(나) ① 대법원은 명시적 태도를 보이고 있지는 않으나, 권력적 사실행위로 보이는 단수(斷水)조치를 처분에 해당하는 것으로 판시하였다(대판 1985. 12. 24. 84누598). ② 그리고 헌법재판소는 「수형자의 서신을 교도소장이 검열하는 행위는 이른바 권력적 사실행위로서 행정심판이나 행정소송의 대상이 되는 행정처분으로 볼 수 있다(헌재 1999. 8. 27. 96헌마398)」고 하여 명시적으로 권력적 사실행위의 처분성을 인정하고 있다.

(ii) 권리보호필요성(협의의 소익)(원고의 재판청구에 대하여 법원이 판단을 행할 구체적 실익 내지 필요성)(967 이하)　　　취소소송을 제기하더라도 권력적 사실행위는 대부분 단시간에 실행이 완료되어 그 이후에는 권리보호필요성이 없어 부적법 각하될 가능성이 많다. 그러나 예외적으로 물건의 영치, 전염병환자의 격리처럼 계속적인 성격(권력적 사실행위의 실행과 종료가 시간적 간격을 가지는 경우)을 갖는 권력적 사실행위는 권리보호필요성이 인정될 수 있다. 403

b. 집행정지　　　권력적 사실행위는 대부분 단시간에 실행이 완료되기에 상대방은 취소소송 등을 제기하면서 집행정지를 신청하여야 실효적인 권리구제를 받을 수 있다(행정소송법 제23조 참조). 404

3) 당사자소송　　　권력적 사실행위로 발생한 법률관계가 있다면 당사자는 행정소송법 제3조 제2호에 따라 그 권리나 법률관계를 다투는 이행소송이나 확인소송을 권리주체를 상대로 제기할 수 있다(행정소송법 제39조 참조). 405

(2) 비권력적 사실행위

비권력적 사실행위는 공권력행사도 아니고 법적 효과가 발생하지도 않기 때문에 항고소송의 대상인 처분이 아니다(판례의 입장도 같다). 그러나 비권력적인 사실행위 중 상대방에게 사실상의 지배력을 미치는 행위들을 행정소송법 제2조 제1항 제1호의 '그 밖에 이에 준하는 행정작용'으로 보고 처분성을 긍정하는 견해도 있다(쟁송법적 개념설, 형식적 행정행위 긍정설)(899 이하). 406

2. 손해전보

(1) 손해배상청구

사실행위도 국가배상법 제2조 제1항의 성립요건(고의·과실, 위법성 등)을 충족한다면 상대방은 국가 등을 상대로 손해배상청구권을 행사할 수 있다. 왜냐하면 국가배상 407

법 제2조 제1항의 직무행위는 행정행위뿐만 아니라 사실행위도 포함되기 때문이다.

(2) 손실보상청구

408   공공의 필요에 따른 적법한 행위로 사인이 손실을 입었고 그 손실이 특별한 희생에 해당하는 경우에는 손실보상을 청구할 수 있다.

(3) 결과제거청구

409   공법상 사실행위로 인해 위법한 사실상태가 야기된 경우 침해받은 사인은 적법한 상태로의 원상회복을 위한 결과제거(위법한 공법작용으로 인해 자기의 권리침해가 계속되는 경우에 행정주체에 대하여 그 위법한 결과의 제거를 구할 수 있는 권리를 말한다)를 청구할 수 있다(예를 들어 식품위생법 제79조는 행정청이 할 수 있는 영업소폐쇄조치로 '해당 영업소의 시설물과 영업에 사용하는 기구 등을 사용할 수 없게 하는 봉인(封印)'할 수 있도록 규정하는데 상대방이 행정청의 영업소폐쇄조치(권력적 사실행위)에 대해 취소소송을 제기하여 승소하였음에도 봉인을 제거하지 않는 경우 상대방은 행정청을 상대로 이를 제거해 줄 것(소유물의 방해제거)을 청구할 수 있는데 이러한 권리구제 수단이 결과제거청구이다).

3. 예방적 부작위소송과 가처분(권력적 사실행위 발령 전)

410   (가) 예방적 부작위소송(886 이하)이란 위법한 행정작용을 미리 저지할 것을 목적으로 장래에 있을 특정한 행정행위 또는 그 밖의 행위의 발동에 대한 방지를 구하는 소송을 말하며, 인정 여부에 관해 학설은 부정설, 긍정설, 제한적 긍정설이 대립한다. 다만, 판례는 처분을 하여서는 아니 된다는 내용의 부작위를 구하는 청구는 행정소송에서 허용되지 아니한다고 본다(대판 1987. 3. 24. 86누182).

(나) 가처분(1101 이하)이란 다툼이 있는 법률관계에 관하여 잠정적으로 임시의 지위를 보전하는 것을 내용으로 하는 가구제제도이다(민사집행법 제300조). 행정소송에 민사집행법상 가처분규정을 적용할 수 있는지에 관해 학설은 적극설, 소극설, 절충설이 대립한다. 다만, 판례는 민사집행법상의 보전처분은 민사판결절차에 의하여 보호받을 수 있는 권리에 관한 것이라고 보기 때문에 행정소송에 가처분을 인정하지 아니한다(대결 2011. 4. 18. 2010마1576).

(다) 긍정설에 따른다면, 권력적 사실행위 발령전에도 예방적 부작위소송을 제기하면서 가처분을 신청할 수 있다.

Ⅰ. 개 념

1. 의 의

행정지도란 "행정기관이 그 소관사무의 범위 안에서 일정한 행정목적을 실현하 기 위하여 특정인에게 일정한 행위를 하거나 하지 아니하도록 지도·권고·조언 등을 하는 행정작용"을 말한다(행정절차법 제2조 제3호). 412

2. 법적 성질

행정지도는 일정한 법적 효과의 발생을 목적으로 하는 의사표시가 아니라 단지 상대방의 임의적인 협력을 통해 사실상의 효과를 기대하는 비권력적 사실행위이다. 413

Ⅱ. 권리구제[*]

1. 항고소송

① 행정지도는 비권력적 행위라는 점에서 공권력행사를 개념요소로 하는 행정소 송법상 처분개념에 해당하지 아니하고, 아울러 사실행위라는 점에서 법적 행위가 아 니어서 항고소송의 대상이 되지 않는 것이 전통적인 견해이다. 판례의 입장도 같다(관 할 구청장이 한국전력공사에 대하여 건축법 제69조 제2항, 제3항의 규정에 의하여 위 건물에 대한 전기 공급이 불가하다는 내용의 회신을 하였다면, 그 회신은 권고적 성격의 행위에 불과한 것으로서 한국전력 공사나 특정인의 법률상 지위에 직접적인 변동을 가져오는 것은 아니므로 항고소송의 대상이 되는 행정 처분이라고 볼 수 없다(대판 1995. 11. 21. 95누9099)). ② 다만, 사실상의 강제력을 갖는 행정 지도를 행정소송법 제2조 제1항 제1호의 '그 밖에 이에 준하는 행정작용'으로 보고 처 분성을 긍정하자는 견해도 있다(쟁송법적 행정행위 개념설, 형식적 행정행위 긍정설). 419

2. 손해전보

(1) 손해배상

위법한 행정지도로 인해 피해를 입은 자는 국가배상법이 제2조 제1항이 정하는 바에 따라 손해배상을 청구할 수 있다는 것이 일반적 견해이며, 판례의 입장이다(국가배 상법 제2조 제1항의 직무행위에 행정지도가 포함된다. 후술하는 국가배상법 제2조 제1항 참조). 420

(2) 손실보상

사실상의 강제로 인하여 특별한 희생이 있고, 그 희생이 행정지도와 인과관계를 421

갖는 경우에는 예외적으로 손실보상이 가능하다고 본다(예: 특정 농산품을 재배할 것을 권고한 후 소비자의 수요 감퇴로 그 농산품의 가격이 폭락하여 막대한 손실을 본 경우).

제7절 사법형식의 행정작용(광의의 국고작용)

423   사법형식의 행정작용이란 행정주체가 사법(私法)상의 재산권 주체(이를 '국고(國庫)'라고 한다)의 지위에서 행하는 행정작용을 말한다(예: 물건의 매매, 국유재산의 임대). 행정상 사법관계는 행정주체가 직접적인 행정목적 달성을 위해 행하는 것인지에 따라 직접적 행정목적을 위한 행정사법작용과 간접적 행정목적을 위한 (협의의)국고작용으로 구분된다.

I. 행정사법
1. 의   의
424   행정주체가 공적 임무를 사법형식으로 수행하는 행정작용을 행정사법작용(행정을 사법형식으로 하는 작용)이라 한다(예: 행정주체가 하는 주택이나 위생시설 건설, 폐수·오물처리, 수돗물공급, 국공영극장·국공영스포츠시설 등의 운영).

2. 관할법원
427   행정사법작용은 공법적 제한이 있음에도 불구하고 전체로서 사법관계의 성질을 갖는바 행정사법작용에 대한 분쟁은 민사법원의 관할사항이다.

II. 협의의 국고작용
1. 조달행정
428   조달행정이란 행정청이 공적 임무의 수행에 필요한 것을 확보하기 위한 행정작용을 말한다(예: 물건의 구매, 청사건물 건설계약).

2. 영리활동
429   영리활동이란 국가가 공행정목적의 직접적인 수행과는 관계없이 수익의 확보를 위해 행하는 행정작용을 말한다(예: 우체국예금·보험).

제1절 행정절차법

◎ 제1항 행정절차 일반론

Ⅰ. 의   의

　행정절차란 행정결정을 함에 있어서 행정청이 거쳐야 할 사전적인 외부와의 교섭 　430
과정을 말한다(협의의 의미). 당사자 사이의 이해의 조정 및 이해관계인의 권익의 보호
를 목적으로 하는 경우도 있고, 행정청의 의사결정의 충실을 도모하기 위한 절차도
있다(이상규).

Ⅱ. 법적 근거

　헌법 제12조 제1항 등은 형사절차에 관해 규정하고 있지만, 적법절차의 원리는 　431
행정절차에도 적용된다. 그리고 행정절차에 관한 일반법인 행정절차법과 민원사무처
리에 관한 일반법인 민원사무처리에 관한 법률, 개별법상 절차 규정도 근거가 된다.

Ⅲ. 행정절차법

1. 행정절차법의 성격

　행정절차법은 행정절차에 관한 일반법이다. 개별법에 특별한 규정이 없다고 하더 　432
라도 행정절차에 관해서는 당연히 행정절차법이 적용된다. 물론 행정절차법에는 절차
적 규정 외에도 실체적 규정도 있다(예: 동법 제4조).

2. 적용범위

　행정절차법은 행정절차에 관한 일반법이지만, 모든 행정의 행위형식에 적용되는 　433
것은 아니다. "처분, 신고, 확약, 위반사실 등의 공표, 행정계획, 행정상 입법예고, 행
정예고 및 행정지도"의 절차에 관하여 다른 법률에 특별한 규정이 없는 경우에 적용
된다(행정절차법 제3조 제1항). 따라서 공법상 계약에는 적용되지 않는다.

○ 제2항 행정절차의 기본요소

Ⅰ. 행정절차의 주체

1. 행 정 청

439   행정절차법 제2조 제1호는 행정청을 "행정에 관한 의사를 결정하여 표시하는 국가 또는 지방자치단체의 기관, 그 밖에 법령 또는 자치법규(이하 "법령 등"이라 한다)에 따라 행정권한을 가지고 있거나 위임 또는 위탁받은 공공단체 또는 그 기관이나 사인"을 말한다고 규정한다.

2. 당사자등

440   행정절차법 제2조 제4호는 당사자등을 행정청의 처분에 대하여 직접 그 상대가 되는 당사자와 행정청이 직권 또는 신청에 따라 행정절차에 참여하게 한 이해관계인을 말한다고 한다.

Ⅱ. 송   달

444   송달이란 일정한 사항을 당사자 또는 이해관계인 등에게 알리기 위하여 서류를 송부하는 절차를 말한다.

1. 송달의 방법

445   송달은 우편, 교부 또는 정보통신망 이용 등의 방법으로 하되, 송달받을 자(대표자 또는 대리인을 포함한다. 이하 같다)의 주소·거소·영업소·사무소 또는 전자우편주소(이하 "주소등"이라 한다)로 한다(행정절차법 제14조 제1항). 송달받을 자의 주소등을 통상적인 방법으로 확인할 수 없는 경우 또는 송달이 불가능한 경우에는 송달받을 자가 알기 쉽도록 관보, 공보, 게시판, 일간신문 중 하나 이상에 공고하고 인터넷에도 공고하여야 한다(행정절차법 제14조 제4항).

2. 송달의 효력발생

446   송달은 다른 법령등에 특별한 규정이 있는 경우를 제외하고는 해당 문서가 송달받을 자에게 도달됨으로써 그 효력이 발생한다(행정절차법 제15조 제1항). 정보통신망을 이용하여 전자문서로 송달하는 경우에는 송달받을 자가 지정한 컴퓨터 등에 입력된 때에 도달된 것으로 본다(행정절차법 제15조 제2항). 송달받을 자의 주소등을 통상적인 방법으로 확인할 수 없는 경우 또는 송달이 불가능한 경우에는 다른 법령등에 특별한 규정이 있는 경우를 제외하고는 공고일부터 14일이 지난 때에 그 효력이 발생한다. 다만, 긴급히 시행하여야 할 특별한 사유가 있어 효력 발생 시기를 달리 정하여 공고

한 경우에는 그에 따른다(행정절차법 제15조 제3항).

◎ 제3항 행정절차의 종류

Ⅰ. 처분절차

1. 처분의 신청

사인은 행정청에 처분을 구하는 신청을 문서로 해야 한다(행정절차법 제17조 제1항 본문).   447

2. 처리기간의 설정·공표

(1) 처리기간의 설정과 연장

행정청은 신청인의 편의를 위하여 처분의 처리기간을 종류별로 미리 정하여 공   448
표하여야 한다(행정절차법 제19조 제1항).

(2) 신속처리요청

행정청이 정당한 처리기간 내에 처리하지 아니하였을 때에는 신청인은 해당 행정청   449
또는 그 감독 행정청에 대하여 신속한 처리를 요청할 수 있다(행정절차법 제19조 제4항).

3. 처분기준의 설정·공표

(1) 공표원칙

행정청은 필요한 처분기준을 해당 처분의 성질에 비추어 되도록 구체적으로 정하   450
여 공표하여야 한다(행정절차법 제20조 제1항 제1문).

(2) 해석·설명요청

당사자등은 공표한 처분기준이 명확하지 아니한 경우 해당 행정청에 대하여 그   451
해석 또는 설명을 요청할 수 있다(행정절차법 제20조 제3항 제1문). 이 경우 해당 행정청은
특별한 사정이 없으면 그 요청에 따라야 한다(행정절차법 제20조 제3항 제2문).

4. 처분의 사전통지

(1) 의   의

행정청이 일정한 사항을 처분하기 전에 당사자등에게 통지하는 제도를 말한다(행   452
정절차법 제21조).

(2) 결여의 효과

사전통지를 하여야 함에도 이를 하지 않고 처분한 경우 그 처분은 절차상 하자   454
있는 처분이 된다.

5. 의견청취

455   의견청취에 대해 행정절차법 제22조는 청문, 공청회, 의견제출(약식청문)을 규정한다.

(1) 청　문

456   청문이란 행정청이 어떠한 처분을 하기 전에 앞서 당사자등의 의견을 직접 듣고 증거를 조사하는 절차를 말한다(행정절차법 제2조 제5호).

(2) 공 청 회

458   공청회란 행정청이 공개적인 토론을 통하여 어떠한 행정작용에 대하여 당사자등, 전문지식과 경험을 가진 사람, 그 밖의 일반인으로부터 의견을 널리 수렴하는 절차를 말한다(행정절차법 제2조 제6호).

(3) 의견제출

460   의견제출이란 행정청이 어떠한 행정작용을 하기 전에 당사자등이 의견을 제시하는 절차로서 청문이나 공청회에 해당하지 아니하는 절차를 말한다(행정절차법 제2조 제7호).

(4) 의견청취절차의 위반

462   의견청취절차는 의무적으로 규정되어 있기에 이를 실시하지 않고 발령한 처분은 절차상 위법한 것이 된다. 그리고 하자의 정도는 중대·명백설에 따른다(많은 경우 의견청취절차를 위반한 처분은 명백하지만 중대하지 않아 취소사유에 해당될 것이다).

6. 이유제시*

(1) 의　　의

463   이유제시란 행정청이 처분을 할 때에는 그 근거와 이유를 제시하여야 함을 말한다(행정절차법 제23조 제1항 본문). 행정절차법 제23조는 처분을 함에 있어서 처분의 근거와 이유를 제시하여야 한다고 규정하여 이유제시를 처분 시의 필수적 절차로 규정하고 있다. 따라서 이유제시를 생략할 수 있는 경우에 해당되지 않는 한, 수익적·침익적 처분을 불문하고 이유제시를 하여야 한다. 처분을 함에 있어서 이유제시를 전혀 하지 않은 경우, 이유제시를 하였으나 처분의 사실적·법률적 근거를 구체적으로 제시하지 않은 경우에는 이유제시에 하자가 있는 것이 된다.

(2) 생략사유(행정절차법 제23조 제1항)

464   행정절차법 제23조 제1항은 일정한 경우 이유제시를 생략할 수 있음을 규정한다(1. 신청 내용을 모두 그대로 인정하는 처분인 경우, 2. 단순·반복적인 처분 또는 경미한 처분으로서 당사자가 그 이유를 명백히 알 수 있는 경우, 3. 긴급히 처분을 할 필요가 있는 경우).

(3) 요　　건

465   **1) 정　　도**　　　행정청이 자기의 결정에 고려하였던 사실상·법률상의 근거를

상대방이 이해할 수 있을 정도로 구체적으로 알려야 한다. 사실상 근거에는 행정행위의 결정에 근거로 삼은 사실관계가 포함되며, 법률상 근거에는 해석·포섭·형량이 포함된다. 그리고 재량행위에 있어서는 행정청이 재량행사에서 기준으로 삼았던 관점(재량행사의 고려사항)도 알려야 한다(다수설).

2) 방   식   행정절차법 제24조 제1항의 규정에 의하여 원칙적으로 문서로 **466**
한다.

3) 기준시점   이유제시는 원칙적으로 처분이 이루어지는 시점에 이루어져야 **467**
한다(행정절차법 제23조 제1항 참조).

(4) 결여의 효과

이유제시결여의 하자는 독자적인 위법사유가 된다(다수설, 판례). 하자의 정도는 명백 **468**
한 하자이지만 적법요건의 중대한 위반이라고 보기는 어려워 취소사유로 보아야 한다.

7. 처분의 방식(문서주의)

행정청이 처분을 하는 때에는 다른 법령등에 특별한 규정이 있는 경우를 제외하 **469**
고는 문서로 하여야 하며, 전자문서로 하는 경우에는 당사자등의 동의가 있어야 한다
(행정절차법 제24조 제1항 본문).

Ⅱ. 신고절차

법령등에서 행정청에 일정한 사항을 통지함으로써 의무가 끝나는 신고를 규정하 **470**
고 있는 경우 신고를 관장하는 행정청은 신고에 필요한 구비서류, 접수기관, 그 밖에
법령 등에 의한 신고에 필요한 사항을 게시(인터넷 등을 통한 게시를 포함한다)하거나 이에
대한 편람을 갖추어 두고 누구나 열람할 수 있도록 하여야 한다. 그리고 이러한 신고
는 신고서가 접수기관에 도달된 때에 신고의 의무가 이행된 것으로 본다(행정절차법 제
40조 참조).

Ⅲ. 행정상 입법예고절차

법령등을 제정·개정 또는 폐지하려는 경우에는 예외사유에 해당하지 않는 한 해 **471**
당 입법안을 마련한 행정청은 이를 예고하여야 한다(행정절차법 제41조 제1항).

Ⅳ. 행정예고절차

행정청은 일정한 사항에 대해 정책, 제도 및 계획을 수립·시행하거나 변경하려는 **472**
경우에는 예외사유에 해당하지 않는 한 이를 예고하여야 한다(행정절차법 제46조 제1항).

Ⅴ. 행정지도절차

473   행정절차법은 행정지도의 정의, 행정지도의 원칙·방식, 의견제출, 다수인을 대상
으로 하는 행정지도 등을 규정한다(행정절차법 제2조 제3호, 제48조에서 제51조 참조).

제2절 행정정보

● 제1항 자기정보결정권(정보상 자기결정권)

477   자기정보결정권이란 개인은 누구나 자신에 관한 정보를 관리하고, 통제하며, 외
부로 표현함에 있어 스스로 결정할 수 있다는 권리를 말한다.

● 제2항 정보공개청구권

Ⅰ. 개   념

1. 의   의

480   정보공개청구권이란 사인이 공공기관에 대하여 정보를 공개해줄 것을 요구할 수
있는 권리를 말한다. 특히 공공기관의 정보공개에 관한 법률의 정보공개청구권은 자
기와 직접적인 이해관계 있는 정보(예: 자신의 의료기록에 대한 정보공개를 청구한 경우)에 대
한 공개(개별적 정보공개청구권)뿐만 아니라 자신과 직접적인 이해관계 없는 정보(예: 환경
보호단체가 수질환경에 대한 정보공개를 청구한 경우)에 대한 공개청구(일반적 정보공개청구권)를
포함한다. 즉 동법은 정보공개청구권자의 이해관련성의 유무를 불문하고 정보에 대한
이익 그 자체를 권리로서 보장하고 있다.

2. 법적 근거

481   헌법 제21조 제1항의 표현의 자유 또는 제10조의 행복추구권이 정보공개청구권
의 헌법적 근거가 되며, 다른 법률에 특별한 규정이 있는 경우를 제외하고는 공공기
관의 정보공개에 관한 법률이 일반법으로서 적용된다(공공기관의 정보공개에 관한 법률 제4
조 제1항). 다만, 국가안전보장에 관련되는 정보 및 보안업무를 관장하는 기관에서 국
가안전보장과 관련된 정보분석을 목적으로 수집되거나 작성된 정보에 대해서는 적용

되지 아니한다(공공기관의 정보공개에 관한 법률 제4조 제3항).

Ⅱ. 정보공개청구권자와 공개대상정보

1. 정보공개청구권자

공공기관의 정보공개에 관한 법률 제5조 제1항은 "모든 국민은 정보의 공개를 청   482
구할 권리를 가진다"고 규정하고 있다.

2. 공개대상정보

공공기관이 보유·관리하는 정보는 공개대상이 된다(공공기관의 정보공개에 관한 법률   483
제9조 제1항 본문). "공공기관"이란 국가기관(① 국회, 법원, 헌법재판소, 중앙선거관리위원회 ②
중앙행정기관(대통령 소속 기관과 국무총리 소속 기관을 포함한다) 및 그 소속 기관 ③ 「행정기관 소속
위원회의 설치·운영에 관한 법률」에 따른 위원회), 지방자치단체, 「공공기관의 운영에 관한 법
률」 제2조에 따른 공공기관, 그 밖에 대통령령으로 정하는 기관을 말한다(동법 제2조 제3호).

Ⅲ. 비공개대상정보

1. 정보공개의 원칙

공공기관의 정보공개에 관한 법률 제3조는 공공기관이 보유·관리하는 정보에 대   485
해 공개를 원칙으로 하고 있고, 공공기관의 정보공개에 관한 법률은 제9조 제1항 단
서에서 비공개대상정보를 규정하고 있다.

2. 비공개대상정보

① 다른 법률 또는 법률에서 위임한 명령(국회규칙·대법원규칙·헌법재판소규칙·중앙선   486
거관리위원회규칙·대통령령 및 조례로 한정한다)에 따라 비밀이나 비공개 사항으로 규정된 정
보, ② 국가안전보장·국방·통일·외교관계 등에 관한 사항으로서 공개될 경우 국가
의 중대한 이익을 현저히 해칠 우려가 있다고 인정되는 정보, ③ 공개될 경우 국민의
생명·신체 및 재산의 보호에 현저한 지장을 초래할 우려가 있다고 인정되는 정보,
④ 진행중인 재판에 관련된 정보와 범죄의 예방, 수사, 공소의 제기 및 유지, 형의 집
행, 교정, 보안처분에 관한 사항으로서 공개될 경우 그 직무수행을 현저히 곤란하게
하거나 형사피고인의 공정한 재판을 받을 권리를 침해한다고 인정할 만한 상당한 이
유가 있는 정보, ⑤ 감사·감독·검사·시험·규제·입찰계약·기술개발·인사관리에
관한 의사결정 과정 또는 내부검토 과정에 있는 사항 등으로서 공개될 경우 업무의
공정한 수행이나 연구·개발에 현저한 지장을 초래한다고 인정할 만한 상당한 이유가
있는 정보. 다만, 의사결정 과정 또는 내부검토 과정을 이유로 비공개할 경우에는 의

사결정 과정 및 내부검토 과정이 종료되면 정보공개청구인에게 이를 통지하여야 한다. ⑥ 해당 정보에 포함되어 있는 성명·주민등록번호 등 개인에 관한 사항으로서 공개될 경우 개인의 사생활의 비밀 또는 자유를 침해할 우려가 있다고 인정되는 정보, ⑦ 법인, 단체 또는 개인의 경영상·영업상 비밀에 관한 사항으로서 공개될 경우 법인등의 정당한 이익을 현저히 해칠 우려가 있다고 인정되는 정보, ⑧ 공개될 경우 부동산 투기, 매점매석 등으로 특정인에게 이익 또는 불이익을 줄 우려가 있다고 인정되는 정보 등은 공개하지 않을 수 있다(공공기관의 정보공개에 관한 법률 제9조 제1항).

Ⅳ. 정보공개청구의 절차

1. 정보공개의 청구

487   정보의 공개를 청구하는 자는 당해 정보를 보유하거나 관리하고 있는 공공기관에 대하여 일정한 사항을 기재한 정보공개청구서를 제출하거나 말로써 정보의 공개를 청구할 수 있다(공공기관의 정보공개에 관한 법률 제10조 제1항).

2. 공개 여부의 결정

488   정보공개청구를 받은 공공기관은 정보공개의 청구를 받은 날로부터 10일 이내에 공개 여부를 결정하여야 한다(공공기관의 정보공개에 관한 법률 제11조 제1항).

3. 공개 여부 결정의 통지

490   공공기관이 정보의 공개를 결정한 때에는 공개일시·공개장소 등을 분명히 밝혀 청구인에게 통지하여야 한다(공공기관의 정보공개에 관한 법률 제13조 제1항). 공공기관이 정보의 비공개결정을 한 경우에는 그 사실을 청구인에게 지체없이 문서로 통지하되, 비공개이유·불복방법 및 불복절차를 구체적으로 밝혀야 한다(공공기관의 정보공개에 관한 법률 제13조 제4항).

Ⅴ. 권리보호

1. 정보공개청구자의 권리구제★★

(1) 이의신청(공공기관의 정보공개에 관한 법률 제18조)

491   ① 청구인이 정보공개와 관련한 공공기관의 비공개 결정 또는 부분 공개 결정에 대하여 불복이 있거나 정보공개 청구 후 20일이 경과하도록 정보공개 결정이 없는 때에는 공공기관으로부터 정보공개 여부의 결정 통지를 받은 날 또는 정보공개 청구 후 20일이 경과한 날부터 30일 이내에 해당 공공기관에 문서로 이의신청을 할 수 있다(공공기관의 정보공개에 관한 법률 제18조 제1항). ② 그리고 공공기관은 이의신청을 받은 날부

터 7일 이내에 그 이의신청에 대하여 결정하고 그 결과를 청구인에게 지체 없이 문서로 통지하여야 한다. 다만, 부득이한 사유로 정하여진 기간 이내에 결정할 수 없을 때에는 그 기간이 끝나는 날의 다음 날부터 기산하여 7일의 범위에서 연장할 수 있으며, 연장 사유를 청구인에게 통지하여야 한다(공공기관의 정보공개에 관한 법률 제18조 제3항).

(2) 행정심판(공공기관의 정보공개에 관한 법률 제19조)

① 청구인이 정보공개와 관련한 공공기관의 결정에 대하여 불복이 있거나 정보공개 청구 후 20일이 경과하도록 정보공개 결정이 없는 때에는 「행정심판법」에서 정하는 바에 따라 행정심판을 청구할 수 있다. 이 경우 국가기관 및 지방자치단체 외의 공공기관의 결정에 대한 감독행정기관은 관계 중앙행정기관의 장 또는 지방자치단체의 장으로 한다(공공기관의 정보공개에 관한 법률 제19조 제1항). ② 청구인은 제18조에 따른 이의신청 절차를 거치지 아니하고 행정심판을 청구할 수 있다(공공기관의 정보공개에 관한 법률 제19조 제2항). 492

(3) 항고소송(공공기관의 정보공개에 관한 법률 제20조)

1) 소송요건

a. 대상적격　　정보공개청구에 대한 거부도 공권력행사의 거부이고 국민의 권리나 법적 이익에 직접 영향을 미치는 행위이므로 항고소송의 대상이 되는 거부처분이다. 493

b. 원고적격　　공공기관의 정보공개에 관한 법률 제5조 제1항은 모든 국민에게 정보공개청구권을 명시적으로 인정하고 있어 정보공개의 거부나 부작위로 인해 불이익을 받는 자는 원고적격이 인정된다. 판례도 「정보공개청구권은 법률상 보호되는 구체적인 권리이므로 청구인이 공공기관에 대하여 정보공개를 청구하였다가 거부처분을 받은 것 자체가 법률상 이익의 침해에 해당한다(대판 2003. 12. 12. 2003두8050)」고 본다. 494

2) 집행정지

거부처분에 집행정지를 인정할 것인지에 대해 ① 학설은 부정설과 제한적 긍정설이 대립되지만, ② 판례는 거부처분은 그 효력이 정지되더라도 그 (거부)처분이 없었던 것과 같은 상태를 만드는 것에 지나지 아니하고 행정청에게 어떠한 처분을 명하는 등 적극적인 상태를 만들어 내는 경우를 포함하지 아니하기에 거부처분의 집행정지를 인정할 필요가 없다고 본다(대결 1992. 2. 13. 91두47)(1086). 496

(4) 당사자소송

정보비공개결정처분으로 발생한 법률관계가 있다면 당사자는 행정소송법 제3조 제2호에 따라 그 권리나 법률관계를 다투는 이행소송이나 확인소송을 권리주체를 상대로 제기할 수 있다(행정소송법 제39조 참조). 497

(5) 손해전보

1) 국가배상

정보공개청구에 대하여 공공기관이 공공기관의 정보공개에 관 498

한 법률에 위반하여 위법하게 정보공개를 거부한 경우, 정보공개청구인은 국가 등을 상대로 손해배상을 청구할 수 있다.

498a   **2) 손실보상**   공공의 필요에 따른 적법한 정보비공개결정으로 정보공개청구인이 손실을 입었고 그 손실이 특별한 희생에 해당하는 경우에는 손실보상을 청구할 수 있다.

498b   **3) 결과제거청구(683 이하)**   공공기관의 정보공개거부로 위법한 사실상태가 야기된 경우 법률상 이익을 침해받은 공개청구권자는 결과제거를 청구할 수 있다.

(6) 의무이행소송 · 가처분

499   (가) 의무이행소송이란 사인의 신청에 대해 행정청의 위법한 거부나 부작위가 있는 경우 당해 처분의 발령을 구하는 이행소송을 말하는데, ① 인정 여부에 대해 부정설, 긍정설, 제한적 긍정설이 대립하며, ② 판례는 현행법상 명분의 규정이 없다는 이유로 인정하지 않는다.

     (나) 가처분이란 다툼이 있는 법률관계에 관하여 잠정적으로 임시의 지위를 보전하는 것을 내용으로 하는 가구제제도이다(민사집행법 제300조). 행정소송에 민사집행법상 가처분규정을 적용할 수 있는지에 관해 ① 학설은 적극설, 소극설, 절충설이 대립되지만, ② 판례는 민사집행법상의 보전처분은 민사판결절차에 의하여 보호받을 수 있는 권리에 관한 것이라고 보기 때문에 행정소송에 가처분을 인정하지 아니한다(대결 2011. 4. 18. 2010마1576).

     (다) 의무이행소송과 가처분을 긍정하는 견해에 따르면, 정보비공개결정처분을 받은 정보공개청구권자는 의무이행소송을 제기하거나 가처분을 신청할 수 있다.

2. 공개청구된 정보와 관련된 제3자의 쟁송상 권리구제*

(1) 이의신청

502   제3자의 비공개요청에도 불구하고 공공기관이 공개결정을 하는 때에 제3자는 당해 공공기관에 문서로 이의신청을 할 수 있다. 이의신청은 통지를 받은 날부터 7일 이내에 하여야 한다(공공기관의 정보공개에 관한 법률 제21조 제2항).

(2) 취소심판(취소심판에 한정하여 논의한다)

503   제3자는 공공기관의 정보공개결정에 대해 행정심판법이 정하는 바에 따라 취소심판을 청구할 수 있다.

(3) 취소소송(취소소송에 한정하여 논의한다)

1) 소송요건

504   a. **대상적격**   공공기관의 정보공개결정은 행정소송법 제2조 제1항 제1호의 처분개념에 해당하고, 공개 청구된 정보와 관련 있는 제3자의 권리의무에 영향을 미

치는 법적 행위이므로 항고소송의 대상이 되는 처분이다(후술하는 취소소송의 대상적격 참조(897 이하)). 따라서 공개 청구된 정보와 관련 있는 제3자는 공공기관의 공개결정을 대상으로 항고소송을 제기할 수 있다.

    b. **원고적격**   공공기관의 제3자와 관련된 정보공개결정은 일반적으로 그 제3자에게는 침익적이므로 공개청구된 정보와 관련된 제3자는 정보공개결정처분을 다툴 원고적격이 인정된다(정보공개법 제21조 제2항 참조).   505

    2) **집행정지**   공공기관의 정보공개에 관한 법률 제21조 제3항은 공개 청구된 정보와 관련 있는 제3자의 정보비공개요청이 있음에도 공공기관이 정보공개결정을 한 경우 공개결정일과 공개실시일의 사이에 최소한 30일의 간격을 두도록 규정하고 있다. 따라서 공개가 실시된다면 취소소송은 실익이 없기에 제3자는 30일 이내에 취소소송 제기와 동시에 집행정지를 신청하여야 한다(행정소송법 제23조). 그러나 대법원이 집행정지의 요건을 엄격하게 해석하고 있어 집행정지가 기각될 가능성도 높다(예를 들어 대법원은 '회복하기 어려운 손해'를 사회통념상 금전배상이나 원상회복이 불가능하거나, 금전배상으로는 사회통념상 당사자가 참고 견딜 수 없거나 참고 견디기가 현저히 곤란한 경우의 유형·무형의 손해로 한정한다(대결 2004. 5. 17. 2004무6)). 만일 집행정지가 기각된다면 정보공개결정 취소소송 도중에 정보공개가 실시될 것이기에 취소소송은 실효성이 없다. 따라서 예방적 부작위소송의 인정필요성이 크다.   506

(4) 당사자소송

    정보공개결정처분으로 발생한 법률관계가 있다면 당사자는 행정소송법 제3조 제2호에 따라 그 권리나 법률관계를 다투는 이행소송이나 확인소송을 권리주체를 상대로 제기할 수 있다(행정소송법 제39조 참조).   507

(5) 손해전보

    1) **국가배상청구**   공공기관이 공공기관의 정보공개에 관한 법률에 위반하여 위법하게 비공개대상정보임에도 제3자의 정보를 공개하면 공개 청구된 정보와 관련 있는 제3자는 국가배상을 청구할 수 있다.   508

    2) **손실보상**   공공의 필요에 따른 적법한 정보공개로 제3자가 손실을 입었고 그 손실이 특별한 희생에 해당하는 경우에는 손실보상을 청구할 수 있다.   508a

    3) **결과제거청구**   공공기관의 정보공개로 인해 위법한 사실상태가 야기된 경우 법률상 이익을 침해받은 제3자는 원상회복을 위한 결과제거청구권을 갖는다(위법한 공법작용으로 인해 자기의 권리침해가 계속되는 경우에 행정주체에 대하여 그 위법한 결과의 제거를 구할 수 있는 권리를 말한다).   508b

(6) 예방적 부작위소송과 가처분(정보공개결정 전)

    ㈎ 예방적 부작위소송이란 위법한 행정작용을 미리 저지할 것을 목적으로 장래   509

에 있을 행정행위의 발동에 대한 방지를 구하는 소송을 말하는데(1126 이하), 그 인정 여부에 관해 학설은 부정설, 긍정설, 제한적 긍정설이 대립하며 판례는 <u>처분을 하여서는 아니 된다는 내용의 부작위를 구하는 청구는 행정소송에서 허용되지 아니한다</u>고 본다(대판 1987. 3. 24. 86누182).

(나) 가처분이란 다툼이 있는 법률관계에 관하여 잠정적으로 임시의 지위를 보전하는 것을 내용으로 하는 가구제제도이다(민사집행법 제300조)(1323 이하). 행정소송에 민사집행법상 가처분규정을 적용할 수 있는지에 관해 학설은 적극설, 소극설, 절충설이 대립되지만, 판례는 <u>민사집행법상의 보전처분은 민사판결절차에 의하여 보호받을 수 있는 권리에 관한 것이라고 보기 때문에 행정소송에 가처분을 인정하지 아니한다</u>(대결 2011. 4. 18. 2010마1576).

(다) 예방적 부작위소송을 긍정하고 가처분 규정을 적용하는 긍정설에 따른다면, 정보공개결정 전에 예방적 부작위 소송을 제기하면서 잠정적 처분금지를 구하는 가처분을 신청할 수 있다(다만, 판례는 부정한다).

Chapter 06

Administrative Law

행정의 실효성 확보

⑺ 행정의 실효성 확보수단이란 공익 목적을 위해 사인에게 일정한 의무를 부과 510 하거나 일정한 행위를 금지하였음에도 이를 불이행 또는 위반한 경우 그 이행을 확보 하거나 금지위반상태를 시정하는 수단을 말한다.

⑻ 행정의 실효성 확보수단은 ① 간접적 의무이행확보수단(과거 의무 위반에 대해 제 재를 가함으로써 간접적으로 실효성을 확보하는 수단을 말한다. 예를 들어 금지된 영업행위를 하여 과태 료부과처분을 받는다면 동일한 금지행위를 다시 하지 않도록 간접적으로 강제하는 효과가 있을 것이다), ② 직접적 의무이행확보수단(장래 의무이행을 확보하기 위한 직접적인 수단을 말한다. 예를 들어 무허가건축물을 행정청이 직접 철거하는 경우를 말한다), ③ 새로운 의무이행확보수단(①과 ②는 전통적 의무이행확보수단이다), ④ 자료(정보)수집 작용으로 나눌 수 있다. ①에는 행정벌(행 정형벌, 행정질서벌(과태료)), ②에는 행정상 강제집행(대집행, 직접강제, 이행강제금, 행정상 강제 징수)과 행정상 즉시강제가 있고, ③에는 과징금(부과금), 가산세, 가산금, 관허사업제한, 공급거부, 공표 등이 있고, ④에는 행정조사가 있다.

제1절 행 정 벌

● 제1항 행정벌의 개념

I. 의   의

행정벌이란 행정주체가 행정법상 의무를 위반한 자에게 행정형벌이나 행정질서 511 벌(과태료)을 과하는 행정법상의 제재를 말한다.

II. 종   류

행정벌은 처벌의 내용에 따라 행정형벌과 행정질서벌(과태료)로 나누어진다. 행정 513 형벌이란 형법에 규정되어 있는 형벌(예: 사형·징역·금고·벌금·구류·과료)이 가해지는 행정벌을 의미하고, 원칙적으로 형법총칙과 형사소송법이 적용되며, 행정질서벌이란 과태료가 가해지는 제재를 말한다.

● 제2항 행정형벌

Ⅰ. 의 의

514   행정형벌이란 행정법상 의무를 위반한 자에게 형법에 규정되어 있는 형벌이 가해지는 것을 말한다(예: 식품법 제93조).

Ⅱ. 법적 근거

515   죄형법정주의의 원칙상 행정형벌은 법률의 근거를 요한다. 현재 행정형벌에 관한 일반법은 없고 다만 단행법률에서 개별적으로 규정되고 있다.

● 제3항 행정질서벌

Ⅰ. 의 의

516   행정질서벌이란 법익을 직접 침해하는 것이 아니라 행정상 가벼운 질서위반행위에 대해 과태료가 가해지는 제재를 말한다.

Ⅱ. 법적 근거

517   과태료의 부과가능성에 대해서는 개별법에 규정하고 있지만, 질서위반행위의 성립 및 과태료의 부과·징수절차 그리고 과태료에 대한 권리구제 등에 대한 일반법으로 질서위반행위규제법이 있다. 따라서 과태료의 부과·징수, 재판 및 집행 등의 절차에 관한 다른 법률의 규정 중 질서위반행위규제법의 규정에 저촉되는 것은 이 법이 정하는 바에 따른다(질서위반행위규제법 제5조).

● 제1항 행정상 강제집행의 개념

Ⅰ. 의 의

행정상 강제집행이란 행정법상 의무의 불이행이 있는 경우 행정주체가 의무자(의 무위반자)의 신체·재산에 실력을 가하여 그 의무가 이행된 것과 같은 상태를 실현하는 작용을 말한다. 518

Ⅱ. 법적 근거

행정상 강제집행도 법률유보의 원칙상 법률에 근거가 필요하다. 대집행은 일반법 521 으로서 행정대집행법이 있으며, 행정상 강제징수에 관한 실질적인 일반법으로서 국세 징수법이 있고(자세한 내용은 후술하는 행정상 강제징수 참조(550 이하)), 직접강제와 이행강제 금에 대한 일반법은 없고 개별법으로 규율된다.

● 제2항 대 집 행

Ⅰ. 개 념

1. 의 의

대집행이란 타인이 대신하여 행할 수 있는 의무(대체적 작위의무)의 불이행이 있는 522 경우 행정청이 불이행된 의무를 스스로 행하거나 제3자로 하여금 이행하게 하고 그 비용을 의무자로부터 징수하는 것을 말한다(예를 들어 무허가광고간판을 행정청이 철거하거나 제3자(예: 철거전문건설회사)에게 철거하도록 한 후 철거에 소요된 비용을 무허가광고간판 소유자 등에 게 징수하는 것을 말한다).

2. 법적 근거

개별법이 있는 경우 개별법이 적용되고, 개별법 규정이 없는 경우에는 행정대집 524 행법이 일반법으로 적용된다.

Ⅱ. 대집행의 요건

1. 법률이나 명령에 따른 공법상 의무의 불이행

대집행의 대상이 되는 공법상 의무는 법령에서 직접 명해지는 경우(예를 들어, 수질 525 및 수생태계 보전에 관한 법률 제15조(배출 등의 금지) ② 제1항 제1호·제2호 또는 제4호의 행위로 인하여 공공수역이 오염되거나 오염될 우려가 있는 경우에는 그 행위자, 행위자가 소속된 법인 및 그 행위자의 사업주(이하 "행위자등"이라 한다)는 해당 물질을 제거하는 등 환경부령으로 정하는 바에 따라 오염을 방지·제거하기 위한 조치(이하 "방제조치"라 한다)를 하여야 한다)도 있지만, 대부분의 경우 법령에 근거한 행정행위에 의해 명해진다.

2. 대체적 작위의무의 불이행

526   공법상의 의무는 타인이 대신하여 행할 수 있는 의무, 즉 대체적 작위의무이어야 한다.

3. 다른 수단으로 의무이행확보가 곤란할 것(보충성)

527   대집행이 인정되기 위해서는 다른 방법으로는 불이행된 의무의 이행을 확보하기가 곤란하여야 한다(대판 1989. 7. 11. 88누11193).

4. 공익을 해할 것

528   의무의 불이행을 방치하는 것이 심히 공익을 해한다고 인정되는 경우에 비로소 대집행이 허용된다.

Ⅲ. 대집행주체와 대집행행위자

1. 대집행주체

529   대집행을 결정하고 이를 실행할 수 있는 권한을 가진 자(대집행 주체)는 당해 행정청이다(행정대집행법 제2조). 당해 행정청이란 의무를 부과한 행정청을 의미한다.

2. 대집행행위자

530   대집행을 현실로 수행하는 자는 반드시 당해 행정청이어야 하는 것은 아니다. 경우에 따라서는 제3자가 대집행을 수행할 수도 있다.

Ⅳ. 대집행의 절차*

531   대집행주체는 대집행의 실행(철거의무 불이행의 경우에는 철거행위, 이전의무 불이행의 경우에는 이전행위)을 하기에 앞서 계고 및 대집행영장에 의한 통지 절차를 거쳐야 한다(행정대집행법 제3조 참조). 그리고 대집행을 실행한 후에는 소요된 비용을 의무자에게 납부하도록 명령한다(행정대집행법 제5조 참조).

1. 계   고

532   ㈎ 계고란 의무를 불이행하는 경우 대집행한다는 사실을 알리는 것을 말한다. 법

적 성질은 준법률행위적 행정행위인 통지이다(계고는 작위하명의 성격을 가진다. 전술한 준법률행위적 행정행위 중 통지 참조(288)). 그리고 <u>계고처분 후 제2, 제3의 계고가 있다고 하더라도 제2, 제3의 계고는 독립한 처분이 아니라 대집행기한의 연기통지에 불과하다는 것이 판례의 입장이다</u>(대판 1994. 10. 28. 94누5144). 다만, 비상시 또는 위험이 절박한 경우에 있어서 당해 행위의 급속한 실시를 요하여 계고절차를 할 여유가 없을 때에는 생략가능하다(행정대집행법 제3조 제3항).

(나) 계고는 ⓐ 상당한 이행기간을 정하여, ⓑ 문서로 하여야 한다(행정대집행법 제3조 제1항).

2. 대집행영장에 의한 통지

(가) 의무자가 계고를 받고 그 지정기한까지 그 의무를 이행하지 아니할 때에는 당해 행정청은 대집행영장으로써 대집행을 할 시기, 대집행을 시키기 위하여 파견하는 집행책임자의 성명과 대집행에 요하는 비용의 개산(槪算)에 의한 견적액을 의무자에게 통지하여야 한다(행정대집행법 제3조 제2항). 그러나 비상시 또는 위험이 절박한 경우에 있어서 당해 행위의 급속한 실시를 요하여 대집행영장에 의한 통지의 절차를 취할 여유가 없을 때에는 그 수속을 거치지 아니하고 대집행을 할 수 있다(행정대집행법 제3조 제3항). 533

(나) 대집행영장에 의한 통지(행정대집행영장을 통해 대집행한다는 사실을 알리는 것)는 하명적 요소를 포함하고 있어 준법률행위적 행정행위로 통지이다(288).

3. 대집행의 실행

의무자가 지정된 기한까지 의무를 이행하지 않으면, 당해 행정청 또는 제3자는 의무자가 해야 할 행위를 대신한다(예: 건축물의 철거, 물건의 이전). 실행행위는 하명과 사실행위가 결합된 합성행위로서 권력적 사실행위이다(401 이하). 대집행을 하기 위해 현장에 파견되는 집행책임자는 그가 집행책임자라는 것을 표시한 증표를 휴대하여 대집행시에 이해관계인에게 제시하여야 한다(행정대집행법 제4조 제3항). 534

4. 비용의 징수

대집행에 요한 비용은 의무자가 부담한다. 당해 행정청은 실제에 요한 비용과 그 납기일을 정하여 의무자에게 문서로써 그 납부를 명하여야 한다(행정대집행법 제5조). 의무자가 그 비용을 납부하지 않으면 당해 행정청은 대집행에 요한 비용을 국세징수법의 예에 의하여 징수할 수 있다(행정대집행법 제6조 제1항). 비용납부명령은 급부하명으로 행정행위이다. 535

Ⅴ. 대집행의 실행에 대한 권리구제수단(자세한 내용은 401 이하 참조)^{★★}

1. 행정쟁송

(1) 행정심판

536 위법·부당한 대집행에 대해 행정심판을 제기할 수 있다(행정대집행법 제7조 참조). 그리고 대집행에 대한 항고소송에 있어 행정심판은 임의적이다.

(2) 행정소송

537 대집행의 실행행위는 하명과 사실행위가 결합된 권력적 사실행위로 항고소송의 대상인 처분이다(예를 들어 행정청의 철거행위에는 '철거'라는 사실행위 외에도 행정청의 철거행위를 수인하라는 하명적 요소가 포함되어 있다고 본다. 이러한 하명적 요소가 철거행위가 항고소송의 대상인 처분이 되도록 기능한다고 본다). 다만 대집행의 실행행위가 완료된 후에는 회복되는 법률상 이익이 없는 한 그 항고소송은 권리보호필요성이 없다(후술하는 행정소송법 제12조 제2문 참조(996-6)).

2. 손해전보

(1) 손해배상청구

538 위법한 대집행을 통해 손해를 입은 자는 국가나 지방자치단체를 상대로 손해배상을 청구할 수 있다.

(2) 결과제거청구

539 대집행 후에도 사실상 위법상태가 계속된다면 피해자는 결과제거를 청구할 수 있다(예: 행정청이 무허가광고간판을 철거하면서 허가받은 광고간판도 같이 철거하여 광고간판의 소유자가 적법한 광고간판의 반환을 청구하는 경우).

3. 기   타

540 대집행의 실행이 시작된 후에 취소소송 등을 제기하는 것은 당사자에게 실효적이지 못한 권리구제수단이 될 수 있다. 따라서 대집행 실행 이전 권리구제수단으로 예방적 부작위소송과 가처분의 인정 여부가 논의된다(후술하는 예방적 부작위소송 참조(886 이하)).

● 제3항 직접강제

Ⅰ. 의의, 법적 성질

541 직접강제란 의무자의 의무불이행이 있는 경우 행정기관이 의무자의 신체·재산에 직접 실력을 가하여 의무 이행상태를 실현하는 작용을 말한다(아래 식품위생법 제79조 참조). 법적 성질은 사실행위와 하명이 결합된 권력적 사실행위이다.

Ⅱ. 권리구제수단

직접강제의 법적 성질은 권력적 사실행위이므로 권력적 사실행위에 대한 권리구 544
제수단과 같다(전술한 권력적 사실행위 참조(401 이하)).

● 제4항 이행강제금

Ⅰ. 개   념

1. 의   의

이행강제금이란 의무자의 의무불이행이 있는 경우 의무의 이행을 강제하는 금전 545
을 부과하여 그 의무의 이행을 간접적으로 실현하는 수단을 말한다(예: 무허가건축물에
대해 의무자가 자진철거를 할 때까지 1달에 50만 원씩 이행강제금을 부과하는 경우).

2. 법적 성질

이행강제금 부과는 급부하명으로 행정행위이다. 546

판례

이행강제금 및 이행강제금 부과 예고의 법적 성격

이행강제금은 행정법상의 부작위의무 또는 비대체적 작위의무를 이행하지 않은 경
우에 '일정한 기한까지 의무를 이행하지 않을 때에는 일정한 금전적 부담을 과할
뜻'을 미리 '계고'함으로써 의무자에게 심리적 압박을 주어 장래를 향하여 의무의
이행을 확보하려는 간접적인 행정상 강제집행 수단이고, 노동위원회가 근로기준법
제33조에 따라 이행강제금을 부과하는 경우 그 30일 전까지 하여야 하는 이행강제
금 부과 예고는 이러한 '계고'에 해당한다(대판 2015. 6. 24. 2011두2170).

Ⅱ. 권리구제수단

이행강제금부과는 항고소송의 대상인 처분이다. 개별법에서 달리 정하는 경우도 549
있다(비송사건절차법에 따르는 경우도 있다)(비송사건(非訟事件)이란 법원이 통상의 소송절차에 의하지
아니하고 간이한 절차로 처리하는 것을 말한다).

● 제5항 행정상 강제징수

Ⅰ. 의   의

행정상 강제징수란 의무자가 공법상 금전급부의무를 불이행한 경우 강제로 그 의 550

무이행을 실현하는 행정작용을 말한다.

Ⅱ. 법적 근거

551   국세징수법은 원래 국세징수를 위한 법률이지만, 여러 법률이 강제징수에 있어서 국세징수법을 준용하고 있는 결과, 국세징수법은 공법상 금전급부의무의 강제에 관한 일반법으로 기능한다(실질적인 일반법).

Ⅲ. 절   차

1. 독   촉

552   독촉이란 체납액을 완납하지 않는 경우 재산이 압류된다는 사실을 알리는 행위를 말한다. 국세를 그 납부기한까지 완납하지 아니하였을 때에는 세무서장은 납부기한이 지난 후 10일 내에 독촉장을 발급하여야 한다(국세징수법 제23조 제1항 본문). 독촉의 법적 성질은 준법률행위적 행정행위인 통지행위이며, 체납처분의 전제요건이 된다.

2. 체납처분

553   공법상 금전급부의무불이행이 있는 경우 이를 강제로 징수하는 절차를 체납처분이라 한다.

(1) 압   류

554   압류란 의무자의 재산처분을 금지하여 그 재산을 강제적으로 확보하는 행위로 항고소송의 대상인 처분을 말한다.

(2) 매   각

555   ㈎ 매각이란 압류된 재산을 금전으로 바꾸고 체납자의 재산권을 다른 자에게 이전시키는 절차이다. ① 매각예정가격의 결정(국세징수법 제63조), ② 공매공고(국세징수법 제67조 제2항), ③ 공매통지(국세징수법 제68조), ④ 공매(매각하여 소유권을 이전하기로 한 결정)로 이어진다. 재산을 공매하여도 매수 희망자가 없거나 입찰가격이 매각예정가격 미만일 때에는 재공매한다(재공매결정, 국세징수법 제74조).

㈏ 판례는 공매를 항고소송의 대상인 처분으로 보지만(대판 1984. 9. 25. 84누201), 재공매하기로 한 결정(대판 2007. 7. 27. 2006두8464)과 공매통지(공매통지 자체가 그 상대방인 체납자 등의 법적 지위나 권리·의무에 직접적인 영향을 주는 행정처분에 해당한다고 할 것은 아니므로 다른 특별한 사정이 없는 한 체납자 등은 공매통지의 결여나 위법을 들어 공매처분의 취소 등을 구할 수 있는 것이지 공매통지 자체를 항고소송의 대상으로 삼아 그 취소 등을 구할 수는 없다(대판 2011. 3. 24. 2010두25527))는 항고소송의 대상이 되는 처분이 아니라고 보았다.

(3) 청   산

556   청산이란 행정청이 매각절차로 획득한 금전에 대하여 조세 등에 충당할 금액을

확정시키고, 잔여금전을 배분하는 것을 말한다.

Ⅳ. 권리구제수단

강제징수절차에서 항고쟁송의 대상인 처분에 대해서는 항고쟁송을 제기할 수 있다.   557

제3절 행정상 즉시강제

● 제1항 개　　념

Ⅰ. 의　　의

행정상 즉시강제란 미리 의무를 부과할 시간적 여유가 없거나 의무를 부과하여서   558
는 목적달성이 곤란한 경우에 직접 국민의 신체 또는 재산에 실력을 가하여 행정상
필요한 상태를 실현하는 것을 말한다(예를 들어 등급분류를 받지 않고 유통되는 게임물을 발견
한 경우 행정청이 이를 수거하여 바로 폐기하는 경우(게임산업진흥에 관한 법률 제38조(폐쇄 및 수거
등) ③ 문화체육관광부장관, 시·도지사 또는 시장·군수·구청장은 유통되거나 이용에 제공되는 게임물
또는 광고·선전물 등이 다음 각 호의 어느 하나에 해당하는 때에는 이를 수거하거나 폐기 또는 삭제할
수 있다. 1. 등급분류를 받지 아니하거나 등급분류를 받은 것과 다른 내용의 게임물)).

Ⅱ. 법적 성질

즉시강제의 법적 성질은 권력적 사실행위이다.   561

● 제2항 권리구제수단

즉시강제의 법적 성질은 권력적 사실행위이므로 권력적 사실행위에 대한 권리구   564
제수단과 같다(전술한 권력적 사실행위 참조(401 이하)).

◉ 제1항 과징금(부과금)

565   과징금이란 행정법상 의무를 불이행하였거나 위반한 자에게 가해지는 금전상의
제재를 말한다.

◉ 제2항 그 외의 수단에 의한 제재

Ⅰ. 관허사업제한

1. 의   의

571   관허사업제한이란 행정청이 인·허가의 발급을 거부함으로써 행정법상의 의무이
행을 확보하기 위한 수단을 말한다(예: 국세징수법 제7조(관허사업의 제한) ① 세무서장은 납세
자가 대통령령으로 정하는 사유 없이 국세를 체납하였을 때에는 허가·인가·면허 및 등록과 그 갱신(이
하 "허가등"이라 한다)이 필요한 사업의 주무관서에 그 납세자에 대하여 그 허가 등을 하지 아니할 것을
요구할 수 있다. ② 세무서장은 허가등을 받아 사업을 경영하는 자가 국세를 3회 이상 체납한 경우로서
그 체납액이 500만원 이상일 때에는 대통령령으로 정하는 경우를 제외하고 그 주무관서에 사업의 정지
또는 허가등의 취소를 요구할 수 있다. ④ 제1항 또는 제2항에 따른 세무서장의 요구가 있을 때에는 해
당 주무관서는 정당한 사유가 없으면 요구에 따라야 하며, 그 조치결과를 즉시 해당 세무서장에게 알려
야 한다).

2. 요구행위의 법적 성질*

573   국세징수법 제7조 제1항·제2항에서 세무서장의 요구행위가 항고소송의 대상인
지가 문제된다(자세한 내용은 취소소송의 대상적격 참조(897 이하)).

(1) 학   설

574   요구행위는 행정청이 행하는 구체적 사실에 대한 법집행행위이기는 하지만, 우월
한 지위에서 행하는 일방적인 행위가 아니며(일종의 행정지도에 해당함), 세무서장과 주무
관청의 내부적인 행위이고 국민의 권리의무에 직접 영향을 미치는 행위가 아니므로,
항고소송의 대상인 처분이 아니라는 것이 다수 견해이다.

(2) 검   토

575   주무관청이 세무서장의 요구에 구속되는 것은 법률의 효과가 맞지만, 국민의 권
리·의무에 영향을 주는 행위는 요구행위가 아니라 주무관청의 인·허가 거부(제2항의
경우 정지 또는 허가 등 취소)이므로 요구행위는 항고소송의 대상인 처분이 아니라는 견해

가 타당하다.

Ⅱ. 공급거부

1. 의   의

공급거부란 행정법상 의무를 위반한 자에게 일정한 재화나 서비스의 공급을 거부   576
하는 작용을 말한다.

2. 권리구제수단*

(가) 공급거부에 대해서는 공급자가 행정청인지 그리고 거부되는 재화나 서비스의   577
내용에 따라 행정쟁송 또는 민사소송을 제기할 수 있다. 판례는 (구) 건축법 제69조 제
2항에 근거하여 건물의 무단변경을 이유로 한 행정청의 단수조치를 항고소송의 대상
이 되는 행정처분으로 보았다(대판 1985. 12. 24. 84누598). 그러나 단수를 제외한 단전기·
단전화 등은 공급자가 행정청이 아니어서 항고소송의 대상이 될 수 없다.

(나) 그리고 행정청이 재화나 서비스의 공급자에게 공급을 중단해줄 것을 요청하
는 행위는 비권력적 사실행위인 행정지도로 항고소송의 대상인 처분이 아니다(행정청
이 위법 건축물에 대한 시정명령을 하고 나서 위반자가 이를 이행하지 아니하여 전기·전화의 공급자에
게 그 위법 건축물에 대한 전기·전화공급을 하지 말아줄 것을 요청한 행위는 권고적 성격의 행위에 불
과한 것으로서 전기·전화공급자나 특정인의 법률상 지위에 직접적인 변동을 가져오는 것은 아니므로 이
를 항고소송의 대상이 되는 행정처분이라고 볼 수 없다(대판 1996. 3. 22. 96누433)).

Ⅲ. 공   표

1. 의   의

공표란 행정법상 의무위반이 있는 경우 그 의무위반자의 명단이나 위반 사실을   578
불특정 다수인에게 발표함으로써 의무이행을 간접적으로 강제하는 수단을 말한다(예를
들어 고액·상습 세금체납자의 명단을 공개함으로써 세금납부를 간접적으로 강제하는 것을 말한다).

2. 법적 성질

(가) 공표는 간접적·심리적 강제로 의무이행을 확보하려는 수단이므로 공권력 행사에   579
해당하지 않고, 법적 효과도 발생하지 않으므로 비권력적 사실행위라는 것이 다수설
이다.

(나) 그러나 최근 대법원은 병무청장의 병역의무 기피자의 인적사항 공개결정의
처분성을 긍정하였다(병무청장이 하는 병역의무 기피자의 인적사항 등 공개는, 특정인을 병역의무
기피자로 판단하여 그 사실을 일반 대중에게 공표함으로써 그의 명예를 훼손하고 그에게 수치심을 느끼
게 하여 병역의무 이행을 간접적으로 강제하려는 조치로서 병역법에 근거하여 이루어지는 공권력의 행사
에 해당한다. … 병무청장이 하는 병역의무 기피자의 인적사항 등 공개조치에는 특정인을 병역의무 기피

자로 판단하여 그에게 불이익을 가한다는 행정결정이 전제되어 있고, 공개라는 사실행위는 행정결정의 집행행위라고 보아야 한다(대판 2019. 6. 27. 2018두49130)).

3. 권리구제수단*

(1) 항고소송

582 　　㈎ ① ⓐ 공표를 비권력적 사실행위로 보는 견해(다수설)에 따른다면 이는 공권력 행사도 아니며, 당사자의 권리·의무에 영향을 주지 않기에 항고소송의 대상인 처분이 아니다. ⓑ 그러나 공표를 권력적 사실행위로 보는 견해에 따른다면 항고소송의 대상인 처분이 될 수 있다. ② 다만, 판례는 전술한 바처럼(579) 병역의무 기피자 인적사항 공개를 '인적사항 공개결정'과 '공개행위' 2가지로 나누어 전자는 처분성을 긍정하고 후자는 사실행위로 보았다(대판 2019. 6. 27. 2018두49130).

　　㈏ 공표의 처분성을 긍정한다면 공표와 권리보호필요성의 관계가 문제되는데, 공표가 종료된 경우는 원칙적으로 권리보호필요성이 없다. 그러나 공표가 개시되었다고 하더라도 이후에 공표가 계속되고 있다면 권리보호필요성은 있다.

(2) 당사자소송

582a 　　공표행위로 인하여 발생한 법률관계가 있다면 상대방은 행정주체를 상대로 해당 법률관계에 관해 당사자소송을 제기할 수 있다(행정소송법 제3조 제2호).

(3) 손해전보

582b 　　**1) 국가배상청구**　　공표는 국가배상법 제2조 제1항의 직무행위에 해당하기에 상대방은 위법한 공표행위에 대해 국가 등을 상대로 손해배상을 청구할 수 있다.

582c 　　**2) 손실보상**　　공공의 필요에 따른 공표행위로 상대방이 특별한 희생을 입은 경우 손실보상을 청구할 수 있다.

582d 　　**3) 결과제거청구**　　공표의 상대방은 결과제거청구의 한 내용으로서 민법 제764조를 유추적용하여 정정공고를 청구할 수도 있다(민법 제764조(명예훼손의 경우의 특칙) 타인의 명예를 훼손한 자에 대하여는 법원은 피해자의 청구에 의하여 손해배상에 갈음하거나 손해배상과 함께 명예회복에 적당한 처분을 명할 수 있다).

(4) 예방적 부작위소송과 가처분(공표전 수단)

582e 　　㈎ 공표행위를 항고소송의 대상인 처분으로 본다고 하더라도 그에 대한 취소소송은 사후적인 권리구제 수단에 불과하기 때문에 공표를 사전에 금지하게 하는 예방적 부작위소송과 가처분을 인정할 필요가 있다.

　　㈏ 예방적 부작위소송이란 위법한 행정작용을 미리 저지할 것을 목적으로 장래에 있을 행정행위의 발동에 대한 방지를 구하는 소송을 말하는데, 그 인정 여부에 관해 학설은 부정설, 긍정설, 제한적 긍정설이 대립하며 판례는 처분을 하여서는 아니 된다는 내용의 부작위를 구하는 청구는 행정소송에서 허용되지 아니한다고 본다(대판

1987. 3. 24. 86누182).

㈐ 가처분이란 다툼이 있는 법률관계에 관하여 잠정적으로 임시의 지위를 보전하는 것을 내용으로 하는 가구제제도이다(민사집행법 제300조). 행정소송에 민사집행법상 가처분규정을 적용할 수 있는지에 관해 학설은 적극설, 소극설, 절충설이 대립되지만, 판례는 <u>민사집행법상의 보전처분은 민사판결절차에 의하여 보호받을 수 있는 권리에 관한 것이라고 보기 때문에 행정소송에 가처분을 인정하지 아니한다</u>(대결 2011. 4. 18. 2010마1576).

㈑ 판례는 부정하지만, 긍정설에 따르면 공표가 있기 전이라면 상대방은 예방적 부작위소송을 제기하면서 가처분을 신청할 수 있다.

제5절 행정조사

Ⅰ. 의   의

㈎ 행정조사란 행정기관이 적절한 행정작용을 위해 필요한 자료나 정보를 수집하는 행정활동을 말한다(예: 소방기본법 제29조(화재의 원인 및 피해 조사) ① 국민안전처장관, 소방본부장 또는 소방서장은 화재가 발생하였을 때에는 화재의 원인 및 피해 등에 대한 조사를 하여야 한다). 586

㈏ 행정조사는 권력적 조사(예: 불심검문, 세무조사)와 비권력적 조사(예: 인구조사, 여론조사)로 구별된다.

Ⅱ. 법적 성질

비권력적 조사는 비권력적 사실행위이며, 권력적 조사는 권력적 사실행위이다. 588

Chapter 07 행정상 손해전보(손해의 회복(복구))

592 　행정상 손해전보수단에는 행정상 손해배상, 행정상 손실보상, 결과제거청구, 부당이득반환청구가 있다.

제1절　행정상 손해배상

◉ 제1항　일 반 론

Ⅰ. 국가배상의 의의

593 　국가배상이란 국가 등의 사무수행과 관련해 공무원이 위법하게 타인에게 손해를 가한 경우에 국가 등이 손해를 배상해주는 제도를 말한다.

Ⅱ. 국가배상법

1. 일 반 법

595 　헌법 제29조에 따라 국가배상법이 제정되었고, 국가배상법은 국가 등의 배상책임에 대한 일반법으로 기능한다. 다만 국가배상법에 규정된 사항 외의 국가 등의 배상책임은 민법에 따르도록 규정하고 있다(동법 제8조).

2. 국가배상청구권의 법적 성격(국가배상청구권을 공권으로 보는 견해에 따르면 국가배상법은 공법이 될 것이고, 국가배상청구권을 사권으로 보는 견해에 따르면 국가배상법은 사법이 될 것이다)

(1) 학　　설

597 　**1) 공 권 설**　　국가배상청구권은 공법적 원인(공무원의 위법한 직무집행이나 영조물의 설치나 관리에 하자)으로 야기되는 배상의 문제라는 점을 근거로 국가배상청구권을 공권으로 본다(다수설).

2) 사 권 설
국가배상책임은 민법상의 일반불법행위(예를 들어 민법 제750조 이 598
하)의 한 종류에 불과한 것이라는 점을 근거로 국가배상청구권을 사권으로 본다.

(2) 판   례
판례는 사권설을 취한다(운전직원이 그 운전업무집행 중 타인에게 위법한 손해를 끼친 경우에는 599
별다른 사정이 없는 한, 민법의 특별법인 국가배상법을 적용하여야 할 것이다(대판 1971. 4. 6. 70다
2955)).

(3) 검   토
국가배상청구권은 공법상 원인에 의해 발생된 것이고, 행정소송법 제3조 제2호(당 600
사자소송: 행정청의 처분등을 원인으로 하는 법률관계에 관한 소송 그 밖에 공법상의 법률관계에 관한
소송으로서 그 법률관계의 한쪽 당사자를 피고로 하는 소송)의 입법취지에 비추어볼 때 국가배
상청구권을 공권으로 보고 이에 관한 소송은 공법상 당사자소송에 의하여야 한다고
보는 것이 타당하다.

● 제2항 공무원의 위법한 직무행위로 인한 손해배상

(가) 국가배상법 제2조 제1항 본문은 "국가나 지방자치단체는 공무원 또는 공무를 601
위탁받은 사인(이하 "공무원"이라 한다)이 직무를 집행하면서 고의 또는 과실로 법령을 위
반하여 타인에게 손해를 입히거나, 「자동차손해배상 보장법」에 따라 손해배상의 책임
이 있을 때에는 이 법에 따라 그 손해를 배상하여야 한다"고 규정한다.

(나) 국가배상법 제2조 제1항 본문의 국가 등의 배상책임은 전단의 배상책임(공무원
의 고의·과실로 인한 국가 등의 배상책임)과 후단의 배상책임(국가 등의 자동차손해배상보장법상
배상책임)으로 구별될 수 있다. 아래에서는 국가배상법 제2조 제1항 본문 전단의 배상
책임 중심으로 검토한다.

Ⅰ. 배상책임의 요건
1. (국가배상법상) 공무원
(1) 공 무 원
공무원이란 행정부, 입법부, 사법부, 헌법재판소 소속의 공무원을 포함하며, 지방 602
자치단체소속 공무원도 포함된다.

(2) 공무수탁사인
공무수탁사인(법률에 근거하여 공적인 임무를 수행하도록 권한이 주어진 사인을 말한다)이 국 603
가배상법상 공무원에 해당하는지에 관해 논란이 있었으나, 최근 국가배상법 개정으로
공무수탁사인이 국가배상법상 공무원에 명시적으로 포함되었다.

(3) 사　인

604 　　국가배상법 제2조의 공무원이란 국가공무원법이나 지방공무원법에 의하여 공무원으로서의 신분을 가진 자에 국한하지 않고, <u>널리 공무를 위탁받아 실질적으로 공무에 종사하고 있는 일체의 자</u>를 가리키는 것으로 보는 것이 통설·판례의 입장이다(광의설)(대판 2001. 1. 5. 98다39060). 따라서 사인이 사법상 계약에 의하여 직무를 수행한다고 하여도 그 직무가 공법작용에 해당하면 공무원에 해당한다(예: 국가나 지방자치단체와의 사법상 계약으로 불법주차차량을 견인하는 일을 하는 자).

2. 직　무*

608 　　헌법 제29조와 국가배상법은 공법형식의 행정작용으로 인한 손해를 전보하기 위한 제도이므로 권력작용과 비권력작용은 국가배상법 제2조 제1항의 직무에 당연히 포함된다. 그러나 사법(私法)작용은 원래 사법(私法)이 적용되는 것이므로 사법인 민법으로 규율하는 것이 정당하다는 점에서 광의설이 타당하다(다수설, 판례).

3. 집행하면서

609 　　직무를 '집행하면서'라는 것은 직무집행행위뿐만 아니라 널리 외형상으로 직무집행과 관련 있는 행위를 포함하는 의미이다(외형설. 통설·판례)(대판 2005. 1. 14. 2004다26805).

4. 고의·과실

610 　　고의란 위법한 결과의 발생을 인식하는 것을 말하고, 과실이란 위법한 결과의 발생을 부주의로 인식하지 못하는 것(주의의무위반)을 말한다.

5. 위 법 성*

(1) 문 제 점

613 　　국가배상법 제2조 제1항의 위법의 본질에 대해 학설이 대립된다.

(2) 학　　설

614 　　**1) 행위위법설**　　이 견해는 위법을 직무집행이 규범에 적합한지 여부(법규 위반이 있는지 여부)를 기준으로 판단하는 견해이다. ⓐ 엄격한 의미의 법규위반을 위법으로 보는 일원설(협의설)과 ⓑ 엄격한 의미의 법규위반뿐 아니라 인권존중·권력남용금지·신의성실의 원칙·공서양속 위반도 위법으로 보는 이원설(광의설)이 대립되는데, 후자가 다수설이다(일원설은 국가배상법 제2조 제1항의 위법이 후술하는 취소소송의 본안판단에서의 위법 — 이 위법은 법규위반을 말한다 — 과 일치한다는 의미이며, 이원설은 국가배상법 제2조 제1항의 위법이 취소소송의 본안판단에서의 위법보다 더 광의이므로 법규위반의 의미가 이원적으로 사용된다는 것이다. 후술하는 취소소송의 기판력 참조).

2) **결과불법설**   공무원의 직무행위로 받은 손해를 국민이 수인할 수 있는가 615
를 기준으로 위법성 여부를 판단하는 견해이다. 즉, 손해를 국민이 수인할 수 없다면
위법한 행위로 본다.

3) **상대적 위법성설**   직무행위 자체의 위법·적법뿐만 아니라 피침해이익의 616
성격과 침해의 정도, 가해행위의 태양(모습) 등을 고려하여 위법성 인정 여부를 상대적
으로 판단하자는 견해이다(위법의 의미가 개개 경우마다 상대화된다는 의미이다).

(3) 판   례

(가) 판례의 주류적인 입장은 행위위법설이다(대판 1997. 7. 25. 94다2480). 617

(나) 특히 행위위법설 중 이원설(광의설)의 입장이다(국가배상책임에 있어서 공무원의 가해행
위는 '법령에 위반한' 것이어야 하고, 법령 위반이라 함은 엄격한 의미의 법령 위반뿐만 아니라 인권존
중, 권력남용금지, 신의성실, 공서양속 등의 위반도 포함하여 널리 그 행위가 객관적인 정당성을 결여하
고 있음을 의미한다고 할 것이다(대판 2009. 12. 24. 2009다70180)).

(4) 검   토

취소소송의 본안판단에서의 위법의 본질이 법규위반임을 고려할 때 국가배상법 618
상의 위법도 '법질서 위반'이라는 단일한 가치판단으로 보아야 할 것인바 행위위법설
이 타당하다(특히 권리구제의 확대라는 측면에서 이원설이 타당하다)(다수설).

6. 타인·손해·인과관계

(1) 타   인

타인이란 위법한 행위를 한 자(그 행위에 가담한 자)를 제외한 모든 피해자를 말한다. 619

(2) 손   해

손해란 가해행위로부터 발생한 일체의 손해를 말한다. 손해는 법률상 이익 침해 620
를 말한다. 적극적 손해인가 또는 소극적 손해인가, 재산상의 손해인가 또는 생명·신
체·정신적인 손해(위자료)인가를 가리지 않는다.

(3) 인과관계

가해행위인 직무집행행위와 손해의 발생 사이에는 상당인과관계(사회 생활의 경험법 621
칙상 어떤 원인이 있으면 어떤 결과가 발생하는 것이 일반적이라고 생각되는 범위 안에서만 인과관계를
인정하는 것)가 있어야 한다.

Ⅱ. 배상청구권자와 배상책임자

(가) 공무원의 위법한 직무집행행위로 손해를 입은 자는 누구나 배상금의 지급을 622
청구할 수 있다. 다만, 헌법 제29조 제2항(군인·군무원·경찰공무원 기타 법률이 정하는 자가
전투·훈련등 직무집행과 관련하여 받은 손해에 대하여는 법률이 정하는 보상외에 국가 또는 공공단체에

공무원의 직무상 불법행위로 인한 배상은 청구할 수 없다)과 국가배상법 제2조 제1항 단서(군인·
군무원·경찰공무원 또는 향토예비군대원이 전투·훈련 등 직무 집행과 관련하여 전사·순직하거나 공상
을 입은 경우에 본인이나 그 유족이 다른 법령에 따라 재해보상금·유족연금·상이연금 등의 보상을 지
급받을 수 있을 때에는 이 법 및 민법에 따른 손해배상을 청구할 수 없다)는 군인·경찰 등 일정한
신분을 가진 자는 다른 법령에서 정하는 재해보상금 등을 받은 경우 국가배상법 및
민법(예를 들어 국가를 상대로 민법 제756조의 공무원의 사용자로서의 배상책임을 청구하는 경우)에
따른 손해배상을 청구할 수 없도록 규정한다.

    (나) 국가배상법상 배상책임자는 국가나 지방자치단체이다.

● 제3항 배상금청구절차

637   (가) 피해자는 법원에 국가배상청구소송을 제기할 수도 있으며, 그 전에 법무부와
국방부에 설치된 배상심의회에 배상신청을 할 수도 있다. 다만 배상심의회에 대한 배
상신청은 임의적이다(국가배상법 제9조).

639   (나) 국가배상청구권을 사권으로 보는 견해에 따르면 민사소송으로, 공권으로 보는
견해에 따르면 행정소송 중 당사자소송을 제기하면 된다. 또한 처분에 대한 취소소송
과 손해배상청구를 병합하여 제기할 수도 있다(행정소송법 제10조. 후술하는 관련청구소송의
병합 참조).

제2절 행정상 손실보상

● 제1항 일 반 론

I. 행정상 손실보상의 의의

640   행정상 손실보상이란 국가 등이 공공의 필요에 의한 적법한 공권력행사로 사인의
재산권에 특별한 희생을 가한 경우 공적인 부담은 평등해야 한다는 이념에서 사인에
게 보상을 해주는 제도를 말한다(예를 들어 공공에 이용하는 도로를 건설하기 위해 갑이 자신의
토지소유권을 잃어야 한다면 그 손실을 보상하는 것이 평등부담이라는 이념에 맞는 것이다).

Ⅱ. 손실보상청구권의 법적 성질

1. 학 설

ⓐ 공권설은 손실보상의 원인행위가 공법적인 것이므로 그 효과로서 손실보상 역 641
시 공법적으로 보아야 한다는 견해이다. ⓑ 사권설은 손실보상의 원인은 공법적이나
그 효과로서의 손실보상청구권은 사법상 권리라는 견해이다.

2. 판 례

기본적으로 판례는 손실보상의 원인이 공법적이라도 그 손실에 대한 보상청구권 642
은 사법상 권리라는 입장이다(대판 1996. 7. 26. 94누13848). 그러나 손실보상청구권을 공
법상 권리로 본 판결도 있다(대판 2012. 8. 23. 2010다23210).

3. 검 토

행정소송법 제3조 제2호가 행정청의 처분등을 원인으로 하는 법률관계 기타 공 643
법상 법률관계에 관한 소송을 행정소송의 한 종류(당사자소송)로 규정하고 있는 만큼
손실보상청구권은 공권으로 보는 것이 타당하다.

● 제2항 손실보상의 근거

헌법 제23조 제3항은 "공공필요에 의한 재산권의 수용·사용 또는 제한 및 그에 645
대한 보상은 법률로써 하되, 정당한 보상을 지급하여야 한다"고 규정한다. 이 헌법 규
정에 따라 많은 개별법들은 수용 등에 관한 법적 근거와 그에 따른 손실보상의 법적
근거를 두고 있다. 따라서 이 경우 수용 등으로 재산권의 침해를 받은 자는 관련 규정
에 따라 손실보상을 청구할 수 있다.

● 제3항 공용수용의 절차(공익사업을 위한 토지 등의 취득 및 보상에 관한 법률)

Ⅰ. 사업인정

사업인정이란 일정한 사업을 하려는 자의 사업이 공익사업임을 인정하고, 일정한 651
절차의 이행을 조건으로 수용권을 설정해 주는 행위를 말한다(공익사업을 위한 토지 등의
취득 및 보상에 관한 법률 제2조 제7호).

Ⅱ. 협 의

사업인정을 받은 사업시행자는 그 토지에 관해 권리를 취득하거나 소멸시키기 위 653

해 토지소유자 및 관계인과의 협의 절차를 거쳐야 한다(공익사업을 위한 토지 등의 취득 및 보상에 관한 법률 제26조 제1항).

Ⅲ. 재 결

1. 의 의

655 　재결이란 사업시행자에게 부여된 수용권의 구체적인 내용을 결정하고 그 실행을 완성시키는 형성적 행정행위를 말한다.

2. 재결의 신청

656 　협의가 성립되지 아니하거나 협의를 할 수 없을 때(제26조 제2항 단서에 따른 협의 요구가 없을 때를 포함한다)에는 사업시행자는 사업인정고시가 된 날부터 1년 이내에 대통령령으로 정하는 바에 따라 관할 토지수용위원회에 재결을 신청할 수 있다(공익사업을 위한 토지 등의 취득 및 보상에 관한 법률 제28조 제1항).

3. 재결(수용재결)

659 　토지수용위원회의 재결은 서면으로 한다(공익사업을 위한 토지 등의 취득 및 보상에 관한 법률 제34조 제1항).

4. 재결에 대한 불복 [10 사시] [13 입시] [15 5급]

660 　공익사업을 위한 토지 등의 취득 및 보상에 관한 법률은 재결에 대한 불복절차로 행정심판인 이의신청과 행정소송을 규정하고 있다.

(1) 이의신청(특별행정심판)

661 　**1) 이의신청의 요건**　　중앙토지수용위원회의 수용재결에 이의가 있는 자는 중앙토지수용위원회에 이의를 신청할 수 있고, 지방토지수용위원회의 수용재결에 이의가 있는 자는 해당 지방토지수용위원회를 거쳐 중앙토지수용위원회에 이의를 신청할 수 있다(공익사업을 위한 토지 등의 취득 및 보상에 관한 법률 제83조).

662 　**2) 이의신청의 효력**　　중앙토지수용위원회는 이의신청을 받은 경우 수용재결이 위법하거나 부당하다고 인정할 때에는 그 재결의 전부 또는 일부를 취소하거나 보상액을 변경할 수 있다(공익사업을 위한 토지 등의 취득 및 보상에 관한 법률 제84조 제1항).

(2) 행정소송★★

668 　**1) 제기할 수 있는 행정소송**　　① 토지수용위원회는 행정소송법상 행정청으로 수용재결(공익사업을 위한 토지 등의 취득 및 보상에 관한 법률 제34조)이든 이의재결(공익사업을 위한 토지 등의 취득 및 보상에 관한 법률 제84조)이든 행정소송법 제2조 제1항 제1호의 '처분 등'에 해당한다. 따라서 수용재결과 이의재결은 항고소송의 대상이 될 수 있다(다만, 공

익사업을 위한 토지 등의 취득 및 보상에 관한 법률 제85조 제1항은 제소기간의 특례를 두고 있다). ②
그러나 동법 제85조 제2항은 수용재결 및 이의재결에 관한 행정소송이 보상금의 증감
에 관한 소송인 경우에는 당해 소송을 제기하는 자가 토지소유자 또는 관계인인 때에
는 사업시행자를, 사업시행자인 때에는 토지소유자 또는 관계인을 각각 피고로 보상
금증감청구소송을 제기할 수 있음을 규정하고 있다.

2) 항고소송(취소소송의 경우)

a. 수용재결에 대한 취소소송(이의신청을 하지 않은 경우)　　사업시행자, 토지소유　669
자 또는 관계인은 재결서를 받은 날부터 90일 이내에 토지수용위원회를 상대로 수용
재결에 대해 취소소송을 제기할 수 있다(공익사업을 위한 토지 등의 취득 및 보상에 관한 법률
제85조 제1항).

b. 이의재결이 있는 경우의 취소소송(이의신청을 한 경우)　　㈎ 행정소송법 제19　670
조 단서는 "재결취소소송의 경우에는 재결 자체에 고유한 위법이 있음을 이유로 하는
경우에 한한다"고 하여 원처분주의를 규정하고 있다. 따라서 중앙토지수용위원회의
이의재결이 있는 경우에도 원처분인 수용재결을 취소소송의 대상으로 해야 한다.

　㈏ 다만 중앙토지수용위원회의 이의재결에 고유한 위법이 있다면 사업시행자·
토지소유자 또는 관계인은 '이의신청에 대한 재결서를 받은 날부터 60일 이내에' 이
의재결에 대해 취소소송을 제기할 수 있다(대판 2010. 1. 28. 2008두1504).

　㈐ 만일 수용재결에도 위법이 있고, 이의재결 자체에도 고유한 위법이 있다면 당
사자는 이 두 취소소송을 행정소송법 제10조에 따라 관련청구소송으로 병합할 수 있
다(행정소송법 제10조 제1항 제2호의 관련청구소송).

3) 보상금증감청구소송(형식적 당사자소송)

a. 의　　의　　수용재결이나 이의재결 중 보상금에 대한 재결에 불복이 있는　671
경우 보상금의 증액 또는 감액을 청구하는 소송을 보상금증감소송이라 한다(공익사업을
위한 토지 등의 취득 및 보상에 관한 법률 제85조 제2항).

b. 법적 성질

(ⅰ) 단일소송　　공익사업을 위한 토지 등의 취득 및 보상에 관한 법률상 보　672
상금증감소송은 1인의 원고와 1인의 피고를 당사자로 하는 단일소송이다.

(ⅱ) 형식적 당사자소송　　보상금증감청구소송은 실질적으로 행정청의 처분등　673
(위원회의 재결)을 다투는 것이나 형식적으로는 처분등으로 인해 형성된 법률관계를 다
투기 위해 제기하는 이러한 소송을 형식적 당사자소송이라 한다.

c. 보상금증액청구소송의 소송요건(보상금증액청구소송이 일반적이다)

(ⅰ) 원고적격　　토지소유자와 관계인이다.　675

(ⅱ) 피고적격　　공익사업을 위한 토지 등의 취득 및 보상에 관한 법률 제85　676

조 제2항은 보상금증액청구소송에서의 피고를 '사업시행자'로 하고 있다.

677   (ⅲ) **제소기간**   이의신청을 거치지 않은 경우는 재결서를 받은 날부터 90일 이내에, 이의신청을 거친 경우는 이의신청에 대한 재결서를 받은 날부터 60일 이내에 소송을 제기할 수 있다(공익사업을 위한 토지 등의 취득 및 보상에 관한 법률 제85조 제1항).

      d. **입증책임**   판례는 보상금증액청구의 소송에서 입증책임은 원고에게 있다는 입장이다(대판 1997. 11. 28. 96누2255).

제3절 결과제거청구 [10 노무]

Ⅰ. 개   념

1. 의   의

683   결과제거청구(원상회복청구)란 위법한 공법작용으로 인해 자기의 권리침해가 계속되는 경우에 행정주체에 대하여 그 위법한 결과(위법한 사실상태)의 제거를 구하는 권리구제 수단을 말한다(예: 압류처분에 대한 취소판결이 확정된 후에도 행정기관이 자신의 자동차를 위법하게 점유하고 있어 사인이 그 반환을 청구하는 경우, 공무원의 위법한 명단공표행위가 사인의 명예를 훼손한 경우 명예회복에 필요한 행위를 청구하는 경우).

2. 성   질

684   결과제거청구권은 행정주체의 위법한 공법작용에 대한 권리이므로 공법상의 권리이다. 그리고 앞의 예처럼(683), 자동차의 반환을 청구하거나 명예회복에 필요한 행위를 청구하는 것은 손해배상이나 손실보상의 청구가 아니며 위법한 사실상태의 제거를 구하는 권리이고 그 성질은 원상회복청구권이다. 따라서 이 권리가 전통적인 행정상 손해전보제도(손해배상이나 손실보상)의 보완으로 기능하는 것이다.

Ⅱ. 법적 근거

685   헌법상의 법치행정원리(헌법 제107조), 기본권(자유권) 규정(헌법 제10조, 제23조), 민법상 관련규정을 유추적용하고(민법 제213조(소유물반환청구권) 소유자는 그 소유에 속한 물건을 점유한 자에 대하여 반환을 청구할 수 있다), 제214조(소유물방해제거, 방해예방청구권) 소유자는 소유권을 방해하는 자에 대하여 방해의 제거를 청구할 수 있고 소유권을 방해할 염려있는 행위를 하는 자에 대하여 그 예방이나 손해배상의 담보를 청구할 수 있다), 제764조(명예훼손의 경우의 특칙) 타인의 명예를 훼

손한 자에 대하여는 법원은 피해자의 청구에 의하여 손해배상에 갈음하거나 손해배상과 함께 명예회복에 적당한 처분을 명할 수 있다), 행정소송법 제10조의 관련청구의 이송 및 병합에 관한 규정 (행정소송법 제10조 제1항 제1호의 '원상회복' 참조) 그리고 제30조의 취소판결의 기속력규정 (후술하는 판결의 기속력의 내용 참조(1210))을 소송법적인 근거로 든다.

Ⅲ. 요　건

1. 공법작용

결과제거청구의 전제가 되는 공법작용은 행정행위뿐 아니라 비권력작용(사실행위) 686
도 그 대상이 된다. 공법작용은 작위만을 뜻하는 것이 아니고, 부작위로도 가능하다
(앞의 예에서 행정기관이 자동차의 반환을 거절한 경우).

2. 법률상 이익의 침해

법률상 보호되는 이익이 침해되는 경우라야 한다. 여기서 이익은 재산상 가치 있 687
는 권리에만 한정되는 것은 아니고, 그 밖에 명예 등도 포함된다.

3. 침해의 위법성

결과제거청구는 위법한 침해의 제거를 내용으로 한다. 그 위법은 처음부터 위법한 688
것일 수도 있고, 기한의 경과나 조건의 발생 등으로 인해 사후에 위법해질 수도 있다.

4. 침해의 계속

결과제거청구는 제거하고자 하는 침해가 존재함을 전제요건으로 한다. 만약 불이 689
익을 가져오는 침해가 더 이상 존재하지 않는다면, 논리적으로 결과제거청구는 인정
될 수 없다(예: 앞의 예에서 행정기관이 위법하게 점유하던 사인의 자동차를 반환한 경우).

5. 결과제거(회복)의 가능성 · 허용성 · 수인가능성(기대가능성)

원상회복(내지 유사한 상태의 회복)이 가능하고(예: 행정기관에 자동차의 반환을 청구하였는데 690
이미 자동차가 도난당한 경우에는 허용되지 않는다), 법률상 허용되고(예: 법령의 개정으로 위법하던
행정기관의 행위가 적법하게 변경된 경우에는 허용되지 않는다), 행정기관이 수인할 수 있는 경
우(예: 사인에게는 큰 효용이 없으나 원상회복에 막대한 비용이 드는 경우에는 허용되지 않는다)라야
한다.

Ⅳ. 내　용

청구의 내용은 행정주체에 대해 행정작용으로 인해 야기된 위법한 사실상태를 제 691

거하여 위법적인 침해가 없는 원래의 상태 또는 유사한 상태로 회복시켜줄 것을 청구하는 것이다. 그리고 이를 행사한 후에도 남게 되는 손해의 배상이나 손실의 보상은 결과제거청구의 내용이 아니며, 손해배상이나 손실보상을 별도로 청구해야 한다(앞의 예에서 행정기관으로부터 자동차를 반환받았으나 행정기관의 관리소홀로 자동차가 파손되어 있는 경우에는 손해배상이나 손실보상을 청구해야 하며, 이는 결과제거청구의 문제가 아니다).

Ⅴ. 결과제거청구 행사를 위한 소송수단[*]

692   ① 학설은 공법상 결과제거청구에 관한 소송은 행정소송의 일종으로서 당사자소송의 성격을 가진다는 입장이다. 따라서 사인은 국가·공공단체 그 밖의 권리주체를 피고로 당사자소송을 제기해야 한다(행정소송법 제39조). ② 또한 행정소송법 제10조에 따라 취소소송 등과 관련청구소송으로 병합하여 제기할 수도 있다.

제4절 공법상 부당이득

Ⅰ. 의의·적용법규

692a   ㈎ 부당이득이란 법률상 원인 없이 타인의 재산 또는 노무로 인하여 이익을 얻고 이로 인하여 타인에게 손해를 가하는 것을 말한다(예: 과세처분이 무효이지만 세금을 징수한 경우, 무자격자임에도 연금수령한 경우)(민법 제741조 참조). 공법상 부당이득은 행정주체의 부당이득과 사인의 부당이득으로 나눌 수 있다(위의 예 참조).

㈏ 공법상 부당이득에 관한 일반법은 없다. 따라서 특별한 규정이 없는 한 민법 규정(제741조 내지 제749조)이 직접 또는 유추적용된다.

Ⅱ. 부당이득반환청구권의 법적 성질[*]

1. 학   설

(1) 공 권 설

692b   이 견해는 부당이득반환은 공법상 원인에 의하여 발생한 결과를 조정하기 위한 것으로서 공법상 원인과 밀접한 관계가 있으므로 그에 관한 소송은 공법상 당사자소송에 의하여야 한다고 한다.

(2) 사 권 설

692c   부당이득제도는 순수하게 경제적 견지에서 인정되는 이해조절적 제도이므로 부

당이득반환청구권은 사권이고 그에 관한 소송은 민사소송에 의하여야 한다고 한다.

2. 판 례

판례는 처분이 무효이거나 취소된 이상 부당이득반환의 법률관계는 민사관계로 692d
보고 민사소송절차에 따르고 있다(대판 1995. 12. 22. 94다51253)(사권설).

3. 검 토

공법상의 부당이득반환청구권은 공법상 원인에 의해 발생된 것이고, 행정소송법 692e
제3조 제2호(당사자소송: 행정청의 처분등을 원인으로 하는 법률관계에 관한 소송 그 밖에 공법상의
법률관계에 관한 소송으로서 그 법률관계의 한쪽 당사자를 피고로 하는 소송)의 입법취지에 비추어
볼 때 부당이득반환청구권을 공권으로 보고 이에 관한 소송은 공법상 당사자소송에
의하여야 한다고 보는 것이 타당하다.

02

행정쟁송법

ADMINISTRATIVE LAW

행정쟁송이란 행정법관계에서 위법(부당)한 행정작용으로 인해 권리나 이익을 침해당한 자가 일정한 국가기관에 그 행정작용의 위법(부당)을 시정토록 요구하는 제도를 말한다.

행정쟁송에는 행정심판(행정법상 분쟁을 행정기관이 심리·판단하는 절차)과 행정소송(행정법상 분쟁을 법원이 심리·판단하는 절차)이 있다.

행정심판법

제1절 개 념

Ⅰ. 행정심판의 의의

694   (개) 행정심판이란 행정법상 분쟁을 행정기관이 심리·판단하는 행정쟁송절차를 말한다. 행정심판은 분쟁해결의 성질을 갖지만 이는 행정절차이며 사법(재판작용)절차는 아니다. 그리고 행정심판의 재결(행정심판법 제2조 제3호)은 행정기관이 하는 행위이므로 행정작용이며, 행정행위의 성질을 갖는다(217).

(내) 헌법 제107조 제3항은 "재판의 전심절차로서 행정심판을 할 수 있다. 행정심판의 절차는 법률로 정하되, 사법절차가 준용되어야 한다"라고 하여 행정심판의 헌법적 근거를 두고 있다.

Ⅱ. 행정심판과 행정소송

1. 공 통 점

695   행정심판과 행정소송은 모두 쟁송으로서 ① 행정청의 처분의 위법(부당)을 시정하는 절차라는 점, ② 법률상 이익을 가진 자만이 제기할 수 있다는 점, ③ 당사자의 쟁송제기에 의해 절차가 개시된다는 점, ④ 당사자는 대등한 입장에 선다는 점, ⑤ 일정한 기간 내에 제기하여야 한다는 점이 같고, ⑥ 또한 참가인제도, 청구의 변경, 직권심리, 집행부정지의 원칙, 불이익변경금지의 원칙, 사정재결(판결)이 인정되는 점에서 동일하다.

2. 차 이 점

696   행정심판과 행정소송은 쟁송사항(위법＋부당/위법), 판정기관(행정기관/법원), 심리원칙(구술심리·서면심리/구두변론주의), 이행쟁송의 인정 여부(의무이행심판 인정/의무이행소송은 명문의 규정 없음)에서 차이가 있다.

3. 관 련 성

행정심판은 이를 거치지 않고도 행정소송을 제기할 수 있음이 원칙이다(행정소송법   697
제18조 제1항 본문. 임의적 행정심판전치원칙).

Ⅲ. 행정심판과 고충민원처리

1. 고충민원처리제도의 의의

부패방지 및 국민권익위원회의 설치와 운영에 관한 법률상 '고충민원'이란 행정   698
기관 등의 위법·부당하거나 소극적인 처분(사실행위 및 부작위를 포함한다) 및 불합리한
행정제도로 인하여 국민의 권리를 침해하거나 국민에게 불편 또는 부담을 주는 사항
에 관한 민원(행정기관에 일정한 행위를 요구하는 것)을 말한다(부패방지 및 국민권익위원회의 설
치와 운영에 관한 법률 제2조 제5호).

2. 양자의 관계

고충민원의 신청은 행정소송의 전치절차인 행정심판청구가 아니다. 다만, 고충처   699
리위원회가 이를 처분청으로 송부한 경우에는 그 신청서가 고충처리위원회에 접수된
때 행정심판이 청구된 것으로 본다(대판 1995. 9. 29. 95누5332).

제2절 행정심판의 종류

Ⅰ. 일 반

행정심판도 행정쟁송이므로 주관적 심판과 객관적 심판으로, 주관적 심판은 항고   700
심판과 당사자심판으로 나눌 수 있다. 행정심판법은 행정심판에 대한 일반법이지만
객관적 심판은 규율하지 않으며, 주관적 심판 중 항고심판만을 규율하며 당사자심판
은 개별법에서 규정한다.

> **참고**
>
> **주관적 쟁송과 객관적 쟁송**   701
> 주관적 쟁송이란 개인의 권리구제를 직접 목적으로 하는 쟁송을 말하며, 객관적 쟁송이란 공공의
> 이익을 직접 목적으로 하는 쟁송을 말한다. 주관적 쟁송에는 주관적 심판과 주관적 소송(예: 항고
> 소송, 당사자소송)이, 객관적 쟁송에는 객관적 심판과 객관적 소송(예: 민중소송, 기관소송)이 있
> 다(행정소송법 제3조 참조).

> **참고** 시심적 쟁송과 복심적 쟁송
>
> 시심적 쟁송이란 행정법관계의 형성 또는 존부확인이 쟁송을 통해 이루어지는 것을 말한다(예: 당사자심판, 당사자소송). 복심적 쟁송이란 이미 이루어진 행정작용의 위법(부당)을 심사하는 절차를 말한다(예: 항고심판, 항고소송).

Ⅱ. 이의신청과 당사자심판

1. 이의신청★★★[19 입시] [20 노무]

(1) 의   의

703   이의신청이란 위법·부당한 행정작용으로 인해 권리가 침해된 자가 처분청(감독청)에 대하여 재심사를 청구하는 절차를 말한다. 실정법상 불복신청·재심사청구 등으로 불리기도 한다.

(2) 법적 근거

704   개별법에 이의신청에 대한 규정이 있으면 그에 따르고, 개별법에 이의신청에 관한 규정이 없더라도 행정기본법 제36조 제1항에 따라 처분에 대한 이의신청을 할 수 있다.

(3) 법적 성격

705   이의신청에는 행정심판의 성질을 가지는 것과 단순히 진정의 성격(희망의 진술)을 가지는 것이 있다.

705a   **1) 구별기준**   양자의 구별기준에 대해 판례는 ① 동일한 처분청으로 하여금 다시 처분에 대하여 심사하도록 한 절차인지 여부(동일한 처분청이 이의신청을 심사한다면 진정의 성격에 가깝다), ② 이의신청과 상관없이 행정심판 또는 행정소송을 제기할 수 있는지 여부(이의신청과 상관없이 행정심판이나 행정소송을 제기할 수 있다면 그 이의신청은 진정의 성격에 가깝다) 등을 기준으로 한다(대판 2012. 11. 15. 2010두8676; 대판 2016. 7. 27. 2015두45953).

705b   **2) 구별실익**   ① 행정심판의 성격을 가지는 이의신청은 행정심판법이 적용되기 때문에, 해당 불복절차를 거친 뒤에는 다시 행정심판법상 행정심판을 청구할 수 없다(행정심판법 제51조). 그러나 진정의 성격을 가지는 이의신청은 행정심판법이 적용되지 않기 때문에, 이의신청을 거친 후에도 행정심판법상 행정심판을 청구할 수 있다.

      ② ㈎ 행정심판의 성격을 가지는 이의신청에 대한 결정은 재결이다. 그러나 진정의 성격을 가지는 이의신청을 받아들이지 않는 결정은 종전의 처분을 유지하겠다는 행위이므로 항고소송의 대상인 처분이 아니다(이것 역시 재결은 아니다).

      ㈏ 판례도 「민원사무처리에 관한 법률 제18조 제1항에서 정한 거부처분에 대한 이의신청(민원 이의신청)은 … 이의신청을 받아들이지 않는 경우에는 다시 거부처분을

하지 않고 그 결과를 통지함에 그칠 뿐이다. 따라서 이의신청을 받아들이지 않는 취지의 기각 결정 내지는 그 취지의 통지는, … 민원 이의신청인의 권리·의무에 새로운 변동을 가져오는 공권력의 행사나 이에 준하는 행정작용이라고 할 수 없어, 독자적인 항고소송의 대상이 된다고 볼 수 없다(대판 2012. 11. 15. 2010두8676)」고 본다.

③ 행정심판의 성격을 가지는 이의신청은 취소소송에서 제소기간의 특례가 적용된다(행정소송법 제20조 제1항 단서). 종래에는 진정의 성격을 가지는 이의신청은 명문의 규정이 없는 한 제소기간의 특례가 적용되지 않는다고 보았지만, 현재는 명문의 규정이 없는 경우에도 행정기본법 제36조 제4항에 따라 제소기간의 특례가 적용된다(후술하는 '2) 의의신청의 효과' 참조).

3) 대표적인 예   ① 행정심판의 성격을 가진 이의신청은 공익사업을 위한 토 705c
지등의 취득 및 보상에 관한 법률 제83조의 수용재결(원처분)에 대한 이의신청이 있다.
② 그리고 진정의 성격을 가진 이의신청은 민원처리에 관한 법률 제35조의 거부처분에 대한 이의신청, 공공기관의 정보공개에 관한 법률 제18조의 정보비공개결정에 대한 이의신청, 부동산 가격공시에 관한 법률 제11조 개별공시지가에 대한 이의신청(대판 2010. 1. 28. 2008두19987), 행정기본법 제36조에 따른 이의신청 등이 있다.

(4) 이의신청에 대한 행정기본법의 내용
1) 적용범위
a. 적용영역   개별법에 규정이 있는 경우는 그에 따르고, 개별법에서 이의신 706
청과 이에 준하는 절차에 대하여 정하고 있는 경우에도 그 법률에서 규정하지 아니한 사항에 관하여는 행정기본법 제36조에서 정하는 바에 따른다(행정기본법 제36조 제1항).

b. 적용배제 사항   ㈎「1. 공무원 인사 관계 법령에 따른 징계 등 처분에 관 706a
한 사항 2.「국가인권위원회법」제30조에 따른 진정에 대한 국가인권위원회의 결정 3.「노동위원회법」제2조의2에 따라 노동위원회의 의결을 거쳐 행하는 사항 4. 형사, 행형 및 보안처분 관계 법령에 따라 행하는 사항 5. 외국인의 출입국·난민인정·귀화·국적회복에 관한 사항 6. 과태료 부과 및 징수에 관한 사항」중 어느 하나에 해당하는 사항에 관하여는 이의신청에 관한 행정기본법 제36조를 적용하지 아니한다(행정기본법 제36조 제7항).

㈏ 이는 공무원 인사 관계 법령에 따른 처분의 특수성, 인권위 결정의 준사법적 성격, 노사관계의 특수성, 형사·행형·보안처분 관련 사항의 사법작용으로서의 성격, 상호주의가 적용되는 외국인 관련 사항의 특수성 등을 고려하여 해당 사항을 이의신청 대상에서 제외한 것이다.

2) 임의적 전치   이의신청을 한 경우에도 그 이의신청과 관계없이 행정심판 706b

법에 따른 행정심판 또는 행정소송법에 따른 행정소송을 제기할 수 있다(행정기본법 제36조 제3항).

3) 이의신청의 대상, 신청인, 상대방

706c **a. 이의신청의 대상** 이의신청의 대상은 행정청의 처분이다(행정기본법 제36조 제1항). 여기서 행정청의 처분은 「행정심판법」 제3조에 따라 행정심판의 대상이 되는 처분을 말한다. 따라서 「행정심판법」이 아닌 다른 법률에 따른 특별행정심판(행정심판법 제4조) 대상이 되는 처분은 제외된다. 또한 「행정심판법」 적용이 배제되는 처분도 이의신청의 대상에서 제외된다.

706d **b. 이의신청의 신청인** 이의신청은 당사자만 할 수 있다(행정기본법 제36조 제1항). "당사자"란 처분의 상대방을 말한다(행정기본법 제2조 제3호). 이것은 이의신청의 남용을 방지하기 위해 처분의 당사자만이 이의신청을 할 수 있도록 규정하였다.

706e **c. 상 대 방** 이의신청의 상대방은 처분을 한 행정청이다(행정기본법 제36조 제1항).

4) 이의신청의 절차

706f **a. 기 간** 당사자는 처분을 받은 날부터 30일 이내에 이의신청을 할 수 있다(행정기본법 제36조 제1항).

706g **b. 결과 통지** 행정청은 이의신청을 받으면 그 신청을 받은 날부터 14일 이내에 그 이의신청에 대한 결과를 신청인에게 통지하여야 한다. 다만, 부득이한 사유로 14일 이내에 통지할 수 없는 경우에는 그 기간을 만료일 다음 날부터 기산하여 10일의 범위에서 한 차례 연장할 수 있으며, 연장 사유를 신청인에게 통지하여야 한다(행정기본법 제36조 제2항).

5) 이의신청을 거친 후 처분에 대한 불복

706h **a. 이의신청과 행정심판 및 행정소송과의 관계** 처분에 대한 이의신청을 한 경우에도 그 이의신청과 관계없이 당사자는 원처분을 대상으로 행정심판 또는 행정소송을 제기할 수 있다(행정기본법 제36조 제3항). 즉 처분의 상대방은 이의 신청을 하지 않고 곧바로 행정심판 또는 행정소송을 제기할 수 있음은 물론, 이의신청을 한 후에 그에 대한 결과 통지를 받기 전에도 행정심판 또는 행정소송을 제기할 수 있다. 또한 이의신청에 대한 결과 통지를 받은 후에도 원처분을 대상으로 행정심판 또는 행정소송을 제기할 수 있도록 하였다. 이의신청에 대한 결과 통지는 처분에 해당하지 않으므로, 이의신청에 대한 결과 통지를 자체를 행정심판 또는 행정소송으로 다투는 것은 일반적으로 허용되지 않는다.

706i **b. 이의신청의 효과(행정심판의 청구기간·행정소송의 제소기간의 정지)** (가) 이의신청에 대한 결과를 통지받은 후 행정심판 또는 행정소송을 제기하려는 자는 행정심판

청구기간·제소기간에 관해 개별법에 규정이 있으면 그에 따르고 법률에서 규정하지 않은 경우에는 그 결과를 통지받은 날(통지기간(신청을 받은 날부터 14일) 내에 결과를 통지받지 못한 경우에는 통지기간이 만료되는 날의 다음 날을 말한다)부터 90일 이내에 행정심판 또는 행정소송을 제기할 수 있다(행정기본법 제36조 제4항).

(나) 해당 규정은 이의신청 절차 중에 행정심판의 청구기간·행정소송의 제소기간이 정지된다고 규정한다. 따라서 행정기본법에 따라 이의신청을 한 경우 그리고 개별법에서 이의신청을 규정하지만 행정심판청구기간·제소기간에 관한 규정이 없는 경우 이 규정이 적용되어 행정심판청구기간·제소기간의 특례가 인정된다(행정기본법 제36조 제5항 참조).

2. 당사자심판

(1) 의   의

당사자심판이란 행정법관계의 형성 또는 존부에 관해 다툼이 있는 경우 당사자의 신청에 의하여 권한을 가진 행정기관이 그 법률관계를 유권적으로 판정하는 심판을 말한다.   707

(2) 법적 근거

당사자심판에 관한 일반법은 없다. 따라서 개별 법률상 근거가 없으면 당사자심판을 청구할 수 없다. 개별법에서는 당사자의 신청에 대한 결정을 재결·재정·결정이라고 한다.   708

Ⅲ. 행정심판법상 행정심판의 종류 [12 사시]

1. 취소심판

(1) 의   의

'취소심판'이란 행정청의 위법 또는 부당한 처분을 취소하거나 변경하는 행정심판을 말한다(행정심판법 제5조 제1호).   709

(2) 성   질

취소심판은 처분의 취소·변경을 통하여 법률관계의 변경·소멸을 가져오는 형성적 쟁송이다(형성적 쟁송설)(통설).   710

(3) 특   징

취소심판은 청구기간의 제한(행정심판법 제27조), 집행부정지의 원칙(행정심판법 제30조), 사정재결(행정심판법 제44조) 등을 특징으로 한다.   711

2. 무효등확인심판

(1) 의   의

712   '무효등확인심판'이란 행정청의 처분의 효력 유무 또는 존재 여부를 확인하는 행정심판을 말한다(행정심판법 제5조 제2호). 구체적인 내용에 따라 다시 유효확인심판·무효확인심판·존재확인심판·부존재확인심판으로 구분된다.

(2) 성   질

713   실질적으로는 처분이 무효임을 확인하는 데 그치는 확인적 쟁송이지만, 유효한 처분으로 오인될 수 있는 외관을 가진 처분의 무효를 선언하는 형성적 쟁송으로서의 성격을 가진다는 견해(준형성적 쟁송설)가 통설이다.

(3) 특   징

714   무효등확인심판은 취소심판의 경우와 달리 심판청구 기간의 제한도 없고(행정심판법 제27조 제7항), 사정재결이 인정되지 않는다(행정심판법 제44조 제3항). 학설은 유효확인심판·무효확인심판·존재확인심판·부존재확인심판 외에 실효확인심판을 인정한다.

3. 의무이행심판 [10 노무] [12 사시] [18 5급]

(1) 의   의

715   '의무이행심판'이란 행정청의 위법 또는 부당한 거부처분이나 부작위에 대하여 일정한 처분을 하도록 하는 심판을 말한다(행정심판법 제5조 제3호). 취소심판은 행정청의 적극적 행위로부터의 권익보호를 목적으로 하고, 의무이행심판은 행정청의 소극적 행위(거부, 부작위)로부터의 권익보호를 목적으로 한다.

(2) 성   질

716   ⓐ 의무이행심판은 '일정한 처분을 하도록 하는 심판'이므로 이행쟁송의 성질을 가진다고 보는 것이 일반적인 견해이다. ⓑ 그러나 이행쟁송과 형성쟁송의 성질을 더불어 가진다는 소수설도 있다(행정심판법 제43조 제5항 참조).

(3) 특   징

717   거부처분에 대한 의무이행심판에는 심판청구에 기간상 제한이 따르지만, 부작위에 대한 의무이행심판에는 심판청구에 기간상 제한이 따르지 않는다(행정심판법 제27조 제7항). 그리고 거부처분에 대한 의무이행심판에는 사정재결의 적용이 있다(행정심판법 제44조 제3항).

1. 문 제 점

청구인이 거부처분을 받은 후 의무이행심판이 아니라 거부처분취소심판을 청 구한 경우 이러한 심판청구가 인정될 수 있는지가 문제된다.

718

2. 학 설

ⓐ 행정심판법 제5조 제3호에 따르면 거부처분은 의무이행심판의 대상이지 취 소심판의 대상이 아니라는 견해도 있으나, ⓑ 행정심판법 제2조 제1호("처분"이란 행정청이 행하는 구체적 사실에 관한 법집행으로서의 공권력의 행사 또는 그 거부, 그 밖에 이 에 준하는 행정작용을 말한다)와 제5조 제1호(취소심판: 행정청의 위법 또는 부당한 처분을 취소하거나 변경하는 행정심판)를 근거로 거부처분취소심판의 가능성을 인정하는 견해 가 다수설이다.

719

3. 판 례

판례는 거부처분취소심판의 청구가능성을 인정한다(대판 1988. 12. 13. 88누7880).

720

4. 검 토

행정심판법 제49조 제2항은 '재결에 의하여 취소 … 되는 처분이 당사자의 신 청을 거부하는 것을 내용으로 하는 경우'라고 하여 거부처분의 취소심판 등을 인정하고 있고, 당사자의 효과적인 권리구제를 위해서도 거부처분 취소심판 등의 가능성을 인정하는 것이 타당하다.

721

Ⅳ. 행정심판법에 대한 특례규정

행정심판법에 규정된 일반적 행정심판절차 외에 전문분야에 필요한 특례 규정을 둘 수 있다(행정심판법 제4조 제1항(사안의 전문성과 특수성을 살리기 위하여 특히 필요한 경우 외에 는 이 법에 따른 행정심판을 갈음하는 특별한 행정불복절차(이하 "특별행정심판"이라 한다)나 이 법에 따른 행정심판 절차에 대한 특례를 다른 법률로 정할 수 없다) 참조).

722

1. 특별행정심판절차를 규정하는 경우

공무원법상 소청(국가공무원법 제76조 제1항(제75조에 따른 처분사유 설명서를 받은 공무원이 그 처분에 불복할 때에는 그 설명서를 받은 날부터, 공무원이 제75조에서 정한 처분 외에 본인의 의사에 반한 불리한 처분을 받았을 때에는 그 처분이 있은 것을 안 날부터 각각 30일 이내에 소청심사위원회에 이에 대한 심사를 청구할 수 있다)), 조세심판(국세기본법 제7장 참조), 특허심판(특허법 제7장 참

723

조), 중앙노동위원회의 재심판정(952a) 등이 있다.

2. 약식절차를 규정하는 경우

724 　토지거래불허가처분에 대한 이의신청, 지방자치단체의 사용료의 부과처분에 대한 이의신청(지방자치법 제140조 참조) 등이 있다.

3. 일부특례를 규정하는 경우

725 　택지개발촉진법상 사업시행자의 처분에 대한 행정심판청구 규정이 있다(제27조(행정심판) 이 법에 따라 시행자가 한 처분에 대하여 이의가 있을 때에는 그 처분이 있은 것을 안 날부터 1개월 이내, 처분이 있은 날부터 3개월 이내에 지정권자에게 행정심판을 제기할 수 있다).

제3절　행정심판법상 고지제도★★★[15 노무] [19 입시] [22 변시] [22 5급]

Ⅰ. 의　　의

726 　행정청이 처분을 할 때에는 처분의 상대방에게 해당 처분에 대하여 행정심판을 청구할 수 있는지 여부와 행정심판을 청구하는 경우 심판청구 절차 및 심판청구 기간을 알려야 할 뿐만 아니라 이해관계인이 요구하면 해당 처분이 행정심판의 대상이 되는 처분인지 여부와 행정심판의 대상이 되는 경우 소관 위원회 및 심판청구 기간을 지체 없이 알려주어야 하는바, 이를 고지제도라 한다(행정심판법 제58조).

Ⅱ. 법적 성질

727 　고지는 사실의 통지이며 행정행위(법적 행위)인 통지가 아니다(288 이하). 따라서 고지 그 자체는 항고소송의 대상인 처분이 아니다.

Ⅲ. 법적 근거

728 　고지제도는 행정심판법(제58조), 행정절차법(제26조(고지) 행정청이 처분을 하는 때에는 당사자에게 그 처분에 관하여 행정심판 및 행정소송을 제기할 수 있는지 여부, 기타 불복을 할 수 있는지 여부, 청구절차 및 청구기간 기타 필요한 사항을 알려야 한다), 공공기관의 정보공개에 관한 법률(제18조 ④ 공공기관은 이의신청을 각하 또는 기각하는 결정을 한 경우에는 청구인에게 행정심판 또는 행정소송을 제기할 수 있다는 사실을 제3항에 따른 결과 통지와 함께 알려야 한다) 등에 규정되어

있다. 특히 행정소송에 대한 고지는 행정소송법이 아니라 행정절차법에 규정되어 있다.

Ⅳ. 고지의 종류

1. 직권에 의한 고지

행정청이 처분을 할 때에는 처분의 상대방에게 일정한 사항(해당 처분에 대하여 행정 **729**
심판을 청구할 수 있는지, 행정심판을 청구하는 경우의 심판청구 절차 및 심판청구 기간)을 알려야 한
다(행정심판법 제58조 제1항).

(1) 주체와 상대방

고지의 주체는 행정청이며(행정심판법 제2조 제4호), 상대방은 해당 처분의 상대방을 **730**
말한다.

(2) 고지의 대상인 처분

고지의 대상인 처분에는 서면에 의한 처분뿐만 아니라, 구두에 의한 처분도 포함 **731**
된다.

(3) 고지의 내용

해당 처분에 대해 행정심판을 청구할 수 있는지 여부 및 행정심판청구가 불필요 **732**
한 경우(행정소송법 제18조 제3항) 불필요하다는 사항뿐만 아니라 행정심판을 제기하지 못
하는 경우(행정심판법 제3조 제2항)까지 알려야 한다. 그리고 행정심판을 청구할 수 있는
경우에는 심판청구절차 및 심판청구기간을 알려야 한다. 여기서 알려야 하는 '심판청
구절차'에는 행정심판청구서가 제출되어야 하는 기관(행정심판위원회)이 포함되므로 이
또한 고지해야 한다.

(4) 고지의 시기와 방법

① 고지는 처분과 동시에 이루어져야 한다. ② 그리고 고지의 방법에 대해서는 **733**
특별한 규정이 없다.

2. 신청에 의한 고지

행정청은 이해관계인이 요구하면 일정한 사항(해당 처분이 행정심판의 대상이 되는 처분 **734**
인지, 행정심판의 대상이 되는 경우 소관 위원회 및 심판청구 기간)을 지체 없이 알려주어야 한
다. 이 경우 서면으로 알려줄 것을 요구받으면 서면으로 알려주어야 한다(행정심판법 제
58조 제2항).

(1) 주체와 신청권자

고지의 주체는 행정청이며(행정심판법 제2조 제4호), 신청권자는 이해관계인이다. 이 **735**
해관계인에는 처분의 상대방뿐만 아니라 법률상 이익을 가지는 제3자도 포함된다. 다

만 여기서 처분의 상대방은 행정심판법 제58조 제1항에 비추어 직권고지를 받지 못한 자를 말한다.

(2) 고지의 대상인 처분

736   직권에 의한 고지와 같다.

(3) 고지의 내용

737   행정심판의 대상이 되는지 여부, 행정심판의 대상이 되는 경우에는 소관 위원회 및 심판청구기간을 알려야 한다. 명시적 규정은 없지만 행정심판법 제58조 제1항과의 관계상 심판청구절차도 알려야 한다.

(4) 고지의 시기와 방법

738   ① 이해관계인이 요구하면 고지는 지체 없이 이루어져야 한다. ② 그리고 고지의 방법에 대해서는 특별한 규정이 없다. 다만, 이해관계인이 서면으로 요구한 경우에는 서면으로 알려주어야 한다.

Ⅴ. 고지의무 위반의 효과

1. 처분의 위법 여부

739   고지제도에 대한 규정은 처분의 상대방이 그 처분에 대한 행정심판 등의 불복 절차를 밟는 데 있어 편의를 제공하려는 데 있으므로, 처분청이 해당 규정에 따른 고지의무를 이행하지 아니하였다고 하더라도 경우에 따라서 경유절차 및 청구기간과 관련하여 일정한 제약을 가하고 있을 뿐 처분을 위법하게 만들지는 못한다(대판 1987. 11. 24. 87누529).

2. 심판청구서 제출기관의 오고지·불고지

740   ① 행정청이 제58조에 따른 고지를 하지 아니하거나(불고지) 잘못 고지하여(오고지) 청구인이 심판청구서를 다른 행정기관에 제출한 경우에는 그 행정기관은 그 심판청구서를 지체 없이 정당한 권한이 있는 피청구인에게 보내야 한다(행정심판법 제23조 제2항). ② 제2항에 따라 심판청구서를 보낸 행정기관은 지체 없이 그 사실을 청구인에게 알려야 한다(행정심판법 제23조 제3항). ③ 제27조에 따른 심판청구기간을 계산할 때에는 제1항에 따른 피청구인이나 위원회 또는 제2항에 따른 행정기관에 심판청구서가 제출되었을 때에 행정심판이 청구된 것으로 본다(행정심판법 제23조 제4항).

3. 심판청구 기간의 오고지·불고지

741   ① 행정청이 심판청구 기간을 제1항(행정심판은 처분이 있음을 알게 된 날부터 90일 이내에 청구하여야 한다)에 규정된 기간보다 긴 기간으로 잘못 알린 경우 그 잘못 알린 기간

에 심판청구가 있으면 그 행정심판은 제1항에 규정된 기간에 청구된 것으로 본다(행정심판법 제27조 제5항). ② 행정청이 심판청구 기간을 알리지 아니한 경우에는 제3항(행정심판은 처분이 있었던 날부터 180일이 지나면 청구하지 못한다. 다만, 정당한 사유가 있는 경우에는 그러하지 아니하다)에 규정된 기간에 심판청구를 할 수 있다(행정심판법 제27조 제6항).

4. 필요적 심판전치 사항의 오고지

행정소송법은 처분을 행한 행정청이 행정심판을 거칠 필요가 없다고 잘못 알린 때에는 필요적 심판전치 사항이라고 할지라도 행정심판을 제기함이 없이 행정소송을 제기할 수 있다고 규정한다(행정소송법 제18조 제3항 제4호). 742

5. 행정심판청구 가능 여부의 오고지

행정소송법 제20조 제1항 단서는 비록 법령상은 행정심판청구가 금지되어 있으나(행정심판법 제3조 제2항 참조) 행정청이 행정심판을 청구할 수 있다고 잘못 알린 경우 취소소송의 제소기간에 대한 특례가 적용된다고 규정한다(1045). 즉, 취소소송의 제소기간의 기산점은 '처분등이 있음을 안 날'이지만(행정소송법 제20조 제1항 본문), 행정청이 행정심판을 청구할 수 있다고 잘못 알려 원고가 행정심판을 청구한 경우 제소기간은 재결서의 정본을 송달받은 날부터 기산한다(행정소송법 제20조 제1항 단서). 742a

Chapter

02

Administrative Law

행정심판의 대상, 당사자, 행정심판기관

제1절 행정심판의 대상

743   심판청구의 대상인 처분과 부작위의 개념은 항고소송의 대상의 경우와 동일하다(후술하는 취소소송의 대상적격·부작위위법확인소송 참조). 다만, 행정심판청구의 대상과 관련하여 특징적인 것은 ① 대통령의 처분 또는 부작위에 대하여는 다른 법률에서 행정심판을 청구할 수 있도록 정한 경우 외에는 행정심판을 청구할 수 없다는 점(행정심판법 제3조 제2항), ② 심판청구에 대한 재결이 있으면 그 재결 및 같은 처분 또는 부작위에 대하여 다시 행정심판을 청구할 수 없다는 점이다(행정심판법 제51조)(858).

제2절 행정심판의 당사자

● 제1항 행정심판청구인

Ⅰ. 의   의

744   행정심판청구인이란 행정청의 처분에 불복하여 심판을 청구하는 자를 말한다. 처분의 상대방 외에 제3자도 심판청구인이 될 수 있다.

Ⅱ. 행정심판청구인적격 [14 노무] [14 입시]

1. 취소심판의 경우

745   행정심판법 제13조 제1항은 취소심판은 처분의 취소 또는 변경을 구할 법률상 이익이 있는 자가 청구할 수 있다고 규정한다. 여기서 법률상 이익이란 좁은 의미의 권리뿐만 아니라 법이 보호하는 이익도 포함한다(통설·판례)(자세한 내용은 취소소송의 원고적

격 참조)(968 이하).

2. 무효등확인심판의 경우

행정심판법 제13조 제2항은 무효등확인심판은 처분의 효력 유무 또는 존재 여부 746
의 확인을 구할 법률상 이익이 있는 자가 청구할 수 있다고 규정한다. 학설의 대립은
있으나 '확인을 구할 법률상 이익'은 취소심판의 '법률상 이익'과 같다는 것이 다수설
이다.

3. 의무이행심판의 경우

행정심판법 제13조 제3항은 의무이행심판은 처분을 신청한 자로서 행정청의 거 747
부처분 또는 부작위에 대하여 일정한 처분을 구할 법률상 이익이 있는 자가 청구할
수 있다고 규정한다.

참고

행정심판법 제13조의 입법상 과오 여부

1. 문제 상황
행정소송법 제4조 제1호(취소소송: 행정청의 위법한 처분등을 취소 또는 변경하는 소송)와 달리 748
행정심판법 제5조 제1호(취소심판: 행정청의 위법 또는 부당한 처분을 취소하거나 변경하는 행정
심판)는 부당한 처분도 취소(변경)할 수 있도록 규정하고 있는데, 부당한 행위로는 법률상 이익이
침해될 수 없어 행정심판법 제13조가 입법상 과오라는 견해가 있어 문제된다(예를 들어 행정심판
법 제13조 제1항 제1문은 "취소심판은 처분의 취소 또는 변경을 구할 법률상 이익이 있는 자가
청구할 수 있다"라고 규정한다).

2. 학   설
(1) 과 오 설
행정심판청구의 요건인 청구인적격과 처분의 위법·부당 여부에 대한 본안심리는 필연적인 관련 749
성이 있음을 전제로 하며, 부당한 처분으로는 법률상 이익이 침해될 수 없으므로 행정심판법 제
13조는 과오라는 견해이다.

(2) 비과오설
청구인적격문제는 쟁송제기단계의 문제이고 처분의 위법·부당의 문제는 본안심리의 문제이므로 750
양자는 필연적인 관련성이 없으며, 부당한 처분에 의해서도 법률상 이익이 침해될 수 있음을 근거
로 문제없다는 견해이다(다수설).

3. 검   토
법률상 이익 침해에는 적법한 침해도 있고(전술한 손실보상청구 참조(640 이하)), 위법한 침해도 751
있고, 부당한 침해(합목적성·경제성 판단을 잘못한 행정기관의 행위로 침해를 받는 경우)도 있을
수 있으므로 입법상 과오로 볼 수는 없다. 따라서 비과오설이 타당하다.

Ⅲ. 심판청구인의 지위보장

1. 법인이 아닌 사단 · 재단

752   법인이 아닌 사단 또는 재단으로서 대표자나 관리인이 정하여져 있는 경우에는 그 사단이나 재단의 이름으로 심판청구를 할 수 있다(행정심판법 제14조).

2. 선정대표자

753   여러 명의 청구인이 공동으로 심판청구를 할 때에는 청구인들 중에서 3명 이하의 선정대표자를 선정할 수 있다(행정심판법 제15조 제1항).

3. 청구인의 지위승계

754   청구인이 사망한 경우에는 상속인이나 그 밖에 법령에 따라 심판청구의 대상에 관계되는 권리나 이익을 승계한 자가 청구인의 지위를 승계한다(행정심판법 제16조 제1항). 그리고 법인인 청구인이 합병(合倂)에 따라 소멸하였을 때에는 합병 후 존속하는 법인이나 합병에 따라 설립된 법인이 청구인의 지위를 승계한다(행정심판법 제16조 제2항). 또한 심판청구의 대상과 관계되는 권리나 이익을 양수한 자는 위원회의 허가를 받아 청구인의 지위를 승계할 수 있다(행정심판법 제16조 제5항).

4. 대   리

755   청구인은 법정대리인 외에 일정한 자(1. 청구인의 배우자, 청구인 또는 배우자의 사촌 이내의 혈족, 2. 청구인이 법인이거나 제14조에 따른 청구인 능력이 있는 법인이 아닌 사단 또는 재단인 경우 그 소속 임직원, 3. 변호사, 4. 다른 법률에 따라 심판청구를 대리할 수 있는 자, 5. 그 밖에 위원회의 허가를 받은 자)를 대리인으로 선임할 수 있다(행정심판법 제18조 제1항).

● 제2항 심판피청구인

Ⅰ. 의   의

756   심판피청구인이란 심판청구인의 상대편 당사자를 말한다.

Ⅱ. 피청구인적격

1. 피청구인적격의 의의

757   '피청구인적격'이란 취소심판에서 피청구인이 될 수 있는 자격을 말한다.

2. 원칙—처분청

757a ㈎ 행정심판법 제17조 제1항 본문은 "행정심판은 처분을 한 행정청(의무이행심판의 경우에는 청구인의 신청을 받은 행정청)을 피청구인으로 하여 청구하여야 한다"고 규정한다. '처분을 한 행정청'이란 원칙적으로 심판의 대상인 처분을 외부에 자신의 명의로 행한 행정청(=처분청)을 말한다.

㈏ 행정청에는 합의제 기관이나 공법상 법인이 포함된다. 논리적으로 보면 피청구인은 처분의 효과가 귀속하는 권리주체인 국가나 지방자치단체가 되어야 하지만, 행정심판법은 심판수행의 편의를 위해 행정청을 피청구인으로 규정하고 있다. 법원이나 국회의 기관도 실질적 의미의 행정적인 처분을 하는 범위에서 행정청에 속한다.

3. 특수한 경우

(1) 행정청의 권한이 승계된 경우
757b
행정심판청구의 대상과 관계되는 권한이 다른 행정청에 승계된 경우에는 권한을 승계한 행정청을 피청구인으로 하여야 한다(행정심판법 제17조 제1항).

(2) 행정청이 없게 된 경우
757c
행정소송법은 행정청이 없게 된 때에는 그 처분등에 관한 사무가 귀속되는 국가 또는 공공단체가 피고가 된다고 규정한다(행정소송법 제13조 제2항). 행정심판법은 명시적 규정이 없지만 마찬가지로 해석하는 것이 일반적인 견해이다.

(3) 행정청의 권한이 위임·위탁된 경우
757d
법령 또는 자치법규에 따라 위탁을 받은 공공단체나 그 기관 또는 사인이 피청구인이 된다(행정심판법 제2조 제4호).

(4) 행정청의 권한이 내부위임된 경우
757e
내부위임은 위임자 명의로 권한이 행사되기 때문에 위임 행정관청이 피청구인이 된다. 내부위임임에도 수임 행정관청이 위법하게 자신의 명의로 처분을 발령하였다면 피청구인은 명의자인 수임 행정관청이 된다.

(5) 행정청의 권한이 대리된 경우
757f
행정권한의 대리가 있는 경우 대리행위의 효과는 피대리관청에게 귀속된다. 따라서 피청구인은 피대리관청이 된다.

(6) 처분적 조례
757g
처분적 조례에 대한 피청구인은 지방자치단체의 내부적 의결기관으로서 지방자치단체의 의사를 외부에 표시한 권한이 없는 지방의회가 아니라, 지방자치단체의 집행기관으로서 조례로서의 효력을 발생시키는 공포권이 있는 지방자치단체의 장이 된다(대판 1996. 9. 20. 95누8003).

(7) 지방의회 의원 징계

757h 　지방자치법에 따라 지방의회 의원이 징계(예를 들어 제명)를 받고 이를 다투는 경우 피청구인은 지방의회가 된다(대판 2009. 1. 30. 2007두13487).

757i ### (8) 처분권한자와 통지(통보)한 자가 다른 경우

　처분권한자(대통령)가 서훈취소를 결정하고 이를 대외적으로 표시하여 처분의 효력이 발생한 후, 보좌기관(국가보훈처장)에 의해서 서훈취소결정이 상대방에게 알려진 경우, 피청구인은 처분권한자인 대통령이다(대판 2014. 9. 26. 2013두2518).

Ⅲ. 피청구인경정

1. 종　　류

(1) 피청구인을 잘못 지정한 경우

758 　청구인이 피청구인을 잘못 지정한 경우에는 위원회는 직권으로 또는 당사자의 신청에 의하여 결정으로써 피청구인을 경정(更正)할 수 있다(행정심판법 제17조 제2항). 위원회는 피청구인을 경정하는 결정을 하면 결정서 정본을 당사자에게 송달하여야 한다. 그리고 피고경정결정이 있으면 종전의 피청구인에 대한 심판청구는 취하되고 종전의 피청구인에 대한 행정심판이 청구된 때에 새로운 피청구인에 대한 행정심판이 청구된 것으로 본다(행정심판법 제17조 제2항·제3항·제4항).

(2) 권한이 승계된 경우

759 　위원회는 행정심판이 청구된 후에 심판청구의 대상과 관계되는 권한이 다른 행정청에 승계된 경우에는 직권으로 또는 당사자의 신청에 의하여 결정으로써 피청구인을 경정한다(행정심판법 제17조 제5항).

2. 이의신청

759a 　당사자는 위원회의 피고경정결정에 대하여 결정서 정본을 받은 날부터 7일 이내에 위원회에 이의신청을 할 수 있다(행정심판법 제17조 제6항).

◉ 제3항　참 가 인

Ⅰ. 의　　의

760 　심판참가란 타인간의 심판 계속 중에 그 심판결과에 따라 자신의 법률상 이익에 영향을 받게 되는 제3자가 타인의 심판절차에 가입하는 것을 말한다(자세한 내용은 후술

하는 소송참가 참조(1002 이하)).

Ⅱ. 허가에 의한 참가

행정심판의 결과에 이해관계가 있는 제3자나 행정청은 해당 심판청구에 대한 위
원회나 소위원회의 의결이 있기 전까지 그 사건에 대하여 심판참가를 할 수 있다(행정
심판법 제20조 제1항). 761

Ⅲ. 요구에 의한 참가

위원회는 필요하다고 인정하면 그 행정심판 결과에 이해관계가 있는 제3자나 행
정청에 그 사건 심판에 참가할 것을 요구할 수 있다(행정심판법 제21조 제1항). 762

Ⅳ. 참가인의 지위

참가인은 행정심판 절차에서 당사자가 할 수 있는 심판절차상의 행위를 할 수 있
다(행정심판법 제22조 제1항). 763

제3절 행정심판기관(행정심판위원회)

Ⅰ. 의   의

행정심판위원회란 심판청구사항을 심리·재결하는 권한을 가진 기관을 말한다.
행정심판위원회는 복수의 위원으로 구성되면서 위원의 합의로 의사를 정한다는 점에
서 합의제기관이고, 또한 행정심판위원회는 의사를 결정하고 외부에 표시하는 권한을
갖는다는 점에서 행정청의 성격을 갖는다(행정심판법 제2조 제4호 참조). 764

Ⅱ. 유   형

1. 해당 행정청에 두는 행정심판위원회

① 감사원, 국가정보원장, 그 밖에 대통령령으로 정하는 대통령 소속기관의 장,
② 국회사무총장·법원행정처장·헌법재판소사무처장 및 중앙선거관리위원회사무총
장, ③ 국가인권위원회, 그 밖에 지위·성격의 독립성과 특수성 등이 인정되어 대통
령으로 정하는 행정청의 처분(부작위)에 대한 행정심판청구는 해당 행정청에 두는 행정
심판위원회에서 심리·재결한다(행정심판법 제6조 제1항 제1호~제3호)(예: 감사원장의 처분에 대 765

해서는 감사원행정심판위원회가 행정심판기관이 된다).

2. 중앙행정심판위원회

766　　① 행정심판법 제6조 제1항에 따른 행정청 외의 국가행정기관의 장 또는 그 소속 행정청, ② 특별시장·광역시장·특별자치시장·도지사·특별자치도지사(특별시·광역시·특별자치시·도 또는 특별자치도의 교육감을 포함한다) 또는 특별시·광역시·특별자치시·도·특별자치도의 의회(의장, 위원회의 위원장, 사무처장 등 의회 소속 모든 행정청을 포함한다), ③ 「지방자치법」에 따른 지방자치단체조합 등 관계 법률에 따라 국가·지방자치단체·공공법인 등이 공동으로 설립한 행정청(다만, 행정심판법 제6조 제3항 제3호에 해당하는 행정청은 제외한다)의 처분 또는 부작위에 대한 심판청구에 대하여는 「부패방지 및 국민권익위원회의 설치와 운영에 관한 법률」에 따른 국민권익위원회에 두는 중앙행정심판위원회에서 심리·재결한다(행정심판법 제6조 제2항 제1호~제3호)(예: 서울특별시장의 처분에 대해서는 중앙행정심판위원회가 행정심판기관이 된다).

3. 시·도지사 소속 행정심판위원회

767　　① 시·도 소속 행정청, ② 시·도의 관할구역에 있는 시·군·자치구의 장, 소속 행정청 또는 시·군·자치구의 의회(의장, 위원회의 위원장, 사무국장, 사무과장 등 의회 소속 모든 행정청을 포함한다), ③ 시·도의 관할구역에 있는 둘 이상의 지방자치단체(시·군·자치구를 말한다)·공공법인 등이 공동으로 설립한 행정청의 처분 또는 부작위에 대한 심판청구에 대하여는 시·도지사 소속으로 두는 행정심판위원회에서 심리·재결한다(행정심판법 제6조 제3항 제1호~제3호)(예: 관악구청장의 처분에 대해서는 서울특별시장 소속 행정심판위원회(서울특별시행정심판위원회)가 행정심판기관이 된다).

4. 직근 상급행정기관에 두는 행정심판위원회

768　　행정심판법 제6조 제2항 제1호에도 불구하고 대통령령으로 정하는 국가행정기관 소속 특별지방행정기관의 장의 처분 또는 부작위에 대한 심판청구에 대하여는 해당 행정청의 직근 상급행정기관에 두는 행정심판위원회에서 심리·재결한다(행정심판법 제6조 제4항).

Ⅲ. 구　성

1. 행정심판위원회

769　　행정심판위원회(중앙행정심판위원회는 제외한다. 이하 이 조에서 같다)는 위원장 1명을 포함하여 50명 이내의 위원으로 구성한다(행정심판법 제7조 제1항).

2. 중앙행정심판위원회

중앙행정심판위원회는 위원장 1명을 포함하여 70명 이내의 위원으로 구성하되, 770
위원 중 상임위원은 4명 이내로 한다(행정심판법 제8조 제1항).

Ⅳ. 회   의

1. 행정심판위원회

행정심판위원회의 회의는 위원장과 위원장이 회의마다 지정하는 8명의 위원(그중 771
제4항에 따른 위촉위원은 6명 이상으로 하되, 제3항에 따라 위원장이 공무원이 아닌 경우에는 5명 이상
으로 한다)으로 구성한다. 다만, 국회규칙, 대법원규칙, 헌법재판소규칙, 중앙선거관리
위원회규칙 또는 대통령령(제6조 제3항에 따라 시·도지사 소속으로 두는 행정심판위원회의 경우
에는 해당 지방자치단체의 조례)으로 정하는 바에 따라 위원장과 위원장이 회의마다 지정
하는 6명의 위원(그중 제4항에 따른 위촉위원은 5명 이상으로 하되, 제3항에 따라 공무원이 아닌 위
원이 위원장인 경우에는 4명 이상으로 한다)으로 구성할 수 있다(행정심판법 제7조 제5항).

2. 중앙행정심판위원회

중앙행정심판위원회의 회의(제6항에 따른 소위원회 회의는 제외한다)는 위원장, 상임위 772
원 및 위원장이 회의마다 지정하는 비상임위원을 포함하여 총 9명으로 구성한다(행정
심판법 제8조 제5항).

Ⅴ. 제척·기피·회피

㈎ 위원회의 위원은 일정한 경우(1. 위원 또는 그 배우자나 배우자이었던 사람이 사건의 당 773
사자이거나 사건에 관하여 공동 권리자 또는 의무자인 경우, 2. 위원이 사건의 당사자와 친족이거나 친
족이었던 경우, 3. 위원이 사건에 관하여 증언이나 감정(鑑定)을 한 경우, 4. 위원이 당사자의 대리인으
로서 사건에 관여하거나 관여하였던 경우, 5. 위원이 사건의 대상이 된 처분 또는 부작위에 관여한 경우)
에는 그 사건의 심리·의결에서 제척된다. 이 경우 제척결정은 위원회의 위원장이 직
권으로 또는 당사자의 신청에 의하여 한다(행정심판법 제10조 제1항).

㈏ 당사자는 위원에게 공정한 심리·의결을 기대하기 어려운 사정이 있으면 위원
장에게 기피신청을 할 수 있다(행정심판법 제10조 제2항).

㈐ 위원회의 회의에 참석하는 위원이 제척사유 또는 기피사유에 해당되는 것을
알게 되었을 때에는 스스로 그 사건의 심리·의결에서 회피할 수 있다. 이 경우 회피
하고자 하는 위원은 위원장에게 그 사유를 소명하여야 한다(행정심판법 제10조 제7항).

VI. 권한과 의무, 권한의 승계

1. 권 한

774 　　행정심판위원회는 심판청구사건을 심리·재결하는 기관이므로, 심판청구사건의 심리권과 재결권이 행정심판위원회의 주된 권한이다. 그리고 행정심판법은 행정심판 위원회의 심리·재결이 본래의 의미를 다할 수 있도록 하기 위하여 행정심판위원회에 증거조사권(행정심판법 제36조)을 부여하고 있고, 그 밖에 선정대표자 선정권고권(행정심판 법 제15조 제2항), 청구인지위승계허가권(행정심판법 제16조 제5항), 피청구인경정권(행정심판 법 제17조 제2항) 등 부수적인 권한도 부여한다.

2. 의 무

775 　　피청구인에 대한 심판청구서 부본의 송부의무(행정심판법 제26조 제1항), 다른 당사자 에 대한 답변서 부본 송달의무(행정심판법 제26조 제2항), 당사자로부터 제출된 증거서류 부본의 다른 당사자에게 대한 송달의무(행정심판법 제34조 제3항), 증거서류 등의 반환의 무(행정심판법 제55조), 재결서 정본 송달의무(행정심판법 제48조) 등을 부담한다.

3. 권한의 승계

776 　　당사자의 심판청구 후 위원회가 법령의 개정·폐지 또는 행정심판법 제17조 제5 항에 따른 피청구인의 경정 결정에 따라 그 심판청구에 대하여 재결할 권한을 잃게 된 경우에는 해당 위원회는 심판청구서와 관계 서류, 그 밖의 자료를 새로 재결할 권 한을 갖게 된 위원회에 보내야 한다(행정심판법 제12조 제1항).

Chapter 03

행정심판의 청구

제1절 행정심판청구의 방식

심판청구는 서면으로 하여야 한다(행정심판법 제28조 제1항).   777

제2절 행정심판청구의 기간

심판청구의 기간은 취소심판청구와 거부처분에 대한 의무이행심판청구에서 적용   778
되며, 무효등확인심판청구와 부작위에 대한 의무이행심판청구에는 적용되지 아니한다
(행정심판법 제27조 제7항).

I. 행정심판법상 심판청구 기간★[15 노무] [19 입시]

1. 처분이 있음을 알게 된 날부터 90일

(1) 원   칙

행정심판은 처분이 있음을 알게 된 날부터 90일 이내에 청구하여야 한다(행정심판   779
법 제27조 제1항). 이 기간은 불변기간이다(행정심판법 제27조 제4항). 여기서 '처분이 있음을
안 날'이라 함은 당사자가 당해 처분이 있었다는 사실을 현실적으로 안 날을 의미하
고, 다만 처분을 기재한 서류가 당사자의 주소에 송달되는 등으로 사회통념상 처분이
있음을 당사자가 알 수 있는 상태에 놓여진 때에는 반증이 없는 한 그 처분이 있음을
알았다고 추정할 수는 있다(대판 1995. 11. 24. 95누11535).

(2) 예   외

1) 천재지변 등의 경우   청구인이 천재지변, 전쟁, 사변(事變), 그 밖의 불가항   780
력으로 인하여 제1항에서 정한 기간에 심판청구를 할 수 없었을 때에는 그 사유가 소

멸한 날부터 14일 이내에 행정심판을 청구할 수 있다. 다만, 국외에서 행정심판을 청구하는 경우에는 그 기간을 30일로 한다(행정심판법 제27조 제2항). 이 기간은 불변기간이다(행정심판법 제27조 제4항).

781   **2) 행정청의 오고지의 경우**   행정청이 심판청구 기간을 제1항에 규정된 기간보다 긴 기간으로 잘못 알린 경우 그 잘못 알린 기간에 심판청구가 있으면 그 행정심판은 제1항에 규정된 기간(처분이 있음을 알게 된 날부터 90일)에 청구된 것으로 본다(행정심판법 제27조 제5항)(741).

781a   **3) 행정청의 불고지의 경우**   행정청이 심판청구 기간을 알리지 아니한 경우에는 처분이 있었던 날부터 180일 내에 심판청구를 할 수 있다(행정심판법 제27조 제6항)(741). 즉, 처분이 있음을 알게 된 날부터 90일이 적용되지 않는다.

2. 처분이 있었던 날부터 180일

(1) 원   칙

782   행정심판은 처분이 있었던 날부터 180일이 지나면 청구하지 못한다(행정심판법 제27조 제3항 본문). '처분이 있었던 날'이란 처분의 효력이 발생한 날을 말한다. 처분은 행정기관의 내부적 결정만으로 부족하며 외부로 표시되어 상대방에게 도달되어야 효력이 발생한다(대판 1990. 7. 13. 90누2284). '도달'이란 상대방이 현실적으로 그 내용을 인식할 필요는 없고, 상대방이 알 수 있는 상태에 놓여지면 충분하다.

(2) 예   외

783   정당한 사유가 있는 경우에는 180일이 지나도 심판을 청구할 수 있다(행정심판법 제27조 제3항 단서)(예를 들어 이웃하는 자에게 연탄공장건축허가가 발령되었지만, 제3자는 그 허가처분 발령 사실을 알기 어렵기 때문에, 있었던 날로부터 180일을 엄격히 적용하면 실제로 제3자는 이웃하는 자에게 발령된 허가처분을 다투기 어렵다. 따라서 이 경우가 대표적인 정당한 사유가 있는 경우에 해당하게 된다).

3. '처분이 있음을 알게 된 날부터 90일'과 '처분이 있었던 날부터 180일'의 관계

785   처분이 있음을 알게 된 날부터 90일과 처분이 있었던 날부터 180일 중 어느 것이라도 먼저 경과하면 심판을 청구할 수 없다.

Ⅱ. 특별법상 심판청구 기간

786   특별법에서 행정심판청구 기간에 관하여 특례를 두면 그 규정이 우선한다(예: 국가공무원법 제76조 ① 제75조에 따른 처분사유 설명서를 받은 공무원이 그 처분에 불복할 때에는 그 설명서를 받은 날부터, 공무원이 제75조에서 정한 처분 외에 본인의 의사에 반한 불리한 처분을 받았을 때에는 그 처분이 있은 것을 안 날부터 각각 30일 이내에 소청심사위원회에 이에 대한 심사를 청구할 수 있다).

I. 심판청구서의 제출과 처리

1. 선택적 청구

행정심판을 청구하려는 자는 심판청구서를 작성하여 피청구인이나 위원회에 제 787
출하여야 한다(행정심판법 제23조 제1항).

2. 피청구인의 심판청구서 등의 접수와 처리

(가) 피청구인이 심판청구서를 접수하거나 송부받으면 10일 이내에 심판청구서와 788
답변서를 위원회에 보내야 한다(행정심판법 제24조 제1항). 심판청구서를 보낸 행정기관은
지체 없이 그 사실을 청구인에게 알려야 한다(행정심판법 제24조 제5항).

(나) 그러나 심판청구서를 받은 피청구인이 그 심판청구가 이유 있다고 인정하면
심판청구의 취지에 따라 직권으로 처분을 취소·변경하거나 확인을 하거나 신청에 따
른 처분을 할 수 있다(행정심판법 제25조 제1항 제1문). 행정심판이 청구된 경우 행정심판
위원회가 심리·재결하는 것이 원칙이지만, 심판대상인 처분이나 부작위를 행한 행정
청이 심판청구서를 검토한 결과 이유 있다고 인정할 때에는 굳이 심리절차를 거칠 필
요 없이 그 단계에서 스스로 심판청구의 취지에 따르는 처분을 하도록 하는 취지이
다. 이는 처분청의 자기통제를 의미하며, 처분청의 취지에 따른 처분이나 확인이 있게
되면 행정심판절차는 청구인과의 관계에서 종료된다. 하지만 처분청의 청구의 취지에
따른 처분이나 확인은 재결이 아니며 그것은 원처분의 단순한 변경일 뿐이다.

3. 위원회의 심판청구서 등의 접수와 처리

위원회는 심판청구서를 받으면 지체 없이 피청구인에게 심판청구서 부본을 보내 789
야 한다(행정심판법 제26조 제1항). 위원회는 피청구인으로부터 답변서가 제출되면 답변서
부본을 청구인에게 송달하여야 한다(행정심판법 제26조 제2항).

II. 행정심판청구의 변경

1. 의   의

청구인은 청구의 기초에 변경이 없는 범위에서 청구의 취지나 이유를 변경할 수 790
있다(행정심판법 제29조 제1항). '청구의 기초에 변경이 없는 범위'란 신·구청구 간의 관
련성이 있을 것을 말한다(후술하는 소의 종류의 변경 참조(1064)). 그리고 행정심판이 청구된
후에 피청구인이 새로운 처분을 하거나 심판청구의 대상인 처분을 변경한 경우에는

청구인은 새로운 처분이나 변경된 처분에 맞추어 청구의 취지나 이유를 변경할 수 있다(행정심판법 제29조 제2항).

2. 효   과

791   청구의 변경결정이 있으면 처음 행정심판이 청구되었을 때부터 변경된 청구의 취지나 이유로 행정심판이 청구된 것으로 본다(행정심판법 제29조 제8항).

Ⅲ. 행정심판청구의 효과

792   행정심판법상 요건을 갖춘 심판청구가 있으면 행정심판위원회는 심판을 심리·재결할 의무를 진다(행정심판법 제6조, 제43조 이하 참조). 그리고 심판청구가 있어도 그것이 처분의 효력이나 그 집행 또는 절차의 속행에 영향을 주지 아니한다(행정심판법 제30조 제1항)(자세한 내용은 후술하는 집행정지 참조(1078 이하)).

Ⅳ. 행정심판청구의 취하

793   청구인은 심판청구에 대하여 행정심판위원회의 의결이 있을 때까지 서면으로 심판청구를 취하할 수 있다(행정심판법 제42조 제1항).

제4절 가 구 제[15 노무]

Ⅰ. 가구제의 의의, 종류

794   (가) 일정한 경우 인용재결이 있다고 하여도 이미 회복하기 어려운 손해가 발생하여 인용재결이 청구인에게 실질적인 권리구제가 되지 못하는 경우도 있다. 이를 방지하기 위한 잠정적인 수단이 바로 가구제이다. 이는 행정심판의 재결이 있을 때까지 잠정적으로 청구인의 권리를 보전하기 위한 것이다.

(나) 가(＝잠정적)구제에는 집행정지(소극적 의미의 가구제)와 임시처분(적극적 의미의 가구제)이 있다.

Ⅱ. 집행정지

1. 의   의

795   행정심판법은 집행부정지원칙을 택하면서(행정심판법 제30조 제1항), 일정한 경우 위

원회는 직권 또는 당사자의 신청으로 집행정지를 결정할 수 있음을 인정한다.

2. 요 건*

집행정지의 적극적 요건은 신청인이 주장·소명(약한 증명)하며, 소극적 요건은 행
정청이 주장·소명한다.

796

(1) 적극적 요건

1) 심판청구의 계속　　행정심판법에는 명문의 규정이 없으나 집행정지제도가
심판청구를 보전하기 위한 부수적인 절차임을 감안할 때 집행정지는 심판청구의 계속
을 요건으로 한다. 또한 행정심판은 심판청구의 제기요건을 갖춘 적법한 것이어야 한
다. 심판청구가 취하되거나 심판청구가 각하 또는 기각 재결을 받은 경우에는 집행정
지가 허용되지 않는다.

796a

2) 정지대상인 처분등의 존재　　처분등이 존재해야 한다. 다만 거부처분에 대
한 집행정지가 인정될 수 있는지가 문제되는데, 이를 부정하는 것이 다수설이다(후술하
는 취소소송의 집행정지 참조(1080 이하)). 행정심판은 아니지만 취소소송에서 판례는 거부
처분의 집행정지를 인정하지 않는다(대결 1992. 2. 13. 91두47).

796b

3) 중대한 손해의 예방의 필요성　　행정소송법 제23조 제2항은 '회복하기 어려
운 손해를 예방하기 위하여'라고 하는데 행정심판법 제30조 제2항은 '중대한 손해가
생기는 것을 예방할 필요성'이라고 규정한다. 따라서 집행정지의 요건이라는 면에서
행정소송의 경우보다 행정심판의 경우가 다소 완화되어 있다고 볼 수 있다(홍준형).

796c

4) 긴급한 필요　　이는 손해가 발생될 가능성이 시간적으로 절박하여 본안재
결을 기다릴 여유가 없는 것을 말한다.

796d

(2) 소극적 요건

1) 공공복리에 중대한 영향을 미칠 우려가 없을 것　　행정심판법 제30조 제3항
에서 집행정지의 요건으로 규정하고 있는 '공공복리에 중대한 영향을 미칠 우려'가 없
을 것이라고 할 때의 '공공복리'는 그 처분의 집행과 관련된 구체적이고도 개별적인
공익을 말하는 것이다. 그리고 '공공복리에 중대한 영향을 주는 경우'란 집행으로 인
해 사인이 입게 될 중대한 손해와 집행이 정지됨으로 손상될 공익을 비교형량하여 압
도적으로 후자가 우월한 경우를 말한다.

797

2) 본안에 이유 없음이 명백하지 아니할 것　　명문에 규정된 요건은 아니지만,
본안에 이유 없음이 명백하다면 집행정지를 할 이유가 없다고 보는 것이 다수설이다.
다만, 이는 행정청이 주장·소명하여야 한다(소극적 요건).

797a

3. 집행정지의 대상

797b   집행정지의 대상은 처분의 효력, 처분의 집행 또는 절차의 속행의 전부 또는 일부이다. 다만, 처분의 효력정지는 처분의 집행 또는 절차의 속행을 정지함으로써 그 목적을 달성할 수 있을 때에는 허용되지 아니한다(행정심판법 제30조 제2항)(자세한 내용은 후술하는 취소소송의 집행정지 참조(1093 이하)).

4. 집행정지의 절차

798   당사자의 신청이나 직권으로 위원회가 결정한다(행정심판법 제30조 제2항).

5. 효   력

(1) 형 성 력

799   집행정지결정이 되면 별도의 절차 없이도 잠정적으로 처분이 없었던 것과 같은 상태가 된다(잠정적인 소극적 형성력이 발생).

(2) 기 속 력

799a   명문의 규정은 없으나 집행정지결정은 당사자인 행정청과 그 밖의 관계 행정청을 기속한다고 본다(행정소송법 제23조 제6항, 제30조 제1항 참조). 따라서 처분에 대한 집행정지결정 이후, 그 결정에 위반되는 행정청의 행위가 있었다면 그 행위는 집행정지결정의 기속력에 위반되어 위법하며, 중대명백한 하자로 무효가 된다(판결의 기속력 참조(1230)).

(3) 효력의 시간적 범위

799b   집행정지기간은 위원회가 의결로 정한다. 다만, 처분의 효력을 소급하여 정지하는 것은 허용되지 않으며 장래를 향해서만 정지시킬 수 있다(통설). 집행정지결정의 효력은 해당 결정의 주문에 정해진 시기까지 존속한다. 그러나 주문에 종기를 정함이 없으면 심판청구의 재결이 있을 때까지 그 효력은 존속한다.

6. 집행정지의 취소

800   위원회는 집행정지를 결정한 후에 집행정지가 공공복리에 중대한 영향을 미치거나 그 정지사유가 없어진 경우에는 직권으로 또는 당사자의 신청에 의하여 집행정지결정을 취소할 수 있다(행정심판법 제30조 제4항).

Ⅲ. 임시처분^{★★★}[18 노무] [18 5급]

1. 의   의

임시처분이란 처분 또는 부작위가 위법·부당하다고 상당히 의심되는 경우로서 당사자에게 임시지위를 정하여야 할 필요가 있는 경우 행정심판위원회가 발할 수 있는 가구제 수단이다(행정심판법 제31조 제1항).

801

2. 취   지

집행정지는 소극적으로 침익적 처분의 효력을 정지시키는 형성력(소극적 형성력)만이 있을 뿐 행정청에게 일정한 처분의무를 지우는 등의 기능(적극적 형성력)은 없기 때문에 잠정적 권리구제 수단으로서 한계가 있었다. 따라서 임시처분제도의 도입은 거부처분이나 부작위에 대한 잠정적 권리구제의 제도적인 공백상태를 입법적으로 해소하고 청구인의 권리를 두텁게 보호하려는 데 취지가 있다(류지태·박종수).

801a

3. 요   건

적극적 요건은 신청인이, 소극적 요건은 행정청이 주장·소명하여야 한다.

801b

(1) 적극적 요건

1) 심판청구의 계속　　　명시적 규정은 없지만, 집행정지제도가 심판청구의 계속을 요건으로 하고 있는 것을 보면 가구제로서 임시처분도 심판청구의 계속을 요건으로 하고 있다고 보아야 한다(김동희, 류지태·박종수).

802

2) 처분 또는 부작위가 위법·부당하다고 상당히 의심되는 경우일 것　　　① 적극적 처분, 거부처분, 부작위가 모두 포함된다. ② 그리고 위법·부당의 판단은 본안심리사항이지만 임시처분을 위해서는 위법 또는 부당이 상당히 의심되는 경우라야 한다. 이는 임시처분이 본안판단에 앞서 처분이 있는 것과 같은 상태를 창출할 수 있기에(적극적 형성력을 가지기 때문) 집행정지보다 더 엄격한 요건을 요하는 것이다(김동희).

803

3) 당사자에게 생길 중대한 불이익이나 급박한 위험을 방지할 필요가 있을 것　　　이 요건은 행정심판법 제30조 제2항의 집행정지의 요건 중 '중대한 손해가 생기는 것을 예방할 필요성이 긴급하다고 인정할 때'와 유사하게 판단하면 될 것이다(김동희, 류지태·박종수)(행정심판법 제31조 제2항).

804

(2) 소극적 요건

행정심판법 제31조 제2항은 행정심판법 제30조 제3항을 준용하는 결과 임시처분도 공공복리에 중대한 영향을 미칠 우려가 있을 때에는 허용되지 아니한다. 여기서

805

'공공복리'란 그 처분과 관련된 구체적이고도 개별적인 공익을 말한다. 그리고 '공공복리에 중대한 영향을 주는 경우'란 사인이 입게 될 중대한 손해와 손상될 공익을 비교형량하여 압도적으로 후자가 우월한 경우를 말한다.

4. 임시처분의 보충성(집행정지와 임시처분의 관계)

806   임시처분은 집행정지로 목적을 달성할 수 있는 경우에는 허용되지 아니한다(행정심판법 제31조 제3항).

5. 임시처분의 절차

807   ① 위원회는 직권으로 또는 당사자의 신청에 의하여 임시처분을 결정할 수 있다(행정심판법 제31조 제1항). ② 위원회는 임시처분을 결정한 후에 임시처분이 공공복리에 중대한 영향을 미치는 등의 사유가 있는 경우에는 직권 또는 당사자의 신청에 의하여 이 결정을 취소할 수 있다(행정심판법 제31조 제2항, 제30조 제4항). ③ 임시처분의 신청은 심판청구와 동시에 또는 심판청구에 대한 위원회나 소위원회의 의결이 있기 전까지, 임시처분 결정의 취소신청은 심판청구에 대한 위원회나 소위원회의 의결이 있기 전까지 신청의 취지와 원인을 적은 서면을 위원회에 제출하여야 한다. 다만, 심판청구서를 피청구인에게 제출한 경우로서 심판청구와 동시에 임시처분 신청을 할 때에는 심판청구서 사본과 접수증명서를 함께 제출하여야 한다(행정심판법 제31조 제2항, 제30조 제5항). ④ 위원회의 심리·결정을 기다릴 경우 중대한 손해가 생길 우려가 있다고 인정되면 위원장은 직권으로 위원회의 심리·결정을 갈음하는 결정을 할 수 있다(행정심판법 제31조 제2항, 제30조 제6항). ⑤ 위원회는 임시조치 또는 임시조치의 취소에 관하여 심리·결정하면 지체 없이 당사자에게 결정서 정본을 송달하여야 한다(행정심판법 제31조 제2항, 제30조 제7항).

제5절   전자정보처리조직을 통한 행정심판청구

808   행정심판법에 따른 행정심판 절차를 밟는 자는 심판청구서와 그 밖의 서류를 전자문서화하고 이를 정보통신망을 이용하여 위원회에서 지정·운영하는 전자정보처리조직(행정심판 절차에 필요한 전자문서를 작성·제출·송달할 수 있도록 하는 하드웨어, 소프트웨어, 데이터베이스, 네트워크, 보안요소 등을 결합하여 구축한 정보처리능력을 갖춘 전자적 장치를 말한다)을 통하여 제출할 수 있다(행정심판법 제52조 제1항).

제1절 행정심판의 심리

● 제1항 심리의 의의

심리란 분쟁의 대상이 되고 있는 사실관계와 법률관계를 분명히 하기 위해 당사 809
자나 관계자의 주장·반대주장을 듣고, 그러한 주장을 정당화시켜주는 각종의 증거·
자료를 수집·조사하는 일련의 절차를 말한다.

● 제2항 심리의 내용

Ⅰ. 요건심리

요건심리(본안전(前)심리)란 행정심판의 청구요건을 구비하였는가에 관한 심리를 말 810
한다. 만약 요건의 불비가 있다면 각하재결을 행한다.

Ⅱ. 본안심리

⑺ 요건심리의 결과 행정심판의 청구가 적법한 것이면, 처분(부작위)의 위법·부당 811
여부를 심리하게 되는데 이것이 본안심리다. 만약 청구인의 청구가 정당하다면(위법·
부당) 인용재결을, 그렇지 않다면 기각재결을 한다.

⑻ 그리고 행정심판에 있어서 행정처분의 위법·부당 여부는 원칙적으로 처분시
를 기준으로 판단하여야 하며(처분시설(후술하는 취소소송에서 처분의 위법성 판단 기준시 참조
(1134 이하))), 위원회는 처분 당시 존재하였거나 행정청에 제출되었던 자료뿐만 아니
라, 재결 당시까지 제출된 모든 자료를 종합하여 처분 당시 존재하였던 객관적 사실
을 확정하고 그 사실에 기초하여 처분의 위법·부당 여부를 판단할 수 있다(대판 2001.
7. 27. 99두5092).

○ 제3항 심리의 기본원칙

Ⅰ. 직권주의

813   직권주의란 쟁송심리의 주도권을 심리기관에게 주는 원칙을 말하며(행정심판의 경우 위원회, 행정소송의 경우 법원), 쟁송심리의 주도권을 당사자에게 주는 당사자주의와 대비된다. 행정심판법은 제39조에서 "위원회는 필요하면 당사자가 주장하지 아니한 사실에 대하여도 심리할 수 있다"고 규정하고, 제36조 제1항에서 "위원회는 사건을 심리하기 위하여 필요하면 직권으로 또는 당사자의 신청에 의하여 다음 각 호의 방법에 따라 증거조사를 할 수 있다"고 규정하는바 직권주의를 취하고 있다. 다만, 행정심판법은 불고불리의 원칙(당사자의 심판청구의 취지를 넘어서 심리해서는 아니 된다는 원칙)(819)을 채택하고 있으므로 행정심판의 직권심리도 당사자의 청구 범위내로 제한될 수밖에 없다(행정심판법 제47조 제1항 참조).

Ⅱ. 서면심리주의 · 구술심리주의

814   행정심판의 심리는 구술심리(구술로 심리하는 것)나 서면심리(서면의 형식으로 심리하는 것)로 한다(행정심판법 제40조 제1항 본문).

Ⅲ. 비공개주의

815   명문의 규정은 없으나 비공개주의가 원칙이라는 견해가 다수설이다.

제2절 행정심판의 재결

○ 제1항 일 반 론

Ⅰ. 재결의 의의

816   재결이란 행정심판의 청구에 대하여 행정심판위원회가 행하는 판단을 말한다(행정심판법 제2조 제3호). 그리고 행정청인 행정심판위원회가 행하는 판단작용이므로 행정행위에 해당한다.

Ⅱ. 재결기간

재결은 피청구인 또는 위원회가 심판청구서를 받은 날부터 60일 이내에 하여야   817
한다. 다만, 부득이한 사정이 있는 경우에는 위원장이 직권으로 30일을 연장할 수 있
다(행정심판법 제45조 제1항).

Ⅲ. 재결의 방식

재결은 서면으로 한다(행정심판법 제46조 제1항).   818

Ⅳ. 재결의 범위

1. 불고불리의 원칙(당사자의 심판청구의 취지를 넘어서 심리해서는 안 된다는 원칙)

위원회는 심판청구의 대상이 되는 처분 또는 부작위 외의 사항에 대하여는 재결   819
하지 못한다(행정심판법 제47조 제1항).

2. 불이익변경금지의 원칙

위원회는 심판청구의 대상이 되는 처분보다 청구인에게 불리한 재결을 하지 못한   820
다(행정심판법 제47조 제2항). 이는 청구인의 이익을 고려한 결과이다.

Ⅴ. 재결의 효력발생

재결은 청구인에게 재결서정본이 송달되었을 때에 그 효력이 생긴다(행정심판법 제   821
48조 제1항·제2항).

● 제2항   재결의 종류^{[11 5급] [14 입시]}

Ⅰ. 각하재결

위원회는 심판청구가 적법하지 아니하면 그 심판청구를 각하한다(행정심판법 제43조   822
제1항)(예를 들어 심판청구기간이 도과하였거나 심판대상이 되지 않은 사항에 대해 행정심판을 청구한
경우처럼 행정심판의 청구요건을 구비하지 못한 경우 위원회는 각하재결을 한다).

Ⅱ. 기각재결

1. 일반적인 기각재결

위원회는 심판청구가 이유가 없다고 인정하면 그 심판청구를 기각한다(행정심판법   823
제43조 제2항)(예를 들어 취소심판을 청구하였으나 처분에 위법·부당성이 없는 경우 위원회는 기각재결
을 한다). 그리고 위원회의 기각재결이 있은 후에도 처분청은 해당 처분을 취소·변경

할 수 있다.

2. 사정재결

824   위원회는 심판청구가 이유가 있다고 인정하는 경우에도 이를 인용하는 것이 공공 복리에 크게 위배된다고 인정하면 그 심판청구를 기각하는 재결을 할 수 있다. 이 경우 위원회는 재결의 주문에서 그 처분 또는 부작위가 위법하거나 부당하다는 것을 구체적으로 밝혀야 한다(행정심판법 제44조 제1항)(예를 들어 취소심판에서 처분의 위법·부당성은 인정이 되지만 중요한 공익적 사정을 이유로 당사자의 청구를 기각하는 것을 말한다)(자세한 내용은 후술하는 사정판결 참조(1162 이하)).

Ⅲ. 인용재결

825   인용재결이란 본안심리의 결과 당사자의 심판청구가 이유 있어 위원회가 그 청구를 받아들이는 재결을 말한다(예를 들어 취소심판에서 처분청의 처분에 위법·부당성이 인정되어 당사자의 청구를 받아들이는 것을 말한다).

1. 취소심판의 경우★[19 입시]

826   (가) 위원회는 취소심판의 청구가 이유가 있다고 인정하면 처분을 취소 또는 다른 처분으로 변경하거나 처분을 다른 처분으로 변경할 것을 피청구인에게 명한다(행정심판법 제43조 제3항). 형성재결(법률관계의 발생·변경·소멸을 가져오는 재결)인 취소재결·변경재결과 명령재결(=이행재결=이행명령재결)인 변경명령재결이 있다.

(나) 취소재결에는 해당 처분 전부를 취소하는 재결과 일부만을 취소하는 재결(예를 들어 1년의 영업정지처분을 6개월의 영업정지처분으로 단축하는 재결)이 있다.

(다) 변경재결과 변경명령재결은 행정심판위원회가 처분내용을 적극적으로 변경하거나 변경을 명하는 재결을 말한다. 예를 들어 1년의 영업정지처분을 500만원의 과징금부과처분으로 변경하거나 변경을 명하는 경우를 말한다.

2. 무효등확인심판의 경우

827   위원회는 무효등확인심판의 청구가 이유가 있다고 인정하면 처분의 효력 유무 또는 처분의 존재 여부를 확인한다(행정심판법 제43조 제4항).

3. 의무이행심판의 경우★★★

828   위원회는 의무이행심판의 청구가 이유가 있다고 인정하면 지체 없이 신청에 따른 처분을 하거나 처분을 할 것을 피청구인에게 명한다(행정심판법 제43조 제5항). 따라서 의무이행심판의 인용재결에는 형성재결인 처분재결과 명령재결인 처분명령재결이 있다.

(1) 처분재결과 처분명령(이행)재결의 선택

1) 학 설　① 행정심판위원회가 전적으로 선택에 재량을 갖는다는 견해, 829
② 행정심판위원회가 충분한 심사를 할 수 있다면 당사자의 신속한 권리구제를 위하
여 처분재결을 활용하고, 기타의 경우에는 처분명령재결을 활용하자는 견해, ③ 처분청
의 권한존중을 이유로 원칙적으로 처분명령재결을 활용하고, 예외적으로 처분재결을
활용해야 한다는 견해가 대립된다.

2) 검 토　행정심판법 제43조 제5항은 '처분을 하거나 처분을 할 것을 830
피청구인에게 명한다'고 규정하고 있으므로 ①설이 타당하다. 다만, 실무상으로는 주
로 처분명령재결을 한다.

(2) 기속행위와 재량행위(240, 241)에서의 재결

1) 기속행위　행정행위가 기속행위인 경우 위원회는 청구인의 신청에 따른 831
처분재결을 할 수도 있고(특정처분재결), 피청구인에게 처분을 할 것을 명하는 재결(특정
처분명령재결)을 할 수도 있다.

2) 재량행위　행정행위가 재량행위라면 처분의 인용 여부가 피청구인의 재량 832
이므로 위원회는 처분재결을 할 수 없다. 따라서 위원회는 피청구인으로 하여금 다시
하자 없는 재량행사를 하도록 명하는 재결(적법재량행사명령재결(하자 없는 재량행사명령재결,
재결정명령재결))을 한다. 위원회가 적법재량행사명령재결을 하는 경우 피청구인은 청구
인이 신청한 처분을 인용해야 하지만, 일정한 경우 적법한 재량의 범위에서 다시 거
부처분을 하는 것도 가능하다.

◉ 제3항　재결의 효력*

Ⅰ. 행정행위로서 재결의 효력(전술한 행정행위의 효력 참조)(300 이하)

재결도 행정행위로 행정행위의 일반적 효력을 가진다. 즉, 재결은 (좁은 의미의) 구 833
속력(당사자를 구속하는 법적 효과를 발생시키는 힘을 말한다), 공정력(권한을 가진 기관에 의해 취소
될 때까지 그 효력을 부정할 수 없는 구속력을 말한다), 구성요건적 효력(유효한 행정행위의 존재가
다른 국가기관의 결정에 영향을 미치는 효력을 말한다), 형식적 존속력(불가쟁력 — 일정한 사유가 존
재하면 행정행위의 상대방 등이 행정행위의 효력을 쟁송절차에서 다툴 수 없게 되는 효력을 말한다), 실
질적 존속력(불가변력 — 행정행위를 발령한 행정청도 직권으로 취소(변경)·철회할 수 없는 구속력을
말한다)을 가진다.

II. 형 성 력

834   재결의 형성력이란 형성재결이 있으면 특별한 의사표시 내지 절차 없이 당연히 행정법상 법률관계의 발생·변경·소멸을 가져오는 효력을 말한다(예를 들어 운전면허취소처분을 받은 후 취소심판을 청구하여 운전면허취소처분취소재결을 받은 경우 운전면허취소처분을 받은 시점으로 소급하여 운전면허의 효력이 발생한다). 이는 판결과 마찬가지로 제3자에게도 효력이 미친다(행정소송법 제29조 제1항 참조(1203 이하)).

III. 기 속 력

1. 의　　의

835   재결의 기속력이란 심판청구를 인용하는 위원회의 재결이 피청구인과 그 밖의 관계행정청에 대하여 재결의 취지에 따라야 할 실체법상의 의무를 발생시키는 효력을 말한다(행정심판법 제49조 제1항). 그리고 기속력은 인용재결에서의 문제이지, 각하재결이나 기각재결에서는 문제되지 아니한다.

2. 기속력의 범위(요건)(자세한 내용은 후술하는 판결의 기속력 참조)(1219 이하)

841   아래의 기속력의 범위에 모두 포함되어야 기속력이 발생한다(아래의 세 가지 범위를 모두 충족해야 한다). 피청구인 및 관계행정청에게 기속력이 발생하면 내용은 후술하는 기속력의 내용으로 결정된다(기속력은 인용판결에만 미치는 것이므로 기속력이 미치는 범위(사유)에서는 행정청이 재처분을 할 수 없고, 기속력이 미치지 않는 범위에서는 재처분이 가능하다. 따라서 기속력의 범위와 재처분이 가능한 범위는 반비례가 된다).

(1) 주관적 범위

842   기속력은 피청구인과 그 밖의 관계행정청에 대하여 미친다(행정심판법 제49조 제1항). 여기서 '그 밖의 관계 행정청'이란 심판의 대상인 처분(거부, 부작위) 등과 관련되는 처분이나 부수되는 행위를 할 수 있는 행정청을 총칭하는 것이다.

(2) 시간적 범위

843   처분의 위법성 판단 기준시점은 처분시설이 통설·판례의 입장인바 기속력은 처분시까지의 사유를 판단의 대상으로 한다. 따라서 처분시 이후의 새로운 법률관계나 사실관계는 재결의 기속력이 미치지 않는다. 결국 처분시 이후의 사정을 이유로 처분청이 재처분하더라도 기속력위반이 아니다(재결의 기속력이 미치는 범위와 처분청이 재처분할 수 있는 범위는 반비례관계라고 할 수 있다).

(3) 객관적 범위

844   재결의 주문 및 이유에서 판단된 처분의 구체적 위법(부당)사유에만 미친다.

1) 절차나 형식의 위법(부당)이 있는 경우

이 경우 재결의 기속력은 재결에 845 적시된 개개의 위법(부당)사유에 미치기 때문에 재결 후 행정청이 재결에 적시된 절차 나 형식의 위법(부당)사유를 보완한 경우에는 다시 동일한 내용의 처분을 하더라도 기 속력에 위반되지 않는다.

2) 내용상 위법(부당)이 있는 경우

a. 범 위

처분사유의 추가·변경과의 관계로 인해 재결의 주문 및 이유 846 에서 판단된 위법(부당)사유와 기본적 사실관계가 동일한 사유를 말한다. 따라서 재결 에서 판단된 사유와 기본적 사실관계의 동일성이 인정되는 사유에 대해서만 기속력이 미치며 기본적 사실관계가 동일하지 않은 '사유'라면 동일한 '내용'의 처분을 하더라도 재결의 기속력에 위반되지 않는다(예를 들어 A사유의 운전면허취소와 B사유의 운전면허취소).

b. 기본적 사실관계의 동일성 판단

㉮ 판례는 기본적 사실관계의 동일성 유 847 무는 처분사유를 법률적으로 평가하기 이전의 구체적인 사실에 착안하여 그 기초인 사회적 사실관계가 기본적인 점에서 동일한지 여부에 따라 결정된다고 한다(대판 2004. 11. 26. 2004두4482). 구체적인 판단은 시간적·장소적 근접성, 행위 태양·결과 등의 제 반사정을 종합적으로 고려해야 한다(법원실무제요, 석호철).

㉯ 즉, 처분청이 처분 당시에 적시한 구체적 사실을 변경하지 아니하는 범위 내 에서 단지 그 처분의 근거법령만을 추가·변경하거나 당초의 처분사유를 구체적으로 표시하는 것에 불과한 경우처럼 처분사유의 내용이 공통되거나 취지가 유사한 경우에 만 기본적 사실관계의 동일성을 인정하고 있다(대판 2007. 2. 8. 2006두4899).

3. 기속력의 내용(효과)

(1) 반복금지의무(소극적 의무)

위원회가 인용하는 재결을 하면 처분청(피청구인) 등은 동일한 이유로 동일한 처분 847a 을 반복할 수 없는 의무(부작위의무)가 발생하는데 이를 반복금지의무라 한다(행정심판법 제49조 제1항의 해석상 인정된다)(예를 들어 갑이 A사유로 운전면허취소처분을 받은 후 취소심판을 청 구하여 취소재결을 받았다면 처분청은 다시 A사유로 갑의 운전면허를 취소할 수 없다. 왜냐하면 위원회 가 처분청의 갑에 대한 A사유의 운전면허취소처분이 위법·부당하다고 판단하였기 때문이다)(건물을 철 거하라는 취지의 계고처분에 대하여 원고가 불복소원을 제기하여 일부 인용재결을 받아 확정된 경우에 위 재결에 구속을 받는 처분청이 동일한 사정 아래서 같은 내용을 되풀이한 계고처분은 확정된 재결에 위배되는 것이어서 위법하다(대판 1983. 8. 23. 82누302)).

(2) 재처분의무(적극적 의무)

1) 의무이행심판에서 처분명령재결이 있는 경우

당사자의 신청을 거부하거나 847b 부작위로 방치한 처분의 이행을 명하는 재결이 있으면 행정청은 지체 없이 이전의 신청에 대하여 재결의 취지에 따라 처분을 하여야 한다(행정심판법 제49조 제3항)(작위의무).
따라서 행정청은 ⓐ 재처분을 반드시 해야 할 의무와 ⓑ 재처분을 하는 경우 재결의
취지에 따라야 할 의무(재결의 취지에 위반되는 재처분을 해서는 안 되는 의무)를 부담한다(두
의무가 동시에 결합하여 발생된다)(예를 들어 갑이 A사유로 기속행위인 허가에 대해 거부처분을 받은 후
의무이행심판을 청구하여 처분명령재결을 받았다면 처분청은 두 가지 의무를 진다. 즉 처분청은 ⓐ 처분
을 하여야 할 의무와 ⓑ 재결의 취지 — 위원회가 처분명령재결을 하였다는 것은 A거부사유가 위법·부
당하다는 것이며, 이 점이 재결의 취지이다 — 에 따라 다시 A사유로 허가거부처분을 해서는 안 되는 의
무를 부담한다).

847c   **2) 거부처분 취소심판 등에서 거부처분취소재결 등이 있는 경우**   행정심판법 제
49조 제2항은 '재결에 의하여 취소되거나 무효 또는 부존재로 확인되는 처분이 당사
자의 신청을 거부하는 것을 내용으로 하는 경우에는 그 처분을 한 행정청은 재결의
취지에 따라 다시 이전의 신청에 대한 처분을 하여야 한다'고 규정하여 거부처분취소
재결 등이 있는 경우 재결의 취지에 따른 재처분의무를 인정하고 있다. 따라서 행정
청은 ⓐ 재처분을 반드시 해야 할 의무와 ⓑ 재처분을 하는 경우 재결의 취지에 따라
야 할 의무를 부담한다.

847d   **3) 절차의 하자를 이유로 처분을 취소하는 재결이 있는 경우**   신청에 따른 처분
이 절차의 위법 또는 부당을 이유로 재결로써 취소된 경우에도 재결의 취지에 따라 다시
처분을 하여야 한다(행정심판법 제49조 제4항)(자세한 내용은 후술하는 판결의 기속력 참조(1210)).

847e   **4) 취소심판에서 변경명령재결이 있는 경우**   취소심판에서 취소재결이나 변경
재결은 형성재결이므로 재처분의무는 문제되지 않지만, 변경을 명하는 재결이 있는
때에 처분청은 '행정심판법 제49조 제1항'에 따라 해당 처분을 변경해야 할 의무를
부담한다.

(3) 결과제거의무

847f   취소·무효확인재결이 있게 되면 행정청은 위법·부당으로 명시된 처분에 의해
야기된 위법한 상태를 제거하여야 할 의무를 부담한다(이 의무는 행정심판법 제49조 제1항
의 해석상 인정되는 의무이다).

4. 기속력의 위반

(1) 반복금지의무에 위반

848   반복금지의무에 위반하여 동일한 처분을 다시 한 경우 이러한 처분은 그 하자가
중대명백하여 **무효**이다.

(2) 재처분의무에 위반

848a   피청구인이 재처분의무에 위반하는 경우 청구인은 행정심판법 제50조에 따라 위
원회에 직접처분을 신청하거나, 행정심판법 제50조의2에 따라 간접강제를 신청할 수

있다.

1) 직접처분★★★[13 노무] [14 노무]

a. 직접처분의 의의
(개) 직접처분이란 피청구인이 재처분의무를 이행하지 않 849
는 경우 위원회가 해당 처분을 직접 하는 것을 말한다(행정심판법 제50조 제1항).

(내) 이는 위원회의 처분의 이행을 명하는 재결이 있었음에도 행정청이 이를 불이
행하는 경우 재결의 실효성을 확보하기 위해 인정된 제도이다.

b. 직접처분의 요건
① ⓐ 당사자의 신청을 거부하거나 부작위로 방치한 처 850
분의 이행을 명하는 재결이 있었음에도 불구하고 피청구인이 처분을 하지 않은 경우
라야 한다(행정심판법 제49조 제3항). ⓑ 그리고 행정청이 재처분을 하였다고 하더라도
재결의 취지에 따르지 않고 기본적 사실관계가 동일한 사유로 다시 거부처분등을 한
경우 그러한 거부처분은 무효이므로 이 경우도 행정심판법 제50조 제1항의 '제49조
제3항에도 불구하고 처분을 하지 아니하는 경우'로 볼 수 있기 때문에 행정심판위원
회는 직접처분을 할 수 있다(행정심판법 제50조).

② 처분의 성질이나 그 밖의 불가피한 사유로 위원회가 직접처분을 할 수 없는
경우는 제외된다(행정심판법 제50조 제1항 단서). ⓐ 정보공개청구의 경우, 피청구인인 행
정청이 재처분의무를 불이행하는 경우에도 위원회는 정보를 보유한 행정청이 아니어
서 '처분의 성질'상 직접처분을 할 수 없다. ⓑ 그리고 '그 밖의 불가피한 사유'에는
행정청의 재정적 지원이 선행되어야 직접처분을 할 수 있는 경우를 들 수 있다.

c. 직접처분의 절차
850a

(ⅰ) **청구인의 신청**　피청구인이 재처분의무를 이행하지 않으면 청구인은 직
접처분을 신청해야 한다.

(ⅱ) **위원회의 시정명령과 불이행**　청구인이 직접처분을 신청하면 행정심판위
원회는 기간을 정하여 서면으로 시정을 명하고, 그럼에도 피청구인이 그 기간에 시정
명령을 이행하지 않으면 위원회는 직접처분을 할 수 있다.

(ⅲ) **관　할**　행정심판위원회가 직접처분을 한다.

d. 직접처분의 후속조치
위원회는 직접처분을 하였을 때에는 그 사실을 해 851
당 행정청에 통보하여야 하며, 그 통보를 받은 행정청은 위원회가 한 처분을 자기가
한 처분으로 보아 관계 법령에 따라 관리·감독 등 필요한 조치를 하여야 한다(행정심
판법 제50조 제2항).

e. 직접처분제도의 보완(한계)
적극적 침익적 처분에 대한 취소심판에서 위원 852
회가 행정심판법 제43조 제3항의 변경명령재결을 한 경우 재처분의무는 행정심판법
제49조 제1항에 따라 인정되지만, 이를 행정청이 이행하지 않는 경우 행정심판법 제
50조의 직접처분제도가 인정되지 않아 실효성확보에 문제가 있다는 지적이 있다(이 경

우 간접강제도 인정되지 않는다(행정심판법 제50조의2 제1항 참조)).

2) 간접강제★★★[19 노무]

852a
a. 간접강제의 의의　　간접강제란 피청구인이 재처분의무를 이행하지 않은 경우 재결의 실효성을 확보하기 위해 위원회가 행정청에게 일정한 배상을 명령하는 제도를 말한다(행정심판법 제50조의2).

852b
b. 요 건　　ⓐ 행정심판법 제49조 제2항(거부처분 취소심판 등에서 거부처분취소재결 등이 있는 경우)·제3항(의무이행심판에서 처분명령재결이 있는 경우)·제4항(절차의 하자를 이유로 처분을 취소하는 재결이 있는 경우)에 따라 재결이 있었음에도 불구하고 피청구인이 처분을 하지 아니한 경우라야 한다. ⓑ 그리고 행정청이 재처분을 하였다고 하더라도 재결의 취지에 따르지 않고 기본적 사실관계가 동일한 사유로 다시 거부처분등을 한 경우 그러한 거부처분은 무효이므로 이 경우도 행정심판위원회는 간접강제를 할 수 있다.

852c
c. 배상금의 법적 성격　　간접강제결정에 기한 배상금은 재처분의 지연에 대한 제재나 손해배상이 아니고 재처분의 이행에 관한 심리적 강제수단에 불과하다(대판 2010. 12. 23. 2009다37725 참조). 따라서 위원회는 신청인이 입은 손해와 상관없이 제반사정을 고려하여 재량으로 결정한다.

852d
d. 간접강제의 절차

(ⅰ) 청구인의 신청　　피청구인이 재처분의무를 이행하지 않으면 청구인은 간접강제를 신청해야 한다.

(ⅱ) 의견청취　　위원회는 간접강제 결정을 하기 전에 신청 상대방의 의견을 들어야 한다(행정심판법 제50조의2 제3항).

(ⅲ) 관 할　　간접강제는 행정심판위원회가 결정한다.

852e
e. 간접강제 결정 내용　　위원회는 상당한 기간을 정하고 피청구인이 그 기간 내에 이행하지 아니하는 경우에는 ⓐ 그 지연기간에 따라 일정한 배상을 하도록 명하거나 ⓑ 즉시 배상을 할 것을 명할 수 있다(행정심판법 제50조의2 제1항). 그리고 위원회는 사정의 변경이 있는 경우에는 당사자의 신청에 의하여 간접강제 결정의 내용을 변경할 수 있다(행정심판법 제50조의2 제2항).

852f
f. 간접강제의 효과　　간접강제 결정의 효력은 피청구인인 행정청이 소속된 국가·지방자치단체 또는 공공단체에 미치며, 결정서 정본은 행정소송제기와 관계없이 「민사집행법」에 따른 강제집행에 관하여는 집행권원과 같은 효력을 가진다(행정심판법 제50조의2 제5항).

852g
g. 불 복　　청구인은 간접강제 결정에 불복하는 경우 그 결정에 대하여 행정소송을 제기할 수 있다(행정심판법 제50조의2 제4항).

852h
h. 간접강제제도의 보완(한계)　　적극적 침익적 처분에 대한 취소심판에서 위원

회가 행정심판법 제43조 제3항의 변경명령재결을 한 경우 재처분의무는 행정심판법 제49조 제1항에 따라 인정되지만, 이를 행정청이 이행하지 않는 경우 행정심판법은 직접처분뿐만 아니라 간접강제도 인정하고 있지 않기 때문에 실효성확보에 문제가 있다는 지적이 있다.

(3) 결과제거의무에 위반

행정청은 위법(부당)한 처분에 의해 야기된 위법한 사실상태를 제거하여야 할 의무를 부담하며 이를 이행하지 않는 경우 청구인은 결과제거를 청구할 수 있다. 853

● 제4항 재결에 대한 불복[*]

Ⅰ. 재심판청구의 금지

행정심판청구에 대한 재결이 있으면 그 재결 및 같은 처분 또는 부작위에 대하여 다시 행정심판을 청구할 수 없다(행정심판법 제51조). 858

Ⅱ. 행정소송

행정소송법 제19조 본문은 '취소소송은 처분등을 대상으로 한다'고 규정하고, 제2조 제1항 제1호는 '처분등'을 처분과 재결이라고 정의하고 있으므로 재결도 취소소송의 대상이 된다. 다만, 행정소송법 제19조 단서에 따라 재결취소소송을 제기하려면 원처분에는 없는 재결 자체에 고유한 위법이 있어야 한다(후술하는 취소소송의 대상 참조 (930 이하)). 859

행정소송법

제1절 행정소송의 개념

● 제1항 행정소송의 의의

Ⅰ. 의 의

860   행정소송이란 행정법상의 법률관계에 대한 분쟁으로 권리를 침해받은 자가 소를 제기한 경우 법원이 이를 심리·판단하는 재판절차를 말한다.

Ⅱ. 유사제도와 구별

1. 행정심판과 구별

861   행정심판이란 행정법상 분쟁을 행정기관이 심리·판단하는 절차를 말하며(약식쟁송), 행정소송이란 행정법상 분쟁을 법원이 심리·판단하는 절차를 말한다(정식쟁송—행정부와는 독립한 사법부에서 분쟁을 심리하는 쟁송을 말한다).

2. 민사·형사소송과 구별

862   민사소송은 사법(私法)상 법률관계에 대한 분쟁을 대상으로 하는 소송이며, 형사소송은 국가형벌권 행사의 요건과 범위를 정하는 소송이다. 그러나 행정소송이란 행정사건(행정에 관한 공법상의 분쟁)을 대상으로 하는 소송이다.

3. 헌법소송과 구별

863   헌법소송은 행정소송과 마찬가지로 공법상 분쟁에 대한 소송이지만, 행정소송은 공법상 분쟁 중 헌법소송사항을 제외한 분쟁을 대상으로 한다. 헌법소송사항은 헌법 제111조 제1항에 열거되어 있다(제111조 ① 헌법재판소는 다음 사항을 관장한다. 1. 법원의 제청에 의한 법률의 위헌 여부 심판, 2. 탄핵의 심판, 3. 정당의 해산 심판, 4. 국가기관 상호 간, 국가기관과 지방자치단체 간 및 지방자치단체 상호 간의 권한쟁의에 관한 심판, 5. 법률이 정하는 헌법소원에 관한 심판).

Ⅲ. 행정소송의 기능*

행정소송법은 제1조에서 "이 법은 행정소송절차를 통하여 행정청의 위법한 처분 864
그 밖에 공권력의 행사·불행사등으로 인한 국민의 권리 또는 이익의 침해를 구제하
고, 공법상의 권리관계 또는 법적용에 관한 다툼을 적정하게 해결함을 목적으로 한
다"고 규정한다. 즉 행정소송의 중요한 두 기능은 '권리구제(권리가 침해된 자의 권리를 회
복시키는 기능)'와 '행정통제(행정권을 통제하여 행정법규의 적정한 적용을 확보하는 기능)'이다. 물
론 중심적인 것은 권리구제기능이다.

● 제2항 행정소송의 종류

Ⅰ. 행정소송법상 행정소송

행정소송법 제3조는 행정소송의 종류를 항고소송·당사자소송·민중소송·기관소 865
송으로 구분한다. 그리고 동법 제4조는 항고소송을 취소소송·무효등확인소송·부작
위위법확인소송으로 구분하고 있다.

Ⅱ. 주관적 소송과 객관적 소송

'주관적 소송'이란 개인의 권리의 구제를 주된 내용으로 하는 행정소송을 말하고, 866
'객관적 소송'이란 개인의 권리구제가 아니라 행정법규의 적정한 적용을 주된 내용으
로 하는 행정소송을 말한다(예를 들어 운전면허가 취소된 자가 면허취소처분의 취소를 청구하는
소송은 주관적 소송이며, 환경보호단체가 환경침해를 수반하는 처분의 취소를 청구하는 소송은 객관적
소송(공익을 위한 소송)이다). 행정소송법상 항고소송과 당사자소송은 주관적 소송이며, 민
중소송과 기관소송은 객관적 소송이다.

Ⅲ. 형성소송·확인소송·이행소송

① '형성소송'이란 행정법관계의 발생·변경·소멸을 가져오는 판결을 구하는 소 867
송을 말한다(예: 위법한 운전면허취소처분의 취소를 구하는 취소소송 → 취소한다는 판결). 형성소
송의 인용판결은 형성판결(○ → × 또는 × → ○)이며, 형성판결은 형성력을 갖는다(형
성판결이 확정되면 특별한 의사표시 내지 절차 없이 당연히 행정법상 법률관계의 발생·변경·소멸을 가
져오는 효력). ② '확인소송'이란 처분등의 효력 유무 또는 존재 여부를 확인하거나 권
리·법률관계의 존부의 확인을 구하는 소송을 말한다(예: 전자는 위법한 운전면허취소처분의
무효확인을 구하는 항고소송, 후자는 위법하게 파면된 국가공무원이 여전히 공무원신분이 존재한다는 것
을 확인해줄 것을 요구하는 당사자소송 → 확인한다는 판결). 확인소송에서 인용판결은 확인판
결이다. ③ '이행소송'이란 행정청에게 일정한 행위(작위·부작위)를 하라는 이행명령판

결을 법원에 구하는 소송을 말한다(예: 국가공무원이 국가를 상대로 미지급된 봉급의 지급을 청구하는 소송 → 이행하라는 판결). 이행소송에서 인용판결은 이행판결이다.

● 제3항 행정소송의 특수성

868   행정소송도 정식재판이라는 면에서 다른 소송들과 다르지 않다. 따라서 행정소송법 제8조 제2항은 "행정소송에 관하여 이 법에 특별한 규정이 없는 사항에 대하여는 법원조직법과 민사소송법 및 민사집행법의 규정을 준용한다"고 규정하고 있다. 다만 행정소송은 그 대상이 주로 행정청의 위법한 공권력 행사라는 점에서 민사소송법 등과는 달리 취급될 필요가 있다. 따라서 행정소송법은 집행부정지의 원칙(동법 제23조), 직권심리(동법 제26조), 사정판결(동법 제28조) 등을 두고 있다(자세한 내용은 후술한다).

● 제4항 행정소송법 개정문제

869   법무부 행정소송법 개정안의 주요 내용을 소개한다.

주요 내용은 ① 의무이행소송의 도입, ② 가처분제도의 도입, ③ 항고소송의 원고적격 확대, ④ 당사자소송의 활성화, ⑤ 집행정지 요건의 완화, ⑥ 행정소송과 민사소송 간의 소의 변경 및 이송의 범위 확대, ⑦ 취소판결의 기속력으로써 결과제거의무 인정, ⑧ 기관소송법정주의 폐지, ⑨ 이해관계 있는 제3자에게 제소사실 통지제도 신설, ⑩ 행정청에 대한 자료제출요구권 신설 등이다.

제2절 행정소송의 한계★★★

● 제1항 의 의

870   '행정소송의 한계'란 행정소송에 대한 법원의 재판권이 어디까지 미치는가에 대한 문제이다. 행정소송법은 개괄주의(행정법원이 모든 행정법상 분쟁에 대해 관할권을 가지는 방식 ↔ 열기주의(행정법원은 입법자가 명시적으로 인정한 사항만 관할권을 가지는 방식))를 취하고 있다. 그러나 행정소송은 사법(재판)작용의 본질을 가지고 있어 사법권으로서 일정한 한계를 가진다.

◎ 제2항 사법(司法)의 본질에서 나오는 한계

행정소송법 제8조 제2항에서 준용되는 법원조직법 제2조 제1항은 "법원은 헌법 871
에 특별한 규정이 있는 경우를 제외한 일체의 법률상의 쟁송을 심판한다"고 규정하는
데 여기서 '법률상의 쟁송'이란 ① 당사자 간의 구체적인 권리·의무에 관한 분쟁이어
야 하고(구체적 사건성), ② 행정법령의 적용을 통해 해결될 수 있는 분쟁이라야 한다(법
적 해결가능성).

Ⅰ. 구체적 사건성

1. 추상적 규범통제

(개) '추상적 규범통제'란 특정 법규범이 구체적 사건에 적용되지 않더라도 그 법규 872
범이 상위 법규범에 위반되는지를 심사할 수 있는 제도를 말한다(규범통제란 특정 법규범
이 상위 법규범에 위반되는지를 심사하는 제도를 말하며, 구체적 규범통제란 특정 법규범이 구체적 사건
에 적용되는 상태에서 그 법규범이 상위 법규범에 위반되는지를 심사하는 제도를 말한다).

(나) 헌법 제107조는 법률이나 명령·규칙 등의 규범통제의 경우 '재판의 전제가
된 경우(여기서 '재판의 전제가 된 경우'란 처분의 위법성이 법령등에 기한 것일 때 처분의 위법성 판
단에 앞서 처분의 근거법령인 법령등의 위헌·위법성을 먼저 결정하는 것을 말한다)'에만 심사할 수
있도록 규정하고 있다(헌법 제107조 ① 법률이 헌법에 위반되는 여부가 재판의 전제가 된 경우에는
법원은 헌법재판소에 제청하여 그 심판에 의하여 재판한다. ② 명령·규칙 또는 처분이 헌법이나 법률에
위반되는 여부가 재판의 전제가 된 경우에는 대법원은 이를 최종적으로 심사할 권한을 가진다). 따라
서 원칙적으로 구체적 규범통제만 인정되며, 구체적인 권리·의무에 관한 분쟁과 무
관한 추상적 규범통제는 부정된다.

2. 사실행위(398)

단순한 사실관계의 존부(확인)나 판단은 구체적인 권리·의무에 관한 분쟁이 아니 873
어서 행정소송을 제기할 수 없다. 다만, 사실행위로 인해 법률관계가 발생하였다면 이
는 행정소송의 대상이 된다(행정소송법 제3조 제2호 참조).

3. 객관적 소송(1348, 1357 참조)

민중소송이나 기관소송 같은 행정의 적법성의 보장을 주된 내용으로 하는 객관적 874
소송은 개인의 구체적인 권리·의무에 직접 관련되는 것이 아니므로, 법률에 특별한
규정(행정소송법 제45조)이 없는 한 행정소송을 제기할 수 없다(객관소송 법정주의).

4. 반사적 이익(93 참조)

875   행정소송은 법률상 이익을 구제하기 위한 것이므로 반사적 이익에 대한 분쟁으로 는 행정소송을 제기할 수 없다.

Ⅱ. 법적 해결가능성

1. 재량행위(241 참조)

876   재량행위는 재량권 일탈·남용이 없는 한 재량범위 내에서는 사법심사가 되지 않 는다(행정소송법 제27조 참조).

2. 판단여지(235 참조)

877   '판단여지'란 불확정개념과 관련하여 사법심사가 불가능하거나, 사법심사가 가능 하지만 행정청의 자유영역을 인정하는 것이 타당한 행정청의 평가·결정영역을 말한 다(예를 들어 시험결정, 상급공무원에 의한 인사고과 및 승진결정과 같이 사람의 인격·적성·능력 등에 관한 판단과 관련된 결정을 말한다). 판단여지 영역에 해당하면 사법심사는 불가능하다.

3. 통치행위

878   ㈎ '통치행위'란 국가행위 중 고도의 정치성으로 인해 사법심사가 제한되는 행위 를 말한다(예를 들어 사면과 파병결정). 통치행위는 특별한 사정이 없는 한 사법심사가 불 가능하다.

㈏ ① 대법원은 5·18 내란사건에서 '계엄선포의 요건 구비 여부나 선포의 당·부 당'에 대한 판단(대판(전원) 1997. 4. 17. 96도3376), 대북송금사건에서 '남북정상회담개최'에 대한 판단(대판 2004. 3. 26. 2003도7878) 등을 통치행위로 보고 사법심사의 배제를 긍정하 고 있다. ② 헌법재판소도 대통령의 금융실명거래및비밀보장에관한긴급재정경제명령의 발령(헌재 1996. 2. 29. 93헌마186)을 통치행위로 보았고, 또한 사면(헌재 2000. 6. 1. 97헌바74), 이라크파병결정(헌재 2004. 4. 29. 2003헌마814)도 통치행위로 보았다.

● 제3항 권력분립에서 나오는 한계

879   권력분립원칙과 관련하여 법원의 행정사건 재판권에 일정한 한계가 인정될 수 있 다. 즉 행정소송법 제4조는 (법정)항고소송을 취소소송·무효등확인소송·부작위위법확 인소송으로 구분하고 있는데, 이처럼 법률이 인정한 항고소송 외에 법정외(法定外)항고 소송(=무명(無名)항고소송)인 의무이행소송과 예방적 부작위소송 등을 인정할 수 있는지 가 문제된다.

Ⅰ. 의무이행소송의 인정 여부 ★★★[11 노무]

1. 의무이행소송의 의의

의무이행소송이란 사인의 신청에 대해 행정청의 위법한 거부나 부작위가 있는 경 880
우 당해 처분의 발령을 구하는 이행소송을 말한다. 즉, 처분할 것을 명하는 판결을 법
원에 구하는 소송을 말한다.

2. 인정 여부

(1) 학 설

1) 부 정 설   이 견해는 행정소송법 제3조·제4조를 제한적으로 해석하며, 행 881
정에 관한 1차적 판단권은 행정청이 가지기 때문에 법원은 위법한 처분을 취소 또는
무효확인할 수 있을 뿐 이행을 명하는 판결을 할 수 없다고 주장한다.

2) 긍 정 설   이 견해는 행정소송법 제3조·제4조를 예시적으로 보며, 행정청 882
이 발령한 위법한 적극적 처분을 법원이 취소하는 것이 행정에 대한 사법권의 침해가
아니듯이 위법한 거부나 부작위에 대해 이행소송을 인정한다고 하여도 행정청의 1차
적 판단권에 대한 침해가 되지 않는다고 본다.

3) 절충설(제한적 긍정설)   원칙상 의무이행소송을 인정할 수 없지만, 법정항고 883
소송으로 권리구제가 어려운 경우 인정해야 한다는 견해로 ① 처분요건이 일의적이고
(처분요건의 일의성. 행정청에게 재량이 인정되지 않는 기속행위라야 법원이 특정한 행위(작위)를 명하
는 판결을 할 수 있고 그러한 경우라야 의무이행소송 인정의 실익이 있다는 견해이다), ② 회복하기
어려운 손해발생우려가 있으며(긴급성), ③ 다른 권리구제방법으로는 권리구제가 어려
운 경우(보충성)에는 의무이행소송이 인정된다고 본다.

(2) 판 례

판례는 현행법상 규정이 없다는 이유로 법원을 상대로 행정청에게 일정한 행정처 884
분을 명하는 이행판결을 구하는 소송(의무이행소송)이나 법원이 행정처분을 직접 행하도
록 하는 형성판결을 구하는 소송(적극적 형성소송)을 인정하지 않는다(대판 1997. 9. 30. 97
누3200).

(3) 검 토

부정설은 의무이행소송을 인정하면 법원에 의한 행정청의 권한에 대한 침해가 있 885
을 수 있다고 주장하지만, 의무이행소송에서의 인용판결은 '위법'한 거부나 부작위에
대해 '적법'한 이행을 명하는 판결이므로 행정청의 권한 침해가 아니라고 보아야 한
다. 따라서 긍정설이 타당하다. 그리고 법무부 행정소송법 개정안은 국민의 신청 등에
대해 행정청이 응답하지 않거나 거부처분하는 경우 법원에 의무이행을 명하는 판결을

구하는 소송(의무이행소송)을 인정하고 있다.

Ⅱ. 예방적 부작위소송의 인정 여부 ★★★ [22 노무] [12 변시] [13 사시] [19 5급]

1. 예방적 부작위소송의 의의

886　　　예방적 부작위소송이란 위법한 행정작용을 미리 저지할 것을 목적으로 장래에 있을 행정행위의 발동에 대한 방지를 구하는 소송을 말한다.

2. 인정 여부

(1) 학　　설

887　　　**1) 부 정 설**　　　행정소송법 제3조·제4조는 제한적 규정으로 보아야 하며, 행정에 대한 제1차적 판단권은 행정청이 가지기 때문에 행정작용의 발동·미발동에 대한 판단은 법원이 판단하는 것이 아니라 행정청의 고유권한이라는 점을 근거로 한다.

888　　　**2) 긍 정 설**　　　행정소송법 제3조·제4조는 예시적 규정으로 보아야 하며, 장래 침익적 처분의 발령이 확실하다면 행정청은 이미 제1차적 판단권을 행사하였다고 보아야 할 것이어서 그에 대한 예방적 소송은 행정청의 제1차적 판단권 침해가 아니라는 점을 근거로 한다(다수설).

889　　　**3) 절충설(제한적 긍정설)**　　　원칙상 예방적 부작위소송은 인정할 수 없지만, 법정 항고소송으로 실효적인 권리구제가 되지 않는 경우 보충적으로 인정하자는 견해로 ① 처분요건이 일의적이며(처분요건의 일의성. 행정청에게 재량이 인정되지 않는 기속행위라야 법원이 특정한 행위(부작위)를 명하는 판결을 할 수 있고 그러한 경우라야 예방적 부작위소송 인정의 실익이 있다는 견해이다), ② 미리 구제하지 않으면 회복하기 어려운 손해발생 우려가 있고(긴급성), ③ 다른 권리구제방법으로는 권리구제가 어려운 경우(보충성)라야 예방적 부작위소송이 가능하다고 본다.

(2) 판　　례

890　　　판례는 「피고에 대하여 … 처분을 하여서는 아니 된다는 내용의 부작위를 구하는 원고의 예비적 청구는 행정소송에서 허용되지 아니하는 것이므로 부적법하다(대판 1987. 3. 24. 86누182)」고 하여 부정한다.

(3) 검　　토

891　　　취소소송은 침익적 처분에 대한 사후적 권리구제 수단에 불과하고 현행법은 침익적 처분에 대한 예방적인 권리구제수단을 인정하고 있지 않으므로 실효적인 권리구제를 위해 긍정함이 타당하다(권력적 사실행위, 환경소송 등의 경우 인정필요성이 크다).

892

참고

일반적 이행소송

일반적 이행소송이란 비권력적 행정작용의 이행(작위·부작위)을 구하는 소송을 말하며, 이 소송도 법률에 규정되어 있지 않은 법정외 소송으로 인정 여부가 논의된다.

제1절 취소소송

● 제1항 취소소송의 개념

Ⅰ. 의 의

893   취소소송이란 행정청의 위법한 처분등을 취소 또는 변경하는 소송을 말한다(동법 제4조 제1호). 그리고 '처분등'이란 처분과 재결을 말한다(동법 제2조 제1항 제1호). 따라서 취소소송의 종류는 처분취소소송과 재결취소소송이 있다.

Ⅱ. 성 질

894   취소소송은 주관적 소송이며, 형성소송이다(통설·판례). 따라서 취소판결이 확정되면 특별한 행위가 없이도 위법한 처분은 소급하여 소멸된다(○ → ×).

Ⅲ. 취소소송과 무효등확인소송의 관계

1. 병렬관계

895   취소소송과 무효확인소송은 보충관계에 있는 것이 아니라 서로 병렬관계에 있다. 그러므로 행정청의 처분등에 불복하는 자는 소송요건을 충족하는 한 바라는 목적을 가장 효과적으로 달성할 수 있는 항고소송의 종류를 선택할 수 있다(과거 무효확인소송과 취소소송을 동시에 제기할 수 있는 경우 취소소송이 우선한다는 취소소송우선설이 있었다).

2. 포섭(포용)관계★★[18 노무]

896   취소소송과 무효확인소송은 종류를 달리하는 별개의 소송이기는 하나 다같이 행정처분등에 위법이 있음을 이유로 그 효력의 배제를 구하는 점에서 동일하고, 그 사유도 흠의 정도 등에 따른 상대적 차이가 있음에 불과하기에 이 두 소송은 서로 포용성을 가진다(법원은 당사자가 취소소송을 제기하는 경우 무효사유인지까지, 무효확인소송을 제기하는

경우 취소사유 여부까지 심사한다).

(1) 무효인 처분을 취소소송으로 다투는 경우

무효인 처분을 취소소송으로 다투면, 취소청구에는 엄밀한 의미의 취소뿐만 아니라 무효를 확인(선언)하는 의미의 취소를 구하는 취지가 포함되어 있다고 보아야 한다. 따라서 당사자가 무효인 처분에 대해 취소소송을 제기한다면 법원은 <mark>무효를 확인(선언)하는 의미의 취소판결</mark>을 하여야 한다(무효확인(선언)을 구하는 의미의 취소소송). 물론 이러한 경우에는 취소소송의 요건을 구비하여야 한다(행정처분의 당연무효를 선언하는 의미에서 그 취소를 구하는 행정소송을 제기하는 경우에는 전치절차와 그 제소기간의 준수 등 취소소송의 제소요건을 갖추어야 하는 것이다(대판 1987. 6. 9. 87누219)). 896a

(2) 취소사유인 처분을 무효확인소송으로 다투는 경우

1) 포섭관계의 인정 여부 취소할 수 있는 처분을 무효확인소송으로 다투면, 행정처분의 무효확인을 구하는 청구에는 특별한 사정이 없는 한 그 처분의 취소를 구하는 취지까지도 포함되어 있다고 볼 수는 있으나 위와 같은 경우에 취소청구를 인용하려면 먼저 취소를 구하는 항고소송으로서의 제소요건을 구비한 경우에 한한다(대판 1986. 9. 23. 85누838). 896b

2) 소변경의 필요 여부 소의 변경이 필요한가에 관해 ① ⓐ 무효확인청구에는 처분의 취소를 구하는 청구가 포함되어 있기 때문에 취소소송의 소송요건을 갖춘 경우 소의 변경 없이도 취소판결을 할 수 있다는 견해(취소판결설)와 ⓑ 취소소송의 소송요건을 갖추었다면 당사자에게 무효확인이 아니면 취소라도 구하는 것인지를 석명(당사자의 진술에 불명, 모순, 흠결이 있거나 증명을 다하지 못한 경우에 사건의 내용을 이루는 사실관계나 법률관계를 명백히 하기 위해 당사자에 대하여 사실상 또는 법률상의 사항에 관하여 질문을 하거나 증명을 촉구하는 법원의 권한을 말한다(민사소송법 제136조))하여 취소소송으로 소의 종류를 변경하도록 한 후 취소판결을 하여야 한다는 견해가 대립된다(소변경이 필요하다는 견해, 다수설). ② 취소소송과 무효확인소송은 종류를 달리하는 별개의 소송이므로 소의 변경이 필요하다는 견해가 타당하다. 896c

● 제2항 취소소송의 대상

취소소송의 대상에 대해 <mark>행정소송법 제19조 본문</mark>은 "취소소송은 처분등을 대상으로 한다"고 규정하고, 동법 <mark>제2조 제1항 제1호</mark>는 취소소송의 대상인 '처분등'을 ① 처분인 ⓐ 공권력의 행사, ⓑ 그 거부, ⓒ 그 밖에 이에 준하는 행정작용과 ② 행정심판에 대한 재결이라고 정의하고 있다. 따라서 취소소송의 대상은 적극적인 공권력 행사, 소극적인 공권력 행사인 거부처분, 이에 준하는 행정작용 그리고 행정심판에 대한 897

재결이 된다.

898

참고

취소소송의 소송요건(=본안전(前)요건, 본안판단의 전제요건)★★★[08 입시] [08 5급] [10 5급] [11 5급]
[12 사시] [13 변시] [14 5급] [16 변시]

취소소송은 관할권 있는 법원에(행정소송법 제9조), 원고적격(동법 제12조)과 피고적격을 갖추어
(동법 제13조), 처분등을 대상으로(동법 제19조), 제소기간 내에(동법 제20조) 제기하고, 그 밖에
권리보호필요성 요건을 갖추고 있어야 한다. 이러한 소송요건의 구비 여부는 원칙적으로 법원의 직
권조사사항이다. '제2항 취소소송의 대상(897 이하)'에서는 대상적격을, '제3항 취소소송의 당사자
(967 이하)'에서는 원고적격 · 권리보호필요성 · 피고적격을, '제4항 기타 소송요건(1023 이하)'에서
나머지 소송요건을 서술한다.

쟁점 학문상 개념인 행정행위(216)와 행정소송법 제2조 제1항 제1호의 "처분"과의 관계

1. 문제 상황

899

학문상 개념인 행정행위와는 달리 행정소송법 제2조 제1항 제1호는 취소소송
의 대상인 '처분'을 "행정청이 행하는 구체적 사실에 관한 법집행으로서의 공
권력의 행사 또는 그 거부와 그 밖에 이에 준하는 행정작용"이라고 정의하고
있다. 이처럼 행정소송법은 행정행위에 비해 '처분'개념을 광의로 정의(그 밖에
이에 준하는 행정작용)하고 있어 행정소송법상의 처분개념이 학문상 개념인 행정
행위와 동일한 것인지에 대해 학설이 대립된다.

2. 학   설

(1) 실체법적 (행정행위) 개념설(일원설, 형식적 행정행위 부정설)

900

행정쟁송법상 처분을 강학상 행정행위와 동일한 것으로 보는 입장이다. 행정
소송법 제2조 제1항 제1호는 처분을 '공권력의 행사(또는 그 거부)'와 '이에 준하
는 행정작용'이라고 규정하지만 '이에 준하는 행정작용'은 공권력행사에 준하는
행정작용을 말하는 것이며, 쟁송법적 개념설이 처분개념에 포함시키고 있는 비
권력적 행정작용에 대한 권리구제수단은 항고소송이 아니라 당사자소송(비권력
적 행정작용으로 발생한 법률관계를 다투는 당사자소송(1312))이나 법정외 소송(일반적 이
행소송(892))을 활용해야 한다는 점을 근거로 한다(김남진 · 김연태, 류지태 · 박종수, 박
윤흔 · 정형근, 김성수, 정하중).

(2) 쟁송법적 (행정행위) 개념설(이원설, 형식적 행정행위 긍정설)

901

행정쟁송법상 처분을 강학상 행정행위와는 별개의 것으로 보는 입장이다. 행
정소송법 제2조 제1항 제1호는 처분개념에 '공권력의 행사(또는 그 거부)'에 '이

에 준하는 행정작용'을 더하고 있기 때문에 현행법상 처분은 강학상 행정행위 보다 더 광의의 개념으로 보아야 하며, 다양한 행정작용(특히 비권력적 행정작용)에 대해 항고소송을 인정함으로써 실효적인 권리구제가 가능하다는 점을 근거로 한다(김동희, 박균성).

3. 판 례

902

판례는 쟁송법적 개념설이 대표적으로 주장하는 비권력적 사실행위에 대해 처분성을 부정하고 있어 기본적으로 실체법적 개념설의 입장이다. 다만, 처분개념이 확대될 여지를 인정한 판결도 있다(행정청의 어떤 행위를 행정처분으로 볼 것이냐의 문제는 … 행정청이 공권력의 주체로서 행하는 구체적 사실에 관한 법집행으로서 국민의 권리의무에 직접 영향을 미치는 행위라는 점을 고려하고 … 행정청의 어떤 행위가 법적 근거도 없이 객관적으로 국민에게 불이익을 주는 행정처분과 같은 외형을 갖추고 있고, 그 행위의 상대방이 이를 행정처분으로 인식할 정도라면 … 행정청의 행위로 인하여 그 상대방이 입는 불이익 내지 불안이 있는지 여부도 … 고려하여 판단하여야 할 것이다(대판 1993. 12. 10. 93누12619)).

4. 검 토

903

취소소송은 법률관계를 발생시키는 행정작용의 효력을 깨뜨리기 위한 형성소송(행정소송법 제29조 제1항 참조)이므로 취소소송의 대상은 법률관계를 발생시키는 행정행위(법적행위)에 한정하는 실체법적 개념설이 타당하다.

참고 형식적 행정행위

904

형식적 행정행위를 긍정하자는 견해는 실효적인 권리구제를 위해 행정청의 행정작용 중 우월한 지위에서 행하는 공권력 행사 아닌 비권력적 행정작용을 행정행위의 개념으로 인정하여 항고소송의 대상인 처분으로 보자는 견해이다. 이 견해에 따르면 '행정행위=실체법상 행정행위+형식적 행정행위'가 된다. 즉 행정행위의 개념 속에 권력적 행정작용과 비권력적 행정작용이 혼재한다고 본다.

Ⅰ. 취소소송의 대상인 처분

1. 행정청의 적극적 공권력 행사★★★[11 노무] [14 노무] [09 5급] [11 5급] [13 5급] [16 5급] [17 사시] [18 변시] [18 5급]

(1) 행정청의 공권력 행사일 것

1) 행 정 청 ㈎ 행정청이란 행정에 관한 의사를 결정하고 이를 외부에 자신

906

의 명의로 표시할 수 있는 기관을 말한다(기능적 의미의 행정청).

㈏ 행정청에는 ① 전통적 의미의 행정청(해당 행정조직의 우두머리)(원칙적인 모습), ② 합의제기관(예: 방송위원회, 공정거래위원회) 외에 ③ 법원이나 국회의 기관도 실질적 의미

의 행정적인 처분을 하는 범위에서 행정청에 속하며(예: 법원장의 법원공무원에 대한 징계), ④ 행정소송법 제2조 제2항에 따라 법령에 의하여 행정권한의 위임 또는 위탁을 받은 행정기관, 공공단체 및 그 기관 또는 사인도 포함된다.

907　　**2) 구체적 사실**　　'구체적 사실'이란 규율대상이 구체적인 경우를 말한다(시간적으로 1회적, 공간적으로 한정=특정사건을 규율). 따라서 일반적이고 추상적인 규율인 입법은 여기에 해당하지 않는다(전술한 행정행위의 개념 참조(222)). 다만, 관련자의 범위는 일반적이나 규율하는 대상은 구체적인 행정의 행위형식인 일반처분은 항고소송의 대상인 처분에 해당한다(전술한 일반처분 참조(225 이하)).

908　　**3) 법집행행위**　　항고소송의 대상인 공권력행사는 일반·추상적인 법이 아니라 법의 집행행위라야 한다.

909　　**4) 공권력행사**　　행정청이 공법에 근거하여 우월한 지위에서 일방적으로 행하는 작용이어야 한다. 따라서 대등한 당사자로 체결하는 공법상 계약이나 사법상의 행위 등은 해당하지 않는다.

(2) 법적 행위일 것

910　　**1) 문 제 점**　　'법적 행위'는 행정소송법 제2조 제1항 제1호에서 명시적으로 표현된 처분개념의 요소는 아니다. 그러나 판례와 전통적인 견해는 취소소송을 위법한 법률관계를 소급적으로 제거하는 형성소송으로 보기 때문에 '법적 행위'를 처분의 요건으로 본다(무효등확인소송과 부작위위법확인소송도 행정소송법 제38조 제1항, 제2항에서 취소소송의 대상(동법 제19조)을 준용하고 있기 때문에 취소소송의 대상과 나머지 항고소송의 대상은 같다).

911　　**2) 의　　의**　　법적 행위란 ① 외부적 행위이며, ② 국민의 권리·의무와 직접 관련되는 행위를 말한다. 판례도 「항고소송의 대상이 되는 행정처분이라 함은 … 국민의 구체적인 권리의무에 직접적 변동을 초래하는 행위를 말하는 것이다(대판 2008. 9. 11. 2006두18362)」고 한다.

912　　**3) 내　　용**　　㈎ 법적 행위는 외부적 행위라야 한다. 즉, 행정조직내부행위는 법적 행위가 아니다(예: 상급공무원의 지시·명령). 그러나 공무원법관계에서의 행위는 내부적 행위라도 상대방의 권리·의무에 직접 영향을 미치는 한 법적 행위가 될 수 있다(예를 들어 공무원에 대한 징계).

　　㈏ 법적 행위는 직접 당사자의 권리·의무에 발생·변경·소멸을 가져오는 행위를 말한다. 법적 효과 없는 행위는 행정청의 행위일지라도 여기에 해당하지 않는다(예: 비권력적 사실행위).

　　㈐ ① 따라서 공무원에 대한 징계처분에서 징계위원회의 결정(대판 1983. 2. 8. 81누314), 군의관의 병역법상 신체등위판정(대판 1993. 8. 27. 93누3356), 운전면허 취소·정지

의 기초자료를 제공하기 위해 운전면허 행정처분처리대장에 기재하는 벌점(대판 1994. 8. 12. 94누2190), 독점규제 및 공정거래에 관한 법률에 근거하여 당국에 형벌권 행사를 요구하는 공정거래위원회의 고발조치(대판 1995. 5. 12. 94누13794) 등은 행정기관 상호간의 내부행위이거나 일정한 처분을 발령하기 위한 중간단계에서의 행위이므로 항고소송의 대상이 될 수 없다. ② 다만, 중간단계에서의 행위라도 그 행위가 국민의 권리의무에 직접 변동을 초래한다면 이는 항고소송의 대상인 처분으로 볼 수 있다. 예를 들면 부동산 가격공시에 관한 법률상 표준지공시지가결정·개별공시지가결정 등은 항고소송의 대상이 된다.

2. 행정청의 소극적 공권력 행사(거부처분)★★★[12노무] [16 노무] [11 5급] [13 변시] [14 사시] [20 변시] [21 변시] [21 입시]

거부처분이란 사인의 공권력행사의 신청에 대해 행정청이 요건불비를 이유로 또는 이유가 없다는 이유로 신청된 내용을 발령하지 않겠다는 의사작용을 말한다. 거부처분은 당사자의 신청이 인용되지 않았다는 점에서는 부작위와 같지만 적극적으로 거부의 표시를 하였다는 점에서 부작위와 구별된다.   912a

(1) 행정청의 공권력 행사의 거부일 것(거부의 내용(=신청의 내용)이 공권력 행사일 것)

항고소송의 대상인 거부처분이 되기 위해서는 사인의 공권력행사의 신청에 대한 거부이어야 한다. 즉, 거부의 내용이 ① 행정청 — 전통적 의미의 행정청뿐만 아니라 합의제기관, 실질적 의미의 처분을 하는 경우 법원이나 국회의 기관, 행정소송법 제2조 제2항의 행정청 등 자신의 명의로 처분을 할 수 있는 모든 행정청(기능적 의미의 행정청)을 말한다 — 이 행하는 행위로 ② 구체적 사실 — 규율대상이 시간적으로 1회적, 공간적으로 한정되어야 한다 — 에 관한 ③ 법집행행위 — 입법이 아니라 법의 집행행위라야 한다 — 이며 ④ 공권력행사 — 공법에 근거하여 우월한 지위에서 일방적으로 행사하여야 한다 — 이어야 한다.   913

(2) 거부로 인하여 국민의 권리나 법적 이익에 직접 영향을 미치는 것일 것(=법적 행위일 것)

(가) 판례와 전통적인 견해는 거부처분도 적극적 공권력행사와 마찬가지로 취소소송의 본질을 형성소송으로 보기 때문에 행정청의 소극적인 공권력행사의 경우에도 법적 행위를 거부처분의 성립요건으로 보고 있다.   914

(나) '법적 행위'란 ① 외부적 행위이며 ② 국민의 권리나 법적 이익과 직접 관련되는 행위를 말한다. 판례도 「거부행위는 국민의 권리관계에 영향을 미친다고 할 것이므로 이를 항고소송의 대상이 되는 처분으로 보아야 할 것이다(대판 1993. 3. 23. 91누8968)」라고 본다.

(다) 여기서 '국민의 권리나 법적 이익과 직접 관련되는 행위'란 신청인의 실체상의

권리관계에 직접적인 변동을 일으키는 것은 물론 그렇지 않다 하더라도 신청인이 실체상의 권리자로서 권리를 행사함에 중대한 지장을 초래하는 것도 포함한다(대판 2002. 11. 22. 2000두9229).

(3) 거부처분의 성립에 신청권이 필요한지 여부

915   **1) 문 제 점**   거부처분의 성립 요건으로 ① 공권력행사의 거부일 것(913), ② 거부로 인하여 국민의 권리나 법적 이익에 직접 영향을 미치는 것일 것 외(914)에 ③ 신청권이 필요한지에 대해 학설이 대립한다.

916   **2) 학   설**   학설은 ① 부작위의 성립에 (행정청의) 처분의무가 요구되는 것처럼 거부처분의 성립에도 처분의무가 요구된다고 하면서(이러한 행정청의 처분의무에 대응하여 상대방은 '권리'를 가지는데 그 권리를 신청권이라고 본다)(행정소송법 제2조 제1항 제2호 참조) 이러한 신청권을 가진 자의 신청에 대한 거부라야 항고소송의 대상적격이 인정된다는 견해(대상적격설)(박균성), ② 취소소송의 소송물을 '처분의 위법성과 당사자의 권리(신청권) 침해'로 이해하면서(1133b) 신청권을 소송요건의 문제가 아니라 본안의 문제로 보는 견해(본안요건설)(홍준형), ③ 어떠한 거부행위가 행정소송의 대상이 되는 처분에 해당하는가의 여부는 그 거부된 행위가 행정소송법 제2조 제1항 제1호의 처분에 해당하는가의 여부에 따라 판단하여야 하며 행정소송법 제12조를 고려할 때(법률상 이익(신청권)은 원고적격의 판단기준이다) 신청권은 원고적격의 문제로 보아야 한다는 견해(원고적격설)가 대립된다.

917   **3) 판   례**   (가) 판례는 잠수기어업불허가처분취소 사건에서 「거부처분의 처분성을 인정하기 위한 전제요건이 되는 신청권의 존부는 구체적 사건에서 신청인이 누구인가를 고려하지 않고 관계 법규의 해석에 의하여 일반 국민에게 그러한 신청권을 인정하고 있는가를 살펴 추상적으로 결정되는 것이고 신청인이 그 신청에 따른 단순한 응답을 받을 권리를 넘어서 신청의 인용이라는 만족적 결과를 얻을 권리를 의미하는 것은 아니다. 따라서 국민이 어떤 신청을 한 경우에 그 신청의 근거가 된 조항의 해석상 행정발동에 대한 개인의 신청권을 인정하고 있다고 보여지면 그 거부행위는 항고소송의 대상이 되는 처분으로 보아야 할 것이고, 구체적으로 그 신청이 인용될 수 있는가 하는 점은 본안에서 판단하여야 할 사항인 것이다(대판 1996. 6. 11. 95누12460)」이라고 하여 거부처분의 성립에 신청권이 필요하다고 본다.

(나) 신청권의 근거는 법규상 또는 조리상 인정될 수 있는데, 법규상 신청권이 있는지 여부는 관계법규의 해석에 따라 결정되며, 조리상 신청권 인정 여부는 거부행위에 대해 항고소송 이외의 다른 권리구제수단이 없거나, 행정청의 거부행위로 인해 국민이 수인불가능한 불이익을 입는 경우 조리상의 신청권은 인정될 수 있다고 한다(하

명호).

4) 검 토　거부처분의 성립에 신청권이 필요하다는 판례와 대상적격설의 입장은 대상적격과 원고적격의 구분을 무시한 것이고, 신청권(권리)을 대상적격의 요건으로 본다면 행정청의 동일한 행위가 권리(신청권)를 가진 자에게는 대상적격이 인정되고 권리(신청권)를 가지지 못한 자에게는 대상적격이 부정되어 부당한 결론을 가져오게 된다(김유환). 따라서 권리인 신청권은 원고적격의 문제로 보아야 한다.

919

3. 이에 준하는 행정작용

① 실체법적 개념설은 행정소송법상 처분과 행정행위를 동일하다고 본다. 따라서 이 견해는 비권력적 행정작용은 항고소송의 대상이 되지 않는다고 본다. ② 쟁송법적 개념설은 행정소송법상 처분을 행정행위보다 더 광의의 개념으로 본다. 따라서 이 견해는 비권력적 행정작용도 이에 준하는 행정작용에 포함시켜 항고소송의 대상으로 본다.

920

💎 **쟁점**　**취소소송의 대상인 처분 여부에 대한 개별적 검토**★★

---

1. 권력적 사실행위(398 이하)

권력적 사실행위는 사실행위의 요소와 하명(251)적 요소가 결합된 합성적 행위이기 때문에 공권력 행사 및 법적 행위의 요건을 충족하여 항고소송의 대상인 처분이라고 보는 것이 일반적인 견해이다.

921

2. 처분적 법규명령(151)

처분적 법규명령은 법규명령의 형식을 취하지만, 실질적으로는 관련자의 개별성과 규율사건의 구체성을 가지기 때문에 항고소송의 대상이 된다.

922

3. 일반처분(225 이하)

일반처분은 관련자의 인적 범위는 일반적이지만 규율하는 대상이 구체적인 행위이므로 항고소송의 대상이 된다.

923

4. 내부적인 행위(소극)

① 행정기관의 내부적인 사무처리절차에 그치는 행위는 대상적격이 부정된다(예: 상급공무원의 지시·명령). ② 그리고 행정기관 상호 간의 행위도 원칙적으로 대상적격이 부정된다(예: 행정기관 상호 간의 동의나 협의).

924

5. 질의 회신이나 진정에 대한 답변(소극)

법령의 해석질의에 대한 답변이나 진정사건이나 청원에 대한 처리 결과의 통

925

보는 권리·의무와 관련된 행위가 아니어서 항고소송의 대상이 되지 않는다(대판 1992. 10. 13. 91누2441).

6. 경정처분

926 경정처분이란 행정청이 일정한 처분을 발령한 후 그 처분을 감축하거나 확장하는 경우를 말한다. 판례는 ① 증액경정의 경우는 당초(원)처분은 증액경정처분에 흡수되고 증액경정처분만이 소송의 대상이 되며(대판 2004. 2. 13. 2002두9971), ② 감액경정(일부취소)의 경우 감액경정은 독립한 처분이 아니며 감액 후 남은 원처분(원처분 중 감액 후 남은 부분)이 소송의 대상이라고 한다(대판 1991. 9. 13. 91누391).

7. 행정소송 이외에 다른 불복절차가 있는 경우(소극)

927 과태료부과처분처럼 질서위반행위규제법 등에서 다른 불복절차를 예정하고 있는 처분은 항고소송의 대상이 되지 않는다(517). 같은 이유로 검사의 구금, 압수물의 환부에 대한 처분에 대한 불복은 형사소송법에 따르며 행정소송을 제기할 수 없다.

8. 노동조합설립신고수리(수리거부)(적극)

928 노동조합설립신고에 대해 행정청은 수리 여부에 대해 실질적 심사를 하기 때문에 이 신고는 수리를 요하는 신고이며(전술한 신고의 종류 참조(133 이하)), 수리를 요하는 신고에서 수리는 준법률행위적 행정행위이다(248, 277, 291). 따라서 노동조합설립신고수리(수리거부)는 항고소송의 대상인 처분이다(대판 2014. 4. 10. 2011두6998).

9. 행정청이 건축물대장의 용도변경신청을 거부한 행위가 행정처분에 해당하는지 여부(적극)

929 건축물의 용도는 토지의 지목에 대응하는 것으로서 건물의 이용에 대한 공법상의 규제, 건축법상의 시정명령, 지방세 등의 과세대상 등 공법상 법률관계에 영향을 미치고, 건물소유자는 용도를 토대로 건물의 사용·수익·처분에 일정한 영향을 받게 된다. 이러한 점 등을 고려해 보면, 건축물대장의 용도는 건축물의 소유권을 제대로 행사하기 위한 전제요건으로서 건축물 소유자의 실체적 권리관계에 밀접하게 관련되어 있으므로, 건축물대장 소관청의 용도변경신청 거부행위는 국민의 권리관계에 영향을 미치는 것으로서 항고소송의 대상이 되는 행정처분에 해당한다(대판 2009. 1. 30. 2007두7277).

10. 근로기준법상 이행강제금 부과 예고의 처분성(적극)

929a

<u>노동위원회가 근로기준법 제33조에 따라 이행강제금을 부과하는 경우 그 30 일 전까지 하여야 하는 이행강제금 부과 예고는 이러한 '계고'에 해당한다. ··· 한 이행강제금 부과 예고는 이행강제금 제도의 취지에 반하는 것으로서 위법 하다</u>(대판 2015. 6. 24. 2011두2170).

11. 병역기피자 인적사항 공개결정의 처분성(적극), 공개결정을 취소하고 게시물을 삭 제한 경우 권리보호필요성(소극)

929b

(가) 병무청장이 병역법 제81조의2 제1항에 따라 병역의무 기피자의 인적사항 등을 인터넷 홈페이지에 게시하는 등의 방법으로 공개한 경우 병무청장의 공 개결정을 항고소송의 대상이 되는 행정처분으로 보아야 한다. 병무청장이 하 는 병역의무 기피자의 인적사항 등 공개는, <u>특정인을 병역의무 기피자로 판단 하여 그 사실을 일반 대중에게 공표함으로써 그의 명예를 훼손하고 그에게 수 치심을 느끼게 하여 병역의무 이행을 간접적으로 강제하려는 조치로서 병역법 에 근거하여 이루어지는 공권력의 행사에 해당한다.</u> 병무청장이 하는 병역의 무 기피자의 인적사항 등 공개조치에는 특정인을 병역의무 기피자로 판단하여 그에게 불이익을 가한다는 행정결정이 전제되어 있고, 공개라는 사실행위는 행정결정의 집행행위라고 보아야 한다.

(나) 대법원이 이른바 양심적 병역거부가 병역법 제88조 제1항에서 정한 병역의 무 불이행의 '정당한 사유'에 해당할 수 있다는 취지로 판례를 변경하자, 피고 는 위 대법원 판례변경의 취지를 존중하여 이 사건 상고심 계속 중인 2018. 11. 15.경 원고들에 대한 공개결정을 직권으로 취소한 다음, 그 사실을 원고들 에게 개별적으로 통보하고 병무청 인터넷 홈페이지에서 게시물을 삭제한 사실 을 인정할 수 있다. <u>따라서 이 사건 소는 이미 소멸하고 없는 처분의 무효확인 또는 취소를 구하는 것으로서 원칙적으로 소의 이익이 소멸하였다고 보아야 한다</u>(대판 2019. 6. 27. 2018두49130).

12. 제2, 3차 계고처분 등(소극)

929c

철거대집행의 계고나 국세체납의 독촉은 준법률행위적 행정행위로 항고소송의 대상인 처분이다. 그러나 철거대집행에서 1차 계고처분(의무를 계속 불이행하는 경 우 대집행한다는 사실을 알리는 처분(532)) 후 2, 3차 계고처분을 한 경우, 국세체납 절차(553)에서 1차 독촉(552) 후 2, 3차 독촉을 하는 경우 모두 1차의 계고처분 이나 독촉처분만이 항고소송의 대상인 처분이다(대판 1994. 2. 22. 93누21156; 대판

1997. 7. 13. 97누119). 2, 3차의 계고나 독촉은 기한의 연기행위이며 독립한 행위가 아니기 때문이다.

13. 대규모점포개설등록처분을 받은 자가 마트점 영업시간을 제한하는 선행처분을 받은 후 영업시간제한의 변동을 가져오는 후속처분이 있는 경우 선행처분을 다툴 권리보호필요성(긍정)

929d

기존의 행정처분을 변경하는 내용의 행정처분이 뒤따르는 경우, 후속처분이 종전처분을 완전히 대체하는 것이거나 그 주요 부분을 실질적으로 변경하는 내용인 경우에는 특별한 사정이 없는 한 종전처분은 그 효력을 상실하고 후속처분만이 항고소송의 대상이 되지만, 후속처분의 내용이 종전처분의 유효를 전제로 그 내용 중 일부만을 추가·철회·변경하는 것이고 그 추가·철회·변경된 부분이 그 내용과 성질상 나머지 부분과 불가분적인 것이 아닌 경우에는, 후속처분에도 불구하고 종전처분이 여전히 항고소송의 대상이 된다고 보아야 한다.

원심판결 이유 및 기록에 의하면, 피고 동대문구청장은 2012. 11. 14. 원고 롯데쇼핑 주식회사, 주식회사 에브리데이리테일, 주식회사 이마트, 홈플러스 주식회사, 홈플러스스토어즈 주식회사(변경 전 상호: 홈플러스테스코 주식회사, 이하 같다)에 대하여 그들이 운영하는 서울특별시 동대문구 내 대형마트 및 준대규모점포의 영업제한 시간을 오전 0시부터 오전 8시까지로 정하고(이하 '영업시간 제한 부분'이라 한다) 매월 둘째 주와 넷째 주 일요일을 의무휴업일로 지정하는(이하 '의무휴업일 지정 부분'이라 한다) 내용의 처분을 한 사실, 위 처분의 취소를 구하는 소송이 이 사건 원심에 계속 중이던 2014. 8. 25. 위 피고는 위 원고들을 상대로 영업시간 제한 부분의 시간을 '오전 0시부터 오전 10시'까지로 변경하되, 의무휴업일은 종전과 동일하게 유지하는 내용의 처분(이하 '2014. 8. 25.자 처분'이라 한다)을 한 사실을 알 수 있다.

이러한 사실관계를 앞서 본 법리에 비추어 보면, 2014. 8. 25.자 처분은 종전처분 전체를 대체하거나 그 주요 부분을 실질적으로 변경하는 내용이 아니라, 의무휴업일 지정 부분을 그대로 유지한 채 영업시간 제한 부분만을 일부 변경하는 것으로서, 2014. 8. 25.자 처분에 따라 추가된 영업시간 제한 부분은 그 성질상 종전처분과 가분적인 것으로 여겨진다. 따라서 2014. 8. 25.자 처분으로 종전처분이 소멸하였다고 볼 수는 없고, 종전처분과 그 유효를 전제로 한 2014. 8. 25.자 처분이 병존하면서 위 원고들에 대한 규제 내용을 형성한다고 할 것이다.

그러므로 이와 다른 전제에서 2014. 8. 25.자 처분에 따라 종전처분이 소멸하여 그 효력을 다툴 법률상 이익이 없게 되었다는 취지의 피고 동대문구청장의 이 부분 상고이유 주장은 이유 없다(대판(전원) 2015. 11. 19. 2015두295).

14. 수익적 행정처분을 구하는 신청에 대한 거부처분이 있은 후 당사자가 새로운 신청을 하는 취지로 다시 신청을 하였으나 행정청이 이를 다시 거절한 경우, 새로운 거부처분인지 여부(적극)

원고는 이 사건 공고에 따라 2017. 3. 29. 피고 공사에 이주자택지 공급대상자 선정 신청을 하였다. 피고 공사는 2017. 7. 28. 원고에게 '기준일 이후 주택 취득'이라는 이유로 원고를 이주대책 대상에서 제외하는 결정을 통보하였는데(이하 '1차 결정'이라고 한다), 그 통보서에는 "부적격 결정에 이의가 있으신 경우 본 통지문을 받으신 날로부터 30일 이내에 안내드린 바 있는 이 사건 공고에 의한 대상자 선정 요건을 충족할 수 있는 증빙자료와 함께 우리 공사에 서면으로 이의신청을 하실 수 있으며, 또한 90일 이내에 행정심판 또는 행정소송을 제기하실 수 있음을 알려드립니다."라는 안내문구가 기재되어 있다.

929e

이에 원고는 2017. 8. 25. 피고 공사에 이의신청을 하였다. 이때 원고는 이의신청서에 '자신이 1970년대에 이 사건 주택을 신축하여 소유권을 취득하였고, 다만 동네 이장의 착오로 건축물대장에 건축주가 소외인으로 등재되었다.'는 내용을 기재하고 수용사실확인서, 1972년도 사진, 2010년 당시 지장물 조사사진, 소외인 명의의 사실확인서, 마을주민확인서 등의 증빙자료를 추가로 첨부하여 제출하였다.

피고 공사는 2017. 12. 6. 원고에게 "부동산 공부에 등재되었던 소유자를 배제하고 사실판단에 기하여 과거 소유자를 인정할 수 없음"이라는 이유로 원고의 이의신청을 받아들이지 않고 여전히 원고를 이주대책 대상에서 제외한다는 결정을 통보하였다(이하 '2차 결정'이라고 한다). 한편 2차 결정의 통보서에는 "우리 공사의 이의신청 불수용처분에 대하여 다시 이의가 있으신 경우 행정소송법에 따라 본 처분통보를 받은 날로부터 90일 이내에 행정심판 또는 행정소송을 제기할 수 있음을 알려드리니 참고하시기 바랍니다."라는 안내문구가 기재되어 있다.

원고는 2018. 3. 5. 피고 중앙행정심판위원회(이하 '피고 위원회'라고 한다)에 2차 결정의 취소를 구하는 행정심판을 청구하였는데, 피고 위원회는 2018. 10. 17. 2차 결정이 처분에 해당하지 않는다는 이유로 원고의 행정심판 청구를 각하하는 재결을 하였고(이하 '이 사건 재결'이라고 한다), 그 재결서가 2018. 10. 31. 원고에게 송달되었다.

2차 결정은 1차 결정과 별도로 행정쟁송의 대상이 되는 '처분'으로 봄이 타당하다. 구체적인 이유는 다음과 같다.

(1) 수익적 행정처분을 구하는 신청에 대한 거부처분은 당사자의 신청에 대하여 관할 행정청이 이를 거절하는 의사를 대외적으로 명백히 표시함으로써 성립된다. 거부처분이 있은 후 당사자가 다시 신청을 한 경우에는 신청의 제목 여하에 불구하고 그 내용이 새로운 신청을 하는 취지라면 관할 행정청이 이를 다시 거절하는 것은 새로운 거부처분이라고 보아야 한다.

(2) 이 사건에서 피고 공사가 원고에게 2차 결정을 통보하면서 '2차 결정에 대하여 이의가 있는 경우 2차 결정 통보일부터 90일 이내에 행정심판이나 취소소송을 제기할 수 있다.'는 취지의 불복방법 안내를 하였던 점을 보면, 피고 공사 스스로도 2차 결정이 행정절차법과 행정소송법이 적용되는 처분에 해당한다고 인식하고 있었음을 알 수 있고, 그 상대방인 원고로서도 2차 결정이 행정쟁송의 대상인 처분이라고 인식하였을 수밖에 없다고 보인다(대판 2021. 1. 14. 2020두50324).

II. 취소소송의 대상인 재결 ★★★[12 노무] [14 노무] [16 노무] [17 노무] [20 노무] [21 노무] [09 사시] [09 5급] [11 사시] [13 사시] [13 5급] [14 변시] [17 변시]

1. 재결소송의 의의

930 '재결소송'이란 재결을 분쟁대상으로 하는 항고소송을 말한다. 여기서 '재결'이란 행정심판법에서 말하는 재결(행정심판법 제2조 3. "재결"이란 행정심판의 청구에 대하여 행정심판법 제6조에 따른 행정심판위원회가 행하는 판단을 말한다)만을 뜻하는 것은 아니고 개별법상의 행정심판에 따른 재결도 포함된다.

2. 원처분주의

(1) 의 의

931 행정소송법상 재결에 대한 취소소송은 재결 자체에 고유한 위법이 있는 경우에 한한다(행정소송법 제19조 단서). 즉 취소소송은 원칙적으로 원처분을 대상으로 해야 하며, 재결은 예외적으로만 취소소송의 대상이 될 수 있다. 이를 원처분주의라고 하며 재결주의와 구별된다(재결만이 항고소송의 대상이며, 재결소송에서 재결의 위법뿐만 아니라 원처분의 위법도 주장할 수 있다는 입장). 행정소송법은 원처분주의를 취하고 있지만, 개별법에서 재결주의를 규정하기도 한다(자세한 내용을 후술하는 재결주의 참조(952 이하)).

(2) 재결소송의 인정필요성

원처분주의의 예외로서 재결소송을 인정한 것은 원처분을 다툴 필요가 없거나 다 932
툴 수 없는 자가 재결로 인하여 권리가 침해되는 경우가 있기 때문이다(예를 들어 연탄
공장건축허가(원처분)를 거부당한 자가 행정심판을 제기하여 허가재결을 받은 경우, 그 연탄공장의 이웃
에 거주하는 자에게 원처분은 연탄공장건축허가거부처분 — 수익적 처분 — 이기 때문에 침익적인 연탄공
장건축허가재결의 취소를 구하는 소송을 인정해야 한다).

(3) 재결취소소송의 사유

1) '재결 자체에 고유한 위법'의 의의

재결소송은 재결 자체에 고유한 위법(원 933
처분에는 없는 재결만의 고유한 위법)이 있는 경우에 가능하다. 여기서 '재결 자체에 고유한
위법'이란 재결 자체에 주체·절차·형식 그리고 내용상의 위법이 있는 경우를 말한다.

2) 주체·절차·형식의 위법

① 권한이 없는 기관이 재결하거나 행정심판위 934
원회의 구성원에 결격자가 있는 경우 주체의 위법에 해당한다. ② 절차의 위법은 행
정심판법상의 심판절차를 준수하지 않은 경우를 말한다. ③ 형식의 위법은 서면에 의
하지 아니하고 구두로 한 재결이나 행정심판법 제46조 제2항 소정의 주요기재 사항이
누락되는 경우 등을 말한다.

3) 내용의 위법

내용상의 위법에 대해서는 학설이 대립된다. ① ⓐ 내용의 935
위법은 재결 자체의 고유한 위법에 포함되지 않는다는 견해도 있고, ⓑ 내용상의 위법
도 포함된다는 견해(다수견해)도 있다. ② 판례는 「행정소송법 제19조에서 말하는 재결
자체에 고유한 위법이란 원처분에는 없고 재결에만 있는 재결청(현행법상으로는 위원회)
의 권한 또는 구성의 위법, 재결의 절차나 형식의 위법, 내용의 위법 등을 뜻하고, 그
중 내용의 위법에는 위법·부당하게 인용재결을 한 경우가 해당한다(대판 1997. 9. 12. 96
누14661)」고 판시하고 있다. ③ 재결이 원처분과는 달리 새롭게 권리·의무에 위법한
변동(침해)을 초래하는 경우(아래의 C.의 경우 참조)도 재결 자체의 고유한 위법이므로 내
용상 위법이 포함된다는 견해가 타당하다.

a. 각하재결의 경우

행정심판청구 요건을 모두 구비하여 심판청구가 부적법 936
하지 않음에도 본안심리(위법·부당성 심사)를 하지 아니한 채 각하한 재결은 원처분에는
없는 재결만의 고유한 하자이므로 재결소송의 대상이 된다.

b. 기각재결의 경우

⑦ 원처분이 정당하다고 하여 심판청구를 기각한 재결 937
은 원칙적으로 재결 자체에 고유한 내용상 위법은 없다. 왜냐하면 기각재결은 원처분
이 정당하다는 것을 내용으로 하기 때문에 기각재결을 다투는 것은 원처분을 다투는
것과 동일한 위법을 주장하는 것이며 재결 자체의 고유한 위법을 주장하는 것이 아니
기 때문이다.

(내) 그러나 예외적으로 ① 기본적 사실관계가 동일하지 않아 처분사유의 추가·변경이 인정되지 않음에도 그 처분사유를 추가·변경하여 기각한 재결(1140 이하 참조)은 재결 자체에 고유한 위법이 있어 재결소송의 대상이 될 수 있다. ② 또한 사정재결(행정심판법 제44조 참조)을 함에 있어서 공공복리에 대한 판단을 잘못하여 기각한 재결도 재결소송의 대상이 될 수 있다(824).

938 **c. 인용재결의 경우**   (개) 인용재결은 원처분과 내용을 달리하는 것이므로 그 인용재결의 취소를 구하는 것은 원처분에는 없는 재결에 고유한 하자를 주장하는 셈이어서 당연히 항고소송의 대상이 된다(대판 1997. 12. 23. 96누10911). 그러나 행정심판청구인은 자신의 심판청구가 받아들여진 인용재결에 대하여서는 불복할 이유가 없다.

(내) 하지만 인용재결로 말미암아 권리침해 등의 불이익을 받게 되는 제3자가 있다면 그 자는 인용재결을 다툴 필요가 있다(앞의 예(932)에서 연탄공장건축허가(원처분)를 거부당한 자가 행정심판을 제기하여 건축허가재결을 받은 경우, 그 연탄공장 이웃에 거주하는 자가 자신에게는 침익적인 건축허가재결의 취소를 구하는 경우).

938a **d. 재결의 범위를 벗어난 재결**   재결(심리)의 범위를 벗어나 행정심판법 제47조를 위반한 재결도 재결만의 고유한 하자가 있는 경우에 해당한다(행정심판법 제47조 ① 위원회는 심판청구의 대상이 되는 처분 또는 부작위 외의 사항에 대하여는 재결하지 못한다. ② 위원회는 심판청구의 대상이 되는 처분보다 청구인에게 불리한 재결을 하지 못한다)(819 이하).

(4) 원처분주의의 위반과 판결★

948 **1) 문 제 점**   재결 자체의 고유한 위법이 없음에도 재결에 대해 취소소송을 제기한 경우의 소송상 처리에 관해서는 학설의 대립이 있다.

949 **2) 학 설**   ⓐ 행정소송법 제19조 단서를 소극적 소송요건으로 보아 각하판결을 해야 한다는 견해(김용섭)와 ⓑ 본안요건으로 보아 기각판결을 해야 한다는 견해(윤영선)로 나누어진다.

950 **3) 판 례**   판례는 「재결 자체에 고유한 위법이 없는 경우에는 원처분의 당부와는 상관없이 당해 재결취소소송은 이를 기각하여야 한다(대판 1994. 1. 25. 93누16901)」고 한다.

951 **4) 검 토**   재결 자체에 고유한 위법 여부는 본안판단사항(재결의 위법성)이기 때문에 재결 자체에 고유한 위법이 없다면 기각판결을 하여야 한다는 견해가 타당하다.

3. 재결주의★★★

(1) 재결주의의 의의

952 (개) 개별법률에서 원처분주의의 예외로서 재결을 소의 대상으로 하는 경우가 있

는데, 이처럼 재결만이 항고소송의 대상이며 재결취소소송에서 재결의 위법뿐만 아니라 원처분의 위법도 주장할 수 있다는 입장을 재결주의라고 한다(대판 1991. 2. 12. 90누288).

(나) 다만, 원처분이 무효인 경우 그 효력은 처음부터 당연히 발생하지 않는 것이어서 행정심판 절차를 거칠 필요도 없으므로 개별법률이 재결주의를 취하고 있는 경우라도 재결을 거칠 필요 없이 원처분 무효확인의 소를 제기할 수 있다(대판(전원) 1993. 1. 19. 91누8050).

참고

재결주의의 예
952a

1. 중앙노동위원회의 재심판정

노동위원회법

제26조(중앙노동위원회의 재심권) ① 중앙노동위원회는 당사자의 신청이 있는 경우 지방노동위원회 또는 특별노동위원회의 처분을 재심하여 이를 인정·취소 또는 변경할 수 있다.

제27조(중앙노동위원회의 처분에 대한 소) ① 중앙노동위원회의 처분에 대한 소는 중앙노동위원회위원장을 피고로 하여 처분의 통지를 받은 날부터 15일 이내에 이를 제기하여야 한다.

[관련 판례] 당사자가 지방노동위원회의 처분에 대하여 불복하기 위하여는 처분 송달일로부터 10일 이내에 중앙노동위원회에 재심을 신청하고 중앙노동위원회의 재심판정서 송달일로부터 15일 이내에 중앙노동위원장을 피고로 하여 재심판정취소의 소를 제기하여야 할 것이다(대판 1995. 9. 15. 95누6724).

2. 감사원의 재심의 판정
952b

감사원법

제36조(재심의 청구) ① 제31조에 따른 변상 판정에 대하여 위법 또는 부당하다고 인정하는 본인, 소속 장관, 감독기관의 장 또는 해당 기관의 장은 변상판정서가 도달한 날부터 3개월 이내에 감사원에 재심의를 청구할 수 있다.

제40조(재심의 효력) ② 감사원의 재심의 판결에 대하여는 감사원을 당사자로 하여 행정소송을 제기할 수 있다. 다만, 그 효력을 정지하는 가처분결정은 할 수 없다.

[관련 판례] 감사원의 변상판정처분에 대하여서는 행정소송을 제기할 수 없고, 재결에 해당하는 재심의 판정에 대하여서만 감사원을 피고로 하여 행정소송을 제기할 수 있다(대판 1984. 4. 10. 84누91).

3. 특허심판원의 심결
952c

특허출원에 대해 심사관의 특허거절결정 등을 한 경우 이 결정 등에 대해서는 행정소송을 제기할 수 없고, 특허심판원에 심판청구를 한 후 그 심결을 소송대상으로 하여 특허법원에 심결취소를 구하는 소를 제기해야 한다(특허법 제186조, 제189조, 실용신안법 제33조, 디자인보호법 제166조, 상표법 제162조 참조).

판례

갑 시장이 감사원으로부터 감사원법 제32조에 따라 을에 대하여 징계의 종류를 정직으로 정한 징계 요구를 받게 되자 감사원에 징계 요구에 대한 재심의를 청구하였고, 감사원이 재심의청구를 기각하자 을이 감사원의 징계 요구와 그에 대한 재심의결정의 취소를 구하고 갑 시장이 감사원의 재심의결정 취소를 구하는 소를 제기한 사안에서, 감사원의 징계 요구와 재심의결정이 항고소송의 대상이 되는 행정처분인지 여부(소극), 갑 시장이 제기한 소송이 기관소송인지 여부(소극)

감사원의 징계 요구와 재심의결정이 항고소송의 대상이 되는 행정처분이라고 할 수 없고, 갑 시장이 제기한 소송이 기관소송으로서 감사원법 제40조 제2항에 따라 허용된다고 볼 수 없다(대판 2016. 12. 27. 2014두5637).

(2) 재결주의와 필요적 심판전치

953 　재결주의는 재결만이 소의 대상이 되므로 필연적으로 필요적 심판전치에 해당한다. 헌법재판소도 「개별법률에서 재결주의를 정하는 경우에는 재결에 대해서만 제소하는 것이 허용되므로 그 논리적인 전제로서 취소소송을 제기하기 전에 행정심판을 필요적으로 경유할 것이 요구(헌재 2001. 6. 28. 2000헌바77)」된다고 본다.

(3) 재결에 대한 취소판결의 효과

954 　(개) 원처분이 위법함에도 정당하다는 기각재결에 대해 취소판결이 있는 경우 판결의 기속력에 따라 원처분청은 원처분을 취소해야 한다.

　(내) 하지만, 원처분이 적법함에도 위법하다는 인용재결(취소재결 등)에 대해 취소판결이 있는 경우는 원처분의 효력이 소급적으로 소생한다.

4. 특수 문제(인용재결이 있는 경우 소송의 대상)

(1) 형성재결(취소심판에서 취소재결, 의무이행심판에서 처분재결)이 있는 경우 형성재결 결과의 통보가 항고소송의 대상이 되는지 여부★★

957 　형성재결의 경우 위원회의 재결로 이미 법률관계는 형성되었기 때문에, 위원회로부터 재결을 통보받은 처분청이 행하는 재결결과의 통보는 사실의 통지에 불과하고 항고소송의 대상인 처분이 아니다(대판 1997. 5. 30. 96누14678)(예를 들어 이미 시내버스운송사업면허를 받은 갑은 A행정청이 을에게 동일한 면허처분을 발령하자 그 면허처분에 대해 취소심판을 제기하여 위원회가 취소재결을 하였는데 그 후 A행정청이 취소(재결결과의 통보)한 경우, 을은 취소소송을 제기하려면 위원회의 취소재결 — 원처분은 면허처분이고, 재결은 면허취소재결이므로 재결자체에 고유한 위법이 있다 — 을 대상으로 해야 하며 A행정청의 취소(재결결과의 통보)는 항고소송의 대상인 처분이 될 수 없다. 왜냐하면 면허취소재결은 형성재결이므로 위원회가 취소재결을 한 경우 이미 법률관계는 형성되었고, 그 후 A행정청의 취소(재결결과의 통보)는 사실의 통지(사실행위)에 불과하기 때문이다).

(2) 명령재결(예를 들어 의무이행심판에서 처분명령재결을 제3자가 다투는 경우)과 그에 따른 재처분 중 항고소송의 대상★★

958 　1) 문 제 점　　위원회의 명령재결이 있으면 재결의 기속력에 따라 처분청(피청구인)은 재결의 취지에 따른 재처분의무를 부담하는데(행정심판법 제49조 제3항 등), 이 경우 명령재결이 소의 대상인지 아니면 명령재결에 따른 재처분이 소의 대상인지가 문제된다(예: 의무이행심판청구에 대해 위원회의 건축허가명령재결이 있었고 그에 따른 처분청의 건축허가처분을 이웃인 제3자가 다투는 경우).

959 　2) 학　　설　　ⓐ 명령재결과 그에 따른 재처분이 각 독립된 행위라는 데에

근거하여 명령재결과 그에 따른 처분이 각각 소송의 대상이 된다는 견해(병존설), ⓑ 명령재결에 따른 처분은 행정심판법 제49조에서 규정한 재결의 기속력에 따른 것으로 명령재결취소가 선행되어야 한다는 견해(재결설), ⓒ 명령재결이 있다 하더라도 그에 따른 행정청의 재처분이 있기 전까지는 상대방의 권리가 구체적·현실적으로 침해되었다 볼 수 없으므로 재결에 따른 행정청의 재처분만이 소송의 대상이 될 수 있다는 견해(처분설)로 나누어진다.

3) 판　례　　판례는 명령재결과 그에 따른 처분 모두 항고소송의 대상이 될 수 있다는 입장이다(대판 1993. 9. 28. 92누15093; 이 판결은 취소명령재결이 있는 경우의 사안이지만 현행 행정심판법은 취소명령재결규정이 없다(제43조 제3항). 하지만 이 판결의 취지는 의무이행심판에서 처분명령재결을 제3자가 다투는 경우에도 적용될 수 있다). ⟨960⟩

4) 검　토　　명령재결도 행정심판법 제48조 제1항·제2항에 따라 당사자에게 송달되어 효력이 발생하며(ⓒ처분설 비판), ⓑ설(재결설)이 말하는 재결의 기속력 문제는 위원회와 처분청 간의 내부적인 문제에 불과하며 소의 대상 여부와는 직접적인 관계가 없다. 따라서 당사자의 효과적인 권리구제를 위해 명령재결과 그에 따른 처분 모두 소의 대상이 된다는 견해가 타당하다(병존설). ⟨961⟩

◆ **쟁점** 취소심판에서 위원회가 일부취소재결·변경재결을 한 경우 재결과 원처분(남은 원처분, 변경된 원처분) 중 항고소송의 대상★★★

[참고] 전부취소재결의 경우 재결 후 남은 부분(남은 원처분, 변경된 원처분)이 없으나, 일부취소재결이나 변경재결은 인용재결 후에도 남은 부분이 존재하기 때문에 일부인용재결을 받은 후에도 당사자가 여전히 불복하려 한다면 일부취소재결(변경재결)이 소의 대상인지 재결 후 남은 원처분(변경된 원처분)이 소의 대상인지가 문제된다.

1. 일부취소재결의 경우

(1) 문제점

침익적 처분에 대해 행정심판을 제기하여 일부취소재결(일부인용재결)을 받았지만 당사자는 여전히 남은 부분에 위법이 있다고 하여 불복하려는 경우 소송의 대상이 무엇인지가 문제된다(예: 3개월 영업정지처분이 일부취소재결로 1개월 영업정지처분이 된 경우). ⟨961a⟩

(2) 학설

ⓐ 일부취소재결은 원처분의 일부취소이므로 남은 원처분이 존재하며, 남은 원처분이 소송의 대상이라는 견해(피고는 처분청)와 ⓑ 일부취소재결은 위원회가 원처분을 전부취소하고(원처분은 소멸됨) 원처분을 대체하여 발령한 것이므로 일부취소재결이 소송의 대상이 된다는 견해(피고는 위원회), ⓒ 그리고 일부취소재결은 양 ⟨961b⟩

적 변경이므로 남은 원처분이 소송의 대상이고, 변경재결은 질적 변경이므로 변경재결이 소송의 대상이 된다는 견해가 대립한다.

(3) 판 례

961c
일부취소재결은 아니지만 변경재결과 관련해「소청심사위원회(특별행정심판위원회)가 감봉 1월의 원징계처분을 견책으로 변경한 소청결정(변경재결)이 재량권 일탈·남용이어서 위법하다는 주장은 (변경된 원처분인 견책처분의 위법성을 주장하는 것이며) 소청결정(재결)의 위법을 주장하는 것은 아니다(대판 1993. 8. 24. 93누5673)」라고 하여, 원처분청을 피고로 원처분의 취소를 청구해야 한다고 본다(ⓐ설).

(4) 검 토

961d
처분청의 권한존중과 원처분의 연속성이라는 관점에서 남은 부분은 일부취소된 내용의 원처분으로 보아야 한다는 견해가 타당하다(일반적인 견해). 그리고 일부취소재결과 변경재결을 구별하는 ⓒ설은 3개월 영업정지처분이 일부취소재결로 1개월 영업정지처분이 된 경우에는 원처분청을 피고로 남은 원처분인 1개월 영업정지처분의 취소를 구해야 하지만, 3개월 영업정지처분이 변경재결로 100만원 과징금부과처분이 된 경우에는 행정심판위원회를 피고로 변경재결의 취소를 구해야 하므로 일관성이 결여된 것(김석우)이다.

2. 변경재결의 경우

(1) 문 제 점

961e
침익적 처분에 대해 행정심판을 제기하여 변경재결(일부인용재결)을 받았지만 당사자는 여전히 남은 부분에 위법이 있다고 하여 불복하려는 경우 소송의 대상이 무엇인지가 문제된다(예: 3개월 영업정지처분이 변경재결로 100만원 과징금부과처분이 된 경우).

(2) 학 설

961f
ⓐ 변경재결은 원처분의 일부취소의 성질을 가지기 때문에 변경된 원처분은 존재하며, 변경된 원처분이 소송의 대상이라는 견해(피고는 처분청)와 ⓑ 변경재결은 원처분을 전부취소하고(원처분은 소멸됨) 원처분을 대체하여 발령한 것이므로 변경재결이 소송의 대상이 된다는 견해(피고는 위원회), ⓒ 일부취소재결은 양적 변경이므로 남은 원처분이 소송의 대상이고, 변경재결은 질적 변경이므로 변경재결이 소송의 대상이 된다는 견해가 대립한다.

(3) 판 례

961g
「소청심사위원회(특별행정심판위원회)가 감봉 1월의 원징계처분을 견책으로 변경한 소청결정(변경재결)이 재량권 일탈·남용이어서 위법하다는 주장은 (변경된 원처분인 견책처분의 위법성을 주장하는 것이며) 소청결정(재결)의 위법을 주장하는 것은 아니다(대판 1993. 8. 24. 93누5673)」라고 하여 판례는 원처분청을 피고로 재결에 의해 변경된 내용의 원처분의 취소를 청구해야 한다고 본다(ⓐ설).

(4) 검   토

변경재결이 있는 경우도 처분청의 권한존중과 원처분의 연속성이라는 관점에서 변경되고 남은 부분은 변경된 내용의 원처분으로 보아야 한다는 견해가 타당하다(일반적인 견해). 그리고 일부취소재결과 변경재결을 구별하는 ⓒ설은 3개월 영업정지처분이 일부취소재결로 1개월 영업정지처분이 된 경우에는 원처분청을 피고로 남은 원처분인 1개월 영업정지처분의 취소를 구해야 하지만, 3개월 영업정지처분이 변경재결로 100만원 과징금부과처분이 된 경우에는 행정심판위원회를 피고로 변경재결의 취소를 구해야 하므로 일관성이 결여된 것(김석우)이다.

💎 **쟁점 변경처분(일부취소처분)과 변경된 원처분(남은 원처분) 중 항고소송의 대상**★★★

[참고] 이 쟁점이 논의되는 것은 ① 처분청이 처분을 발령한 후 상대방의 취소심판제기에 따라 위원회의 변경명령재결이 있었고 그에 따라 처분청이 재결의 기속력에 따라 변경처분(축소변경)을 한 경우, ② 처분청이 처분을 발령한 후 이를 스스로 직권으로 변경처분(일반적으로 축소변경)을 한 경우, ③ 처분청이 처분을 발령한 후 이를 스스로 직권일부취소처분을 한 3가지 경우가 있다. 아래의 설명은 ①의 경우에 따른 것이지만 ②와 ③의 경우도 논의는 같다. 주의할 것은 이 쟁점은 처분 중 어느 '처분'이 항고소송의 대상이 되는지에 대한 논의이며 재결이 소의 대상이 되는지에 대한 논의가 아니므로, 행정소송법 제19조 단서는 문제되지 않는다.

1. 문제 상황

위원회의 변경명령재결 후 피청구인인 행정청이 재결의 기속력에 따라 변경처분을 한 경우, 변경되고 남은 부분을(일부취소의 경우 취소되고 남은 부분) 변경처분(일부취소처분)과 변경된 내용의 원처분(남은 내용의 원처분) 중 어느 것이라고 볼 것인지와 관련해 항고소송의 대상이 문제된다(위의 ③의 경우라면 일부취소처분과 남은 원처분 중 어느 행위가 항고소송의 대상인지의 문제가 된다).

2. 학   설

ⓐ 변경처분과 변경된 원처분은 독립된 처분으로 모두 소송의 대상이라는 견해(병존설), ⓑ 원처분은 전부취소되고 변경처분이 원처분을 대체하기 때문에 변경처분(일부취소처분)만이 소의 대상이 된다는 견해(흡수설), ⓒ 변경처분은 원처분의 일부취소로 변경처분 이후에도 원처분은 (축소) 변경된 원처분으로 존재하기 때문에 변경된 원처분(남은 원처분)만이 소의 대상이라는 견해(역흡수설), ⓓ 행정청이

발령한 처분서의 문언의 취지를 충실하게 해석하여, 변경처분이 일부취소의 취지인 경우 변경된 원처분이 소송의 대상이 되고, 변경처분이 원처분의 전부취소와 변경처분의 발령의 취지인 경우 변경처분이 소송의 대상이 된다는 견해(류광해)가 대립된다.

3. 판 례

965   판례는 ① 행정심판위원회의 변경명령재결에 따라 처분청이 변경처분을 한 경우, 변경처분에 의해 원처분이 소멸하는 것이 아니라 당초부터 유리하게 변경된 원처분으로 존재하기 때문에 소송의 대상은 변경된 내용의 원처분(당초처분)이라고 한다. 따라서 제소기간의 준수 여부도 변경처분이 아니라 변경된 '원처분'을 기준으로 한다(대판 2007. 4. 27. 2004두9302). ② 그리고 처분청이 스스로 일부취소처분을 한 경우에도, 일부취소처분(감액처분)은 원처분 중 일부취소부분에만 법적 효과가 미치는 것으로 원처분과 별개의 독립한 처분이 아니라 원처분의 일부취소의 실질을 가지며, 상대방에게 유리한 결과를 가져오는 것이므로 소송의 대상은 취소되지 않고 남은 원처분이라고 한다. 따라서 제소기간의 준수 여부도 일부취소처분이 아니라 남은 '원처분'을 기준으로 한다(대판 2012. 9. 27. 2011두27247).

4. 검 토

966   원처분에 대한 변경행위(일부취소의 경우 일부취소행위)는 그 부분에만 법적 효과를 미치는 것으로 원처분과 별도의 독립한 처분이 아니므로 원처분의 연속성이라는 관점에서 소송의 대상은 변경된 내용의 원처분(일부취소의 경우 일부취소된 내용의 원처분)이 된다는 견해가 타당하다.

● 제3항 취소소송의 당사자

I. 의   의

967   취소소송의 당사자는 원고·피고·참가인이며, 당사자능력이란 소송상 당사자가 될 수 있는 능력을 말한다. 행정소송상 당사자능력은 권리능력(권리·의무의 주체가 될 수 있는 지위·자격)이 부여된 자연인(권리의 주체인 사람)·법인(주무관청의 허가와 설립등기를 함으로써 법인격을 취득한 법인)뿐만 아니라 법인격을 취득하기 전의 법인도 인정될 수 있다(행정소송법 제8조 제2항·민사소송법 제52조).

II. 원고적격 ★★★[13 노무] [16 노무] [22 노무] [08 5급] [09 5급] [10 5급] [11 사시] [12 변시] [14 5급] [15 사시]
[16 변시] [17 5급] [20 변시] [21 변시] [21 입시]

1. 의 의

'원고적격'이란 행정소송에서 원고가 될 수 있는 자격을 말한다. 취소소송의 원   968
고적격에 대해 행정소송법 제12조 제1문은 "취소소송은 처분등의 취소를 구할 법률상
이익이 있는 자가 제기할 수 있다"고 규정한다. 일반적 견해는 법률상 이익의 범위(의미)
를 취소소송의 본질에 대한 논의를 통해 결정한다.

2. 취소소송의 본질

(1) 학 설

취소소송의 본질(기능)에 관해 ⓐ 취소소송의 목적은 위법한 처분으로 야기된 개   969
인의 권리침해의 회복에 있다는 권리구제설(권리구제설이 말하는 권리는 좁은 의미의 권리이
다), ⓑ 위법한 처분으로 (좁은 의미) 권리뿐 아니라 법에 의해 보호되는 이익을 침해당
한 자도 처분을 다툴 수 있다는 법률상 보호이익설(통설), ⓒ 처분의 효력을 다투어 이
를 부정하는 것이 당사자에게 실질적 이익이 있다면 그것이 법률상 이익이든 사실상
의 이익이든 그러한 이익이 침해된 자는 소송을 제기할 수 있다는 보호가치 있는 이익
설, ⓓ 취소소송은 개인의 권리구제보다는 처분의 적법성을 유지하는 것이 주된 기능
이기 때문에 처분의 적법성 확보에 가장 적합한 이해관계를 가진 자가 원고적격을 갖
는다는 적법성보장설이 있다.

(2) 판 례

판례는 「행정소송에서 소송의 원고는 행정처분에 의하여 직접 권리를 침해당한   970
자임을 보통으로 하나 직접 권리의 침해를 받은 자 아닐지라도 소송을 제기할 법률
상의 이익을 가진 자는 그 행정처분의 효력을 다툴 수 있다(대판 1974. 4. 9. 73누173)」고
하여 법률상 보호이익설의 입장이다.

(3) 검 토

취소소송은 주관적 소송이므로 적법성보장설은 타당하지 않으며, 행정소송법 제   971
12조가 취소소송은 법률상 이익이 있는 자가 제기할 수 있다고 규정하기 때문에 법률
상 보호이익설이 타당하다.

3. 법률상 이익이 있는 자의 분석

(1) 법률상 이익에서 '법률(법규)'의 범위

법률상 이익(권리)이 성립되려면 법률(공법)이 행정청의 의무와 사익보호성을 규정   972

하고 있어야 하는데(자세한 내용은 전술한 개인적 공권의 성립요건 참조(93 이하)), 행정청의 의무 및 사익보호성 유무의 판단기준이 되는 법률(법규)을 어디까지 한정할 것인지가 문제된다.

973 **1) 학 설** 일반적인 견해는 처분의 근거법규의 규정과 취지, 관련법규의 규정과 취지 외에 헌법상 기본권 규정도 보충적으로 고려해야 한다는 입장이다.

974 **2) 판 례** ㈎ 판례는 기본적으로 당해 <u>처분의 근거가 되는 법규</u>가 보호하는 이익만을 법률상 이익으로 본다(대판 1989. 5. 23. 88누8135).

㈏ 폐기물처리시설입지결정사건에서 <u>근거법규</u> 외에 <u>관련법규</u>까지 고려하여 법률상 이익을 판단하고 있다(대판 2005. 5. 12. 2004두14229). 다만, 근거법규나 관련법규에서 명시적이지 않더라도 합리적인 해석상 사익보호성을 인정할 수 있다고 한다(대판 2004. 8. 16. 2003두2175).

㈐ 하지만 <u>헌법상의 기본권 및 기본원리는 법률상 이익의 해석에서 일반적으로 고려하지 않는다.</u> 다만, ⓐ 대법원은 접견허가거부처분사건에서 '<u>접견권</u>'을(접견권은 헌법상 기본권의 범주에 속하는 것 … 자신의 <u>접견권</u>이 침해되었음을 주장하여 위 거부처분의 취소를 구할 <u>원고적격을 가진다</u>(대판 1992. 5. 8. 91누7552)), ⓑ 헌법재판소는 국세청장의 납세병마개제조자 지정처분과 관련된 헌법소원사건에서 '<u>경쟁의 자유</u>'를(일반법규에서 경쟁자를 보호하는 규정을 별도로 두고 있지 않은 경우에도 <u>기본권인 경쟁의 자유가 바로 행정청의 지정행위의 취소를 구할 법률상의 이익이 된다</u>(헌재 1998. 4. 30. 97헌마141)) 기본권인 권리로 인정(또는 고려)하였다고 해석된다.

975 **3) 검 토** 취소소송은 법률상 보호이익의 구제를 목적으로 하는 소송(법률상 보호이익설)이기 때문에 처분의 <u>근거법규</u>의 규정과 취지, <u>관련법규</u>의 규정과 취지 외에 <u>기본권 규정도 보충적으로 고려</u>해야 한다는 일반적인 견해가 타당하다.

(2) 법률상 '이익이 있는'의 의미

976 ① 판례는 법률상의 이익이란 당해 처분등의 근거가 되는 법규에 의하여 보호되는 개별적·직접적이고 구체적인 이익을 말하고, 단지 간접적이거나 사실적·경제적인 이해관계를 가지는 데 불과한 경우에는 행정소송을 제기할 법률상의 이익이 아니라고 본다(대판 1992. 12. 8. 91누13700). ② 그리고 법률상 이익에 대한 침해 또는 침해 우려가 있어야 원고적격이 인정된다(대판 2006. 3. 16. 2006두330).

(3) '자'의 범위

977 ㈎ 법률상 이익의 주체에는 자연인, 법인(공법인도 그 자신의 권리가 침해된 경우는 주체가 될 수 있다), 법인격 없는 단체, 다수인(행정소송법 제15조 참조)도 가능하다. 특히 법률상 이익이 있다면 처분의 상대방이 아닌 제3자(후술하는 경쟁자소송, 경원자소송, 이웃소송 참조(980))도 법률상 이익의 주체가 될 수 있다.

(내) 행정주체가 아닌 행정기관은 원칙상 항고소송을 제기할 법률상 이익이 인정되지 않는다. 그러나 대법원은 경기도선거관리위원회 위원장이 국민권익위원회를 상대로 불이익처분원상회복등요구처분취소를 구한 사건에서 원고(경기도선거관리위원회 위원장)는 비록 국가기관이지만 원고적격을 가진다고 보았다(대판 2013. 7. 25. 2011두1214). 이후 부패방지 및 국민권익위원회의 설치와 운영에 관한 법률 제62조의 4 제1항(소속기관장등은 신분보장등조치결정에 대하여 「행정소송법」에 따른 행정소송을 제기하는 경우에는 … 신분보장등조치결정을 통보받은 날부터 30일 이내에 제기하여야 한다)은 이러한 소속기관장등이 행정소송을 제기할 수 있음을 명문으로 인정하였다.

판례

법령이 특정한 행정기관 등으로 하여금 다른 행정기관을 상대로 제재적 조치를 취할 수 있도록 하면서, 그에 따르지 않으면 그 행정기관에 대하여 과태료를 부과하거나 형사처벌을 할 수 있도록 정하는 경우, 제재적 조치의 상대방인 행정기관 등에게 항고소송 원고로서의 당사자능력과 원고적격을 인정할 수 있는지 여부(한정 적극)

법령이 특정한 행정기관 등으로 하여금 다른 행정기관을 상대로 제재적 조치를 취할 수 있도록 하면서, 그에 따르지 않으면 그 행정기관에 대하여 과태료를 부과하거나 형사처벌을 할 수 있도록 정하는 경우가 있다. 이러한 경우에는 단순히 국가기관이나 행정기관의 내부적 문제라거나 권한 분장에 관한 분쟁으로만 볼 수 없다. 행정기관의 제재적 조치의 내용에 따라 '구체적 사실에 대한 법집행으로서 공권력의 행사'에 해당할 수 있고, 그러한 조치의 상대방인 행정기관이 입게 될 불이익도 명확하다. 그런데도 그러한 제재적 조치를 기관소송이나 권한쟁의심판을 통하여 다툴 수 없다면, 제재적 조치는 그 성격상 단순히 행정기관 등 내부의 권한 행사에 머무는 것이 아니라 상대방에 대한 공권력 행사로서 항고소송을 통한 주관적 구제대상이 될 수 있다고 보아야 한다. 기관소송 법정주의를 취하면서 제한적으로만 이를 인정하고 있는 현행 법령의 체계에 비추어 보면, 이 경우 항고소송을 통한 구제의 길을 열어주는 것이 법치국가 원리에도 부합한다. 따라서 이러한 권리구제나 권리보호의 필요성이 인정된다면 예외적으로 그 제재적 조치의 상대방인 행정기관 등에게 항고소송 원고로서의 당사자능력과 원고적격을 인정할 수 있다.
부패방지 및 국민권익위원회의 설치와 운영에 관한 법률은 원고(소방청장)에게 국민권익위원회의 조치요구에 따라야 할 의무를 부담시키는 외에 별도로 그 의무를 이행하지 않을 경우 과태료나 형사처벌까지 정하고 있다. 따라서 위와 같은 조치요구에 불복하고자 하는 '소속기관 등의 장'에게는 조치요구를 다툴 수 있는 소송상의 지위를 인정할 필요가 있다. 그러나 원고가 국민권익위원회의 조치요구를 다툴 별다른 방법이 없다. 그렇다면 국민권익위원회의 조치요구의 처분성이 인정되는 이 사건에서 이에 불복하고자 하는 원고로서는 조치요구의 취소를 구하는 항고소송을 제기하는 것이 유효·적절한 수단으로 볼 수 있으므로, 원고는 예외적으로 당사자능력과 원고적격을 가진다고 보아야 한다(대판 2018. 8. 1. 2014두35379).

978 행정소송법 제12조는 법률상 이익이 있는 자이면 처분의 직접 상대방이 아닌 자(제3자)도 취소소송을 제기할 수 있다고 규정한다(해당 법규에서 제3자에 대한 행정청의 의무와 사익보호목적을 규정하고 있는 경우). 아래에서는 처분의 직접 상대방이 아니지만 학설과 판례가 원고적격을 인정한 대표적인 경우를 검토한다.

[참고] 법무부 행정소송법 개정안은 원고적격을 '법률상 이익'이 아니라 '법적 이익'으로 규정하고 있다. 법적 이익의 의미는 학설의 전개와 판례의 축적을 기다려야 할 것 같다.

1. 경쟁자소송(경업자소송)

979 ### (1) 의   의

경쟁자소송이란 서로 경쟁관계에 있는 자들 사이에서 특정인에게 주어지는 수익적 행위가 제3자에게는 법률상 불이익을 초래하는 경우에 그 제3자가 자기의 법률상 이익의 침해를 이유로 경쟁자에게 발령된 처분을 다투는 소송을 말한다(예: 갑이 여객자동차운송사업면허를 받아 영업을 하고 있는 지역에 을에게 동일한 여객자동차운송사업면허를 발령하여, 갑이 을에게 발령된 여객자동차운송사업면허처분을 다투는 소송).

980 ### (2) 구체적 판단

㈎ 일반적 견해와 판례는 원칙적으로 행정청의 처분(앞의 예에서 을에게 발령된 처분)으로 침익적 효과를 받는 자(기존업자인 갑)가 영업을 하기 위해 받았던 처분(여객자동차운송사업면허)이 학문상 특허처분(특정인에게 특정한 권리를 설정하는 행위)인 경우와 허가처분(질서유지 목적으로 금지하였던 바를 해제하여 개인의 자유권을 회복시켜주는 행위)인 경우를 나누어 판단한다(255, 266).

㈏ 즉 특허인 경우(예: 여객자동차운송사업면허, 선박운송사업면허, 광업허가) 그 영업으로 인한 이익은 법률상 이익이지만, 허가인 경우(예: 숙박업허가, 석탄가공업허가, 공중목욕장업허가) 영업으로 인한 이익은 법률상 이익이 아니라고 본다. 그 이유는 특허의 경우 근거법규의 취지가 공익사업을 하는 수특허자의 경영상 이익을 보호하기 위한 것인 반면, 허가의 경우 근거법규의 취지가 사익사업을 하는 수허가자의 경영상 이익을 보호하기 위한 것이 아니기 때문이다.

981 ### (3) 판   례

1) 긍정한 경우   ① 담배소매업 영업자 간에 거리제한을 두고 있는 경우, 기존업자가 신규 담배소매인지정처분을 다툴 수 있는지 여부(적극)(대판 2008. 3. 27. 2007두23811), ② 기존 업체 시설이 과다한 경우 분뇨등 수집·운반업에 대한 추가 허가를 제한할 수 있음을 규정하는 경우에 기존업자가 신규업자에 대한

분뇨등 관련 영업허가를 다툴 수 있는지 여부(적극)(대판 2006. 7. 28. 2004두6716), ③ 기존업자가 신규업자의 선박운항사업 면허처분을 다투는 경우의 법률상 이익(적극)(대판 1969. 12. 30. 69누106).

2) 부정한 경우　　① 숙박업구조변경허가처분을 받은 건물의 인근에서 다른 여관을 경영하는 자들에게 그 처분의 무효확인 또는 취소를 구할 법률상 이익이 있는지 여부(소극)(대판 1990. 8. 14. 89누7900), ② 석탄가공업에 관한 허가를 받은 기존 허가업자들이 다른 자들에 대한 신규허가를 다툴 법률상 이익이 있는지 여부(소극)(대판 1980. 7. 22. 80누33), ③ 기존 목욕장업허가처분을 받은 자가 신규 목욕장업허가처분에 대하여 그 취소를 소구할 수 있는 법률상 이익이 있는지 여부(소극)(대판 1963. 8. 31. 63누101).

981a

2. 경원자소송

(1) 의　　의

982

경원자소송이란 일방에 대한 면허나 인·허가 등의 행정처분이 타방에 대한 불면허·불인가·불허가 등으로 귀결될 수밖에 없는 경우에 불허가 등으로 인한 자기의 법률상의 이익을 침해당한 자가 타인의 면허 등을 다투는 소송을 말한다(예: 해당 지역은 1개의 가스충전소사업만 허가할 수 있는데 갑과 을이 허가를 신청하여 갑은 허가처분을, 을은 불허가처분을 받은 경우, 을이 갑에게 발령된 허가처분을 다투는 소송).

(2) 구체적 판단

983

일반적 견해와 판례는 근거법규 등에서 경원자관계를 예정하고 있다면 그 법령은 허가 등의 처분을 받지 못한 자의 이익을 보호하는 것으로 본다(대판 2009. 12. 10. 2009두8359).

판례

인가·허가 등 수익적 행정처분을 신청한 여러 사람이 서로 경원관계에 있는 경우, 허가 등 처분을 받지 못한 사람이 자신에 대한 거부처분의 취소를 구할 원고적격과 소의 이익이 있는지 여부(원칙적 적극)

인가·허가 등 수익적 행정처분을 신청한 여러 사람이 서로 경원관계에 있어서 한 사람에 대한 허가 등 처분이 다른 사람에 대한 불허가 등으로 귀결될 수밖에 없을 때 허가 등 처분을 받지 못한 사람은 신청에 대한 거부처분의 직접 상대방으로서 원칙적으로 자신에 대한 거부처분의 취소를 구할 원고적격이 있고, 취소판결이 확정되는 경우 판결의 직접적인 효과로 경원자에 대한 허가 등 처분이 취소되거나 효력이 소멸되는 것은 아니더라도 행정청은 취소판결의 기속력에 따라 판결에서 확인된 위법사유를 배제한 상태에서 취소판결의 원고와 경원자의 각 신청에 관하여 처분요건의 구비 여부와 우열을 다시 심사하여야 할 의무가 있으며, 재심사 결과 경원자에 대한 수익적 처분이 직권취소되고 취소판결의 원고에게 수익적 처분이 이루어질 가능성을 완전히 배제할 수는 없으므로, 특별한 사정이 없는 한 경원관계에서 허가 등 처분을 받지 못한 사람은 자신에 대한 거부처분의 취소를 구할 소의 이익이 있다(대판 2015. 10. 29. 2013두27517).

3. 이웃소송(인인(隣人)소송)

(1) 의   의

이웃소송은 이웃하는 자들 사이에서 특정인에게 주어지는 수익적 행위가 타인에게는 법률상 불이익을 초래하는 경우에 그 타인이 자기의 법률상 이익의 침해를 이유로 이웃에게 발령된 처분을 다투는 소송을 말한다(예: 갑이 연탄공장건축허가를 받자 이웃하는 을이 갑에게 발령된 연탄공장건축허가처분을 다투는 소송).

(2) 구체적 판단

근거법규 등이 이웃에 대한 행정청의 의무와 사익보호성을 규정하고 있는가에 따라 원고적격을 판단한다.

💎 **쟁점** 환경상 이익 침해에 대한 소송에서 원고적격(이웃소송의 특수문제)★

1. 문제 상황

행정청이 특정 사업자에게 환경에 영향을 미치는 시설을 허가하여 제3자인 이웃주민이 환경상 이익의 침해를 이유로 행정청의 허가처분을 다투는 경우 제3자의 원고적격이 문제될 수 있다(예: 행정청이 A사업자에게 원자력발전소사업을 허가하여 이웃인 제3자가 그 허가처분을 다투는 경우).

2. 판례의 입장

판례는 새만금사건에서 환경영향평가 대상지역 안의 주민은 환경상의 이익에 대한 침해(침해우려)가 있는 것으로 사실상 추정되어 원고적격이 인정되나, 환경영향평가 대상지역 밖의 주민은 환경상의 이익에 대한 침해(침해우려)가 있다는 것을 입증해야 원고적격이 인정될 수 있다는 법리를 정립하였다[판례 1].

[판례1] 새만금사건

환경영향평가 대상지역 안의 주민들이 전과 비교하여 수인한도를 넘는 환경침해를 받지 아니하고 쾌적한 환경에서 생활할 수 있는 개별적 이익까지도 이를 보호하려는 데에 있다고 할 것이므로, 위 주민들이 공유수면매립면허처분등과 관련하여 갖고 있는 위와 같은 환경상의 이익은 주민 개개인에 대하여 개별적으로 보호되는 직접적·구체적 이익으로서 그들에 대하여는 특단의 사정이 없는 한 환경상의 이익에 대한 침해 또는 침해우려가 있는 것으로 사실상 추정되어 공유수면매립면허처분등의 무효확인을 구할 원고적격이 인정된다. 한편, 환경영향평가 대상지역 밖의 주민이라 할지라도 공유수면매립면허처분등으로 인하여 그 처분 전과 비교하여 수인한도를 넘는 환경피해를 받거나 받을 우려가 있는 경우에는, 공유수면매립면허처분등으로 인하여 환경상 이익에 대한 침해 또는 침해우려가 있다는 것을 입증함으로써 그 처분등의 무효확인을 구할 원고적격을 인정받을 수 있다(대판(전원) 2006. 3. 16. 2006두330).

[판례2] 새만금사건의 법리의 확대

행정처분의 근거 법규 또는 관련 법규에 그 처분으로써 이루어지는 행위 등 사업으로 인하여 환경상 침해를 받으리라고 예상되는 영향권의 범위가 구체적으로 규정되어 있는 경우에는, 그 영향권 내의 주민들에 대하여는 당해 처분으로 인하여 직접적이고 중대한 환경피해를 입으리라고 예상할 수 있고, 이와 같은 환경상의 이익은 주민 개개인에 대하여 개별적으로 보호되는 직접적·구체적 이익으로서 그들에 대하여는 특단의 사정이 없는 한 환경상 이익에 대한 침해 또는 침해 우려가 있는 것으로 사실상 추정되어 법률상 보호되는 이익으로 인정됨으로써 원고적격이 인정되며, 그 영향권 밖의 주민들은 당해 처분으로 인하여 그 처분 전과 비교하여 수인한도를 넘는 환경피해를 받거나 받을 우려가 있다는 자신의 환경상 이익에 대한 침해 또는 침해 우려가 있음을 증명하여야만 법률상 보호되는 이익으로 인정되어 원고적격이 인정된다(대판 2006. 12. 22. 2006두14001).

[판례3] 물금취수장사건

공장설립승인처분과 그 후속절차에 따라 공장이 설립되어 가동됨으로써 그 배출수 등으로 인한 수질오염 등으로 직접적이고도 중대한 환경상 피해를 입을 것으로 예상되는 주민들이 환경상 침해를 받지 아니한 채 물을 마시거나 용수를 이용하며 쾌적하고 안전하게 생활할 수 있는 개별적 이익까지도 구체적·직접적으로 보호하려는 데 있다고 할 것이다. 따라서 수돗물을 공급받아 이를 마시거나 이용하는 주민들로서는 위 근거 법규 및 관련 법규가 환경상 이익의 침해를 받지 않은 채 깨끗한 수돗물을 마시거나 이용할 수 있는 자신들의 생활환경상의 개별적 이익을 직접적·구체적으로 보호하고 있음을 증명하여 원고적격을 인정받을 수 있다(대판 2010. 4. 15. 2007두16127).

[판례4] 헌법상 환경권을 근거로 한 원고적격 인정 여부

헌법 제35조 제1항에서 정하고 있는 환경권에 관한 규정만으로는 그 권리의 주체·대상·내용·행사방법 등이 구체적으로 정립되어 있다고 볼 수 없고, 환경정책기본법 제6조도 그 규정 내용 등에 비추어 국민에게 구체적인 권리를 부여한 것으로 볼 수 없다는 이유로, 환경영향평가 대상지역 밖에 거주하는 주민에게 헌법상의 환경권 또는 환경정책기본법에 근거하여 공유수면매립면허처분과 농지개량사업 시행인가처분의 무효확인을 구할 원고적격이 없다(대판(전원) 2006. 3. 16. 2006두330).

[판례5] 마을 일대가 절대보전지역으로 유지됨으로써 누리는 주민들의 이익이 법률상 이익인지 여부

절대보전지역의 해제는 소유권에 가한 제한을 해제하는 처분에 해당하는 것으로 그 자체로 인근 주민의 생활환경에 영향을 주는 사업의 시행이나 시설의 설치를 내포하고 있는 것이 아닌 점, 구 제주특별자치도 설치 및 국제자유도시 조성을 위한 특별법(2009.10.9. 법률 제9795호로 개정되기 전의 것) 및 구 제주특별자치도 보전지역 관리에 관한 조례(2010. 1.6. 조례 제597호로 개정되기 전의 것)에 따라 절대보전지역으로 지정되어 보호되는 대상은 인근 주민의 주거 및 생활환경 등이 아니라 제주의 지하수, 생태계, 경관 그 자체인 점, 위 조례 제3조 제1항은 절대보전지역의 지정 및 변경에는 주민들의 의견을 듣도록 하고 있으나 보전지역을 축소하는 경우에는 예외로 한다고 규정함으로써 그 절차에서도 절대보전지역 지정으로 인하여 환경상 혜택을 받는 주민들이 아니라 권리의 제한을 받게 되는 주민들을 주된 보호의 대상으로 하고 있는 점 등에 비추어 보면, 이 사건 처분 대상인 서귀포시 강정동 해안변지역 105,295㎡가 절대보전지역으로 유지됨으로써 원고들이 가지는 주거 및 생활환경상 이익은 그 지역의 경관 등이 보호됨으로써 반사적으로 누리는 것일 뿐 근거 법규 또는 관련 법규에 의하여 보호되는 개별적 직접적·구체적 이익이라고 할 수 없다 … 원고들이 주장하는 헌법상의 생존권, 행복추구권, 환경권만으로는 그 권리의 주체·대상·내용·행사방법 등이 구체적으로 정립되어 있다고 볼 수 없으므로 이에 근거하여 이 사건 처분을 다툴 원고적격이 있다고 할 수도 없다(대판 2012. 7. 5. 2011두13187, 13194(병합)).

[판례6] 재단법인 갑 수녀원이, 매립목적을 택지조성에서 조선시설용지로 변경하는 내용의 공유수면매립목적 변경 승인처분으로 인하여 법률상 보호되는 환경상 이익을 침해받았다면서 행정청을 상대로 처분의 무효 확인을 구하는 소송을 제기한 사안에서, 갑 수녀원에는 처분의 무효확인을 구할 원고적격이 없다고 한 사례

공유수면매립목적 변경 승인처분으로 갑 수녀원에 소속된 수녀 등이 쾌적한 환경에서 생활할 수 있는 환경상 이익을 침해받는다고 하더라도 이를 가리켜 곧바로 갑 수녀원의 법률상 이익이 침해된다고 볼 수 없고, 자연인이 아닌 갑 수녀원은 쾌적한 환경에서 생활할 수 있는 이익을 향수할 수 있는 주체가 아니므로 위 처분으로 위와 같은 생활상의 이익이 직접적으로 침해되는 관계에 있다고 볼 수도 없으며, 위 처분으로 환경에 영향을 주어 갑 수녀원이 운영하는 쨈 공장에 직접적이고 구체적인 재산적 피해가 발생한다거나 갑 수녀원이 폐쇄되고 이전해야 하는 등의 피해를 받거나 받을 우려가 있다는 점 등에 관한 증명도 부족하다는 이유로, 갑 수녀원에 처분의 무효 확인을 구할 원고적격이 없다(대판 2012. 6. 28. 2010두2005).

💎 **쟁점** 행정심판의 피청구인이 속한 지방자치단체가 위원회의 인용재결(직접처분을 포함)을 다툴 원고적격이 있는지 여부★★★[16 입시]

1. 문제 상황

지방자치단체(공법상 법인을 포함한다)는 행정주체로 권리·의무의 귀속주체이므로 처분 등으로 권리가 침해당한 경우 취소소송을 제기할 수 있다. 이 경우 실제 취소소송은 지방자치법 제114조(지방자치단체의 장은 지방자치단체를 대표하고, 그 사무를 총괄한다)에 따라 지방자치단체의 장이 추행한다. 그러나 처분청이 행정심판

989

인용재결의 기속력을 받는 자라면 인용재결에 대해 취소소송을 제기할 수 있는 지가 문제된다(예를 들어 A광역시장으로부터 허가거부처분을 받은 자가 의무이행심판을 청구하여 중앙행정심판위원회가 허가재결을 한 경우, 처분청(A광역시장)이 속한 행정주체(A광역시)가 위원회의 허가재결이 자신의 자치권을 침해하였음을 이유로 취소소송을 청구할 수 있는가의 문제이다).

2. 학   설

(1) 부 정 설

이 견해는 인용재결이 있는 경우, 피청구인인 행정청은 재결의 기속력(행정심판법 제49조)을 받아 재결의 취지에 따라야 할 의무를 부담하기 때문에 취소소송을 제기할 수 없다는 입장이다.

990

(2) 긍 정 설

이 견해는 해당 소송을 기관소송으로 본다면 기관소송은 법률의 규정이 있는 경우에만 허용되기 때문에 법률의 규정이 없다면 소송이 불가능하겠지만(행정소송법 제45조), 위원회의 인용재결은 항고소송의 대상인 처분등이고 행정소송법 제12조에 따라 행정주체가 자신의 권리(자치권) 침해를 이유로 항고소송을 제기하는 것은 법률의 규정이 없어도 가능하다는 점을 근거로 한다(후술하는 기관소송 참조(1357)).

991

3. 판   례

판례는 「행정심판법 제37조 제1항(현행 제49조 제1항)은 '재결은 피청구인인 행정청과 그 밖의 관계행정청을 기속한다'고 규정하였고, 이에 따라 처분행정청은 재결에 기속되어 재결의 취지에 따른 처분의무를 부담하게 되므로 이에 불복하여 행정소송을 제기할 수 없다 할 것(대판 1998. 5. 8. 97누15432)」이라고 하여 부정적인 입장이다.

992

4. 검   토

긍정설이 타당하다. 행정심판법 제49조는 기속력을 규정하고 있으나 기속력을 받는 자는 행정심판의 피청구인인 처분청인 반면 재결에 대해 불복하여 항고소송을 제기하는 것은 행정주체이므로 재결의 기속력이 미치지 않는다고 보아야 하기 때문이다(박정훈)(앞의 예에서 재결의 기속력을 받는 자는 A광역시장이지만, 법률상 이익의 침해를 이유로 소송을 제기하는 자는 A광역시가 된다. 물론 실제 소송 제기는 지방자치법 제101조(지방자치단체의 장은 지방자치단체를 대표하고, 그 사무를 총괄한다)에 따라 A광역시장이 하지만 이는 A광역시의 권리 침해에 대한 소송이다).

993

1. 법인을 상대로 한 처분에 대해 법인의 주주나 임원이 이를 다툴 원고적격이 있는지 여부(원칙적 소극)

994

일반적으로 법인의 주주나 임원은 당해 법인에 대한 행정처분에 관하여 사실상이나 간접적인 경제적 이해관계를 가질 뿐이어서 스스로 그 처분의 취소를 구할 원고적격이 없다 … 법인에 대한 행정처분이 당해 법인의 존속 자체를 직접 좌우하는 처분인 경우에는 그 주주나 임원이라 할지라도 당해 처분에 관하여 직접적이고 구체적인 법률상 이해관계를 가진다고 할 것이므로 그 취소를 구할 원고적격이 있다(대판 1997. 12. 12. 96누4602).

2. 법인을 상대로 한 처분에 대해 해당 법인의 근로자가 이를 다툴 원고적격이 있는지 여부(소극)

995

회사의 노사 간에 임금협정을 체결함에 있어 운전기사의 합승행위 등으로 회사에 대하여 과징금이 부과되면 당해 운전기사에 대한 상여금지급시 그 금액 상당을 공제하기로 함으로써 과징금의 부담을 당해 운전기사에게 전가하도록 규정하고 있고 이에 따라 당해 운전기사의 합승행위를 이유로 회사에 대하여 한 과징금부과처분으로 말미암아 당해 운전기사의 상여금지급이 제한되었다고 하더라도, 과징금부과처분의 직접 당사자 아닌 당해 운전기사로서는 그 처분의 취소를 구할 직접적이고 구체적인 이익이 있다고 볼 수 없다(대판 1994. 4. 12. 93누24247).

3. 노동조합설립신고수리처분에 대해 사용자가 이를 다툴 원고적격이 있는지 여부(소극)

996

지방자치단체장이 노동조합의 설립신고를 수리한 것만으로는 당해 회사의 어떤 법률상의 이익이 침해되었다고 할 수 없으므로 당해 회사는 신고증을 교부받은 노동조합이 부당노동행위구제신청을 하는 등으로 법이 허용하는 절차에 구체적으로 참가한 경우에 그 절차에서 노동조합의 무자격을 주장하여 다툴 수 있을 뿐 노동조합 설립신고의 수리처분 그 자체만을 다툴 당사자적격은 없다(대판 1997. 10. 14. 96누9829).

Ⅲ. 권리보호필요성(협의의 소의 이익) [17 노무] [20 노무] [22 노무] [09 5급] [11 5급] [13 입시] [13 사시] [13 5급] [15 변시] [17 5급] [21 입시] [22 5급]

1. 의의, 근거

(가) 권리보호필요성(=협의의 소익)이란 원고의 재판청구에 대하여 **법원이 판단을 행할 구체적 실익 내지 필요성**을 말한다(소익=원고적격+협의의 소익). 그리고 권리보호 필요성은 사실심변론종결시(1111)는 물론 상고심에서도 존속해야 하며 상고심계속 중 협의의 소익이 없게 되면 부적법 각하된다(대판 1995. 11. 21. 94누11293).

996-1

(나) 권리보호필요성은 법률에 명시적인 소송요건으로 규정되어 있지는 않다. 그러나 일반적으로 **신의성실의 원칙**(법률관계의 당사자는 상대방의 이익을 배려하여 형평에 어긋나거나 신뢰를 저버리는 내용 또는 방법으로 권리를 행사하거나 의무를 이행해서는 안 된다는 원칙)을 소송법에도 적용하여 이를 인정한다.

2. 권리보호필요의 일반 원칙(일반적으로 권리보호필요성이 부정되는 경우)

취소소송에서 대상적격과 원고적격이 인정된다면 권리보호필요성은 일반적으로는 긍정된다. 그러나 아래의 경우는 **권리보호필요성이 부정**된다.

996-2

(1) 보다 실효적인 권리구제절차가 있는 경우

취소소송보다 실효적인 권리구제절차가 있는 경우는 권리보호필요성이 부정된다. 예를 들어 관계법령에서 권리구제를 위한 특별규정이 있음에도 바로 행정소송을 제기하는 경우, 간단한 행정절차로 목적 달성할 수 있음에도 소송을 제기하는 경우를 말한다.

996-3

판례

당사자의 신청을 받아들이지 않은 거부처분이 재결에서 취소된 경우, 재결의 취소를 구할 법률상 이익이 있는지 여부(소극)

거부처분을 취소하는 재결이 있더라도 그에 따른 후속처분이 있기까지는 제3자의 권리나 이익에 변동이 있다고 볼 수 없고 후속처분 시에 비로소 제3자의 권리나 이익에 변동이 발생하며, 재결에 대한 항고소송을 제기하여 재결을 취소하는 판결이 확정되더라도 그와 별도로 후속처분이 취소되지 않는 이상 후속처분으로 인한 제3자의 권리나 이익에 대한 침해 상태는 여전히 유지된다. 이러한 점들을 종합하여 보면, 거부처분이 재결에서 취소된 경우 재결에 따른 후속처분이 아니라 그 재결의 취소를 구하는 것은 실효적이고 직접적인 권리구제수단이 될 수 없어 분쟁해결의 유효적절한 수단이라고 할 수 없으므로 법률상 이익이 없다(대판 2017. 10. 31. 2015두45045).

(2) 원고가 추구하는 권리보호가 오로지 이론상으로만 의미 있는 경우(소송이 원고의 법적 지위에 도움이 되지 않는 경우)

996-4 　　원고가 추구하는 권리보호가 오로지 이론상으로만 의미 있는 경우에는 권리보호 필요성이 부정된다. 예를 들어 국가시험에 불합격처분을 받고 다음해 동일한 국가시험에 합격한 후 종전의 불합격처분의 취소를 구하는 소송을 제기하는 경우, 광업권취소처분 취소소송 계속 중 기존의 광업권의 존속기간이 만료된 경우, 건축물에 대한 철거가 집행된 이후 철거명령을 다투는 소송을 제기하는 경우 등을 말한다.

> **판례**
>
> **부당해고 구제를 기각한 중노위의 재심판정을 취소소송으로 다투던 중 근로관계가 종료된 경우 재심판정을 다툴 권리보호필요성(긍정)**
>
> 종래 대법원은 근로자가 부당해고 구제신청을 기각한 재심판정에 대해 소를 제기하여 해고의 효력을 다투던 중 사직하거나 정년에 도달하거나 근로계약기간이 만료하는 등의 이유로 근로관계가 종료한 경우, 근로자가 구제명령을 얻는다고 하더라도 객관적으로 보아 원직에 복직하는 것이 불가능하고, 해고기간 중에 지급받지 못한 임금을 지급받기 위한 필요가 있다고 하더라도 이는 민사소송절차를 통하여 해결할 수 있다는 등의 이유를 들어 소의 이익을 부정하여 왔다.
>
> (1) 근로자가 구제명령을 통해 유효한 집행권원을 획득하는 것은 아니지만, 해고기간 중의 미지급 임금과 관련하여 강제력 있는 구제명령을 얻을 이익이 있으므로 이를 위해 재심판정의 취소를 구할 이익도 인정된다고 봄이 타당하다.
>
> (2) 해고기간 중의 임금 상당액을 지급받기 위하여 민사소송을 제기할 수 있다는 사정이 소의 이익을 부정할 이유가 되지는 않는다(대판(전원) 2020. 2. 20. 2019두52386).

(3) 소권남용의 금지에 반하는 경우

996-5 　　소권을 남용한 경우에는 권리보호필요성이 부정된다. 예를 들어 원고의 소송이 오로지 행정청에게 압력을 행사하거나 불편을 끼치려는 것을 목적으로 하는 경우를 말한다.

(4) 처분등의 효력이 소멸된 경우

996-6 　　처분등의 효력이 소멸된 경우는 처분등의 취소를 구할 권리보호필요성이 없다. 다만, 행정소송법 제12조 제2문은 일정한 경우 권리보호필요성이 있음을 규정한다.

◈ 쟁점 행정소송법 제12조 제2문★★★

1. 문 제 점

996-7 　　처분등의 효력이 소멸된 경우는 일반적으로 처분등의 취소를 구할 권리보호필요성이 없지만, 행정소송법 제12조 제2문은 처분등의 효력이 소멸된 후에도

회복되는 법률상 이익이 있는 경우 권리보호필요성을 인정하고 있다.

2. 행정소송법 제12조 제2문의 법적 성질

(1) 학　설

1) 권리보호필요성에 관한 조항이라는 견해　　행정소송법 제12조 제1문은 원 996-8
고적격에 관한 것이고, 제2문은 권리보호필요성에 관하여 규정한 것이라고 본
다(그러나 행정소송법 제12조는 '원고적격'이라고 규정하고 있어 입법상 과오가 있다고 본다(입
법상 과오설)).

2) 원고적격 조항이라는 견해　　행정소송법 제12조 제1문은 처분의 효력이 996-9
존재하는 경우의 원고적격조항이며, 제2문은 처분의 효력이 사후에 소멸된 경
우의 원고적격조항이라고 본다(행정소송법 제12조가 '원고적격'이라고 규정하고 있어도
입법상 과오가 없다고 본다(입법상 비과오설)).

(2) 검　토

행정소송법 제12조 제2문은 제1문(처분등의 취소를 구할 법률상 이익)과는 달리 '처 996-10
분등의 취소로 인하여 회복되는 법률상 이익'이라고 규정하고 있어 그 이익은
권리보호필요성으로 보는 것이 타당하다(다수설).

3. '회복되는 법률상 이익'의 범위

㈎ ① ⓐ 회복되는 법률상 이익(제2문)을 원고적격의 법률상 이익(제1문)과 같은 996-11
개념으로 보고, 명예·신용 등은 포함되지 않는다고 보는 견해(제1설)와 ⓑ 회
복되는 법률상 이익(제2문)을 원고적격으로서의 법률상 이익(제1문)보다 넓은 개
념으로 원고의 경제·정치·사회·문화적 이익을 모두 포함하는 개념으로 보는
견해(제2설)(다수설)가 대립된다. ② 판례는 제2문의 회복되는 법률상 이익과 제1
문의 법률상 이익을 구별하지 않고, <u>간접적·사실적·경제적 이해관계나 명예,
신용 등의 인격적 이익을 가지는 데 불과한 경우는 법률상 이익에 해당하지
않는다고 본다</u>(제1설)(대판(전원) 1995. 10. 17. 94누14148). ③ 행정소송법 제12조 제
2문을 권리보호필요성 조항으로 본다면 제1문과 제2문의 이익을 일치시킬 필
요가 없으며, 권리구제의 확대라는 면에서 제2설이 타당하다.

㈏ 다만, <u>행정처분의 무효 확인 또는 취소를 구하는 소가 소송계속 중 해당 행
정처분이 기간의 경과 등으로 그 효과가 소멸한 때에 그 처분이 취소되어도
원상회복이 불가능하다고 보이는 경우라 하더라도, 그 행정처분과 동일한 사
유로 위법한 처분이 반복될 위험성이 있어 행정처분의 위법성 확인 내지 불분
명한 법률문제에 대한 해명이 필요한 경우에는 그 처분의 취소를 구할 소의</u>

이익을 인정할 수 있다고 보았다(대판 2020. 12. 24. 2020두30450).

4. 권리보호필요성이 인정되는 경우

996-12

행정소송법 제12조 제2문은 처분등의 효력이 소멸되는 사유로 ① 기간의 경과, ② 처분등의 집행, ③ 그 밖의 사유를 규정하면서 그 처분등의 취소로 인하여 회복되는 법률상 이익이 있는 자의 경우 권리보호필요성을 인정한다.

(1) 법규명령형식의 행정규칙에 규정된 처분기간의 경과로 처분의 효력이 소멸된 경우

1) 학   설

a. 법규명령형식의 행정규칙의 법적 성질을 기준으로 권리보호필요성을 판단하는 견해

996-13

(i) 법규명령설   법규명령형식의 행정규칙의 법적 성질을 법규명령으로 보는 경우, 행정청은 법규명령인 제재적 처분기준에 따라 처분할 것이므로 가중된 제재적 처분을 받을 불이익은 분명하며, 따라서 권리보호필요성이 긍정된다고 본다.

996-14

(ii) 행정규칙설   법규명령형식의 행정규칙의 법적 성질을 행정규칙으로 본다면, 행정청은 반드시 제재적 처분기준에 따라 처분한다고 볼 수 없기 때문에 가중된 제재적 처분을 받을 불이익은 확정적이지 않고 따라서 권리보호필요성이 부정된다고 본다(행정규칙은 내부적인 구속력만 있으며 법규성이 없어 1개월의 영업정지처분을 받은 자가 다시 동일한 법위반행위를 한다고 반드시 영업허가취소처분을 받는 것은 아니기 때문에 권리보호필요성을 부정하는 것이다).

996-15

b. 현실적 불이익을 받을 가능성을 기준으로 하는 견해   법규명령형식의 행정규칙의 법적 성질이 아니라, 현실적으로 불이익을 받을 가능성이 있는지를 기준으로 하는 견해이다(제재적 처분기준을 법규명령으로 본다면 가중된 불이익을 받을 가능성은 확실하지만, 행정규칙으로 본다면 가중된 불이익처분을 받을 가능성은 법규명령처럼 확실하진 않다). 즉 현실적 불이익을 받을 가능성이 있다면 법규명령인지 행정규칙인지 구별하지 않고 권리보호필요성을 긍정하는 견해이다.

996-16

2) 판   례   환경영향평가대행영업정지처분취소와 관련한 전원합의체판결을 통해 현실적 불이익을 받을 가능성을 기준으로 하는 입장을 취하고 있다. 즉, 제재적 처분기준의 법적 성질이 대외적 구속력을 갖는 법규명령·행정규칙인지 여부에 상관없이 행정청이나 담당공무원은 이를 준수할 의무가 있으므로 그러한 처분기준에 따라 선행처분을 받은 상대방이 장래에 불이익한 후행처분을 받을 위험은 현실적으로 존재하기 때문에 권리보호필요성을 긍정하고 있다 (대판(전원) 2006. 6. 22. 2003두1684).

3) 검　　토　　법규명령형식의 행정규칙의 법적 성질에 대한 논의와 권리 996-17
보호필요성 인정 여부의 논의는 직접적인 관련성이 없다. 또한 법규명령형식
의 행정규칙을 행정규칙으로 보고 권리보호필요성을 부정한다면 원고의 재판
청구권을 침해할 가능성이 높다. 현실적으로 불이익을 받을 가능성이 있는지를
기준으로 권리보호필요성을 판단하는 견해가 타당하다.

(2) 처분등의 집행으로 처분등의 효력이 소멸된 경우

처분등의 집행으로 처분등의 효력이 소멸된 후에도 회복되는 법률상 이익이 996-18
있으면 권리보호필요성이 인정된다(예를 들어 현역병으로 입영한 후 당초에 있었던 현
역병입영통지처분을 다투는 경우)(대판 2003. 12. 26. 2003두1875).

(3) 그 밖의 사유로 처분등의 효력이 소멸된 경우

그 밖의 사유로 처분의 효력이 소멸된 경우에도 회복되는 법률상 이익이 있으 996-19
면 권리보호필요성이 인정된다. 예를 들어 지방의회의원이 지방의회를 상대로
제명의결취소소송 계속 중 임기가 만료된 경우 지방의회 의원으로서의 지위를
회복할 수는 없다고 할지라도 제명의결시부터 임기만료일까지의 기간에 대해
월정수당의 지급을 구할 수 있는 이익이 있기 때문에 취소소송의 권리보호필
요성은 인정된다(대판 2009. 1. 30. 2007두13487).

Ⅳ. 피고적격 ★★[20 노무] [14 사시] [17 변시]

1. 원칙 — 처분청

(가) 다른 법률에 특별한 규정이 없는 한 취소소송에서는 그 처분등을 행한 행정청 996-26
이 피고가 된다(행정소송법 제13조 제1항 본문). 재결취소소송의 경우는 위원회가 피고가
된다. 논리적으로 보면 피고는 처분등의 효과가 귀속하는 권리주체인 국가나 지방자
치단체가 되어야 하지만, 행정소송법은 소송수행의 편의를 위해 행정청을 피고로 규
정하고 있다(당사자소송은 권리주체를 피고로 한다. 행정소송법 제39조 참조).

(나) '처분등을 행한 행정청'이란 원칙적으로 소송의 대상인 처분등을 외부에 자신
의 명의로 행한 행정청을 의미한다. 따라서 전통적 의미의 행정청 외에 합의제기관
(예: 방송위원회, 공정거래위원회), 법원이나 국회의 기관도 실질적 의미의 행정적인 처분을
하는 범위에서 행정청에 속한다(예: 법원장의 법원공무원에 대한 징계처분을 다투는 경우 법원장,
지방의회의 지방의회의원에 대한 징계나 지방의회의장에 대한 불신임의결을 다투는 경우 지방의회).

2. 특수한 경우

(1) 행정청의 권한이 승계된 경우

996-27   처분등이 있은 뒤에 그 처분등에 관계되는 권한이 다른 행정청에 승계된 때에는 이를 승계한 행정청을 피고가 된다(행정소송법 제13조 제1항 단서).

(2) 행정청이 없게 된 경우

996-28   행정청이 없게 된 때에는 그 처분등에 관한 사무가 귀속되는 국가 또는 공공단체가 피고가 된다(행정소송법 제13조 제2항).

(3) 행정청의 권한이 위임·위탁된 경우

996-29   행정청의 권한이 법령에 의해 위임 또는 위탁된 경우 그 위임·위탁을 받은 행정기관이나 공공단체 및 기관 또는 사인이 피고가 된다(행정소송법 제2조 제2항).

996-30
> **참고 행정권한의 위임·위탁**
> 행정권한의 위임·위탁이란 행정관청이 자기에게 주어진 권한을 스스로 행사하지 않고 법령에 근거하여 타자(수임청(상하관계에 있는 자)·수탁청(대등관계에 있는 자))에게 사무처리 권한의 일부를 실질적으로 이전하여 수임청(수탁청)의 이름과 권한과 책임으로 사무를 처리하게 하는 것을 말한다.

(4) 행정청의 권한이 내부위임된 경우

996-31   ① 내부위임은 행정권한의 위임·위탁과는 달리 위임자 명의로 권한이 행사되기 때문에 위임 행정관청이 피고가 된다. ② 내부위임임에도 수임 행정관청이 위법하게 자신의 명의로 처분을 발령하였다면 피고는 무권한자이면서 명의자인 수임 행정관청이 된다. 만일 정당한 권한자를 피고로 해야 한다면 무권한자가 위법한 처분을 발령한 후 정당한 권한자를 찾아야 하는 부담을 원고인 사인에게 지우는 결과가 되기 때문이다.

996-31a
> **참고 행정권한의 내부위임**
> 권한의 내부위임이란 법령에 근거 없이 행정조직 내부에서 수임자가 위임자의 명의와 책임으로 위임자의 권한을 사실상 행사하는 것을 말한다.

(5) 행정청의 권한이 대리된 경우

997   행정권한의 대리(행정권한의 대리란 행정관청(피대리관청)이 자신의 권한을 다른 행정관청(대리관청)으로 하여금 행사하게 하고, 대리관청은 자신의 이름으로 권한을 행사하되 그 효과는 피대리관청에

귀속하게 하는 것을 말한다)가 있는 경우 대리행위의 효과는 피대리관청에게 귀속된다. 따라서 항고소송의 피고는 피대리관청이 된다(대판 2018. 10. 25. 2018두43095).

(6) 처분적 조례

처분적 조례에 대한 항고소송의 피고는 지방의회가 아니라, 지방자치단체의 집행기관으로서 조례로서의 효력을 발생시키는 공포권이 있는 지방자치단체의 장이 된다(대판 1996. 9. 20. 95누8003).

998

(7) 지방의회 의장의 선거행위 및 의장에 대한 불신임의결·지방의회 의원 징계

㈎ 지방의회의 의장의 선거행위 및 의장에 대한 불신임의결도 항고소송의 대상인 처분이다. 따라서 이를 다투는 경우 피고는 지방의회가 된다(대판 1995. 1. 12. 94누2602; 대판 1994. 10. 11. 94두23).

998a

㈏ 그리고 지방자치법에 따라 지방의회 의원이 징계(예를 들어 제명)를 받고 이를 다투는 경우 피고는 지방의회가 된다(대판 2009. 1. 30. 2007두13487).

(8) 처분권한자와 통지(통보)한 자가 다른 경우

처분권한자(대통령)가 서훈취소를 결정하고 이를 대외적으로 표시하여 처분의 효력이 발생한 후, 보좌기관(국가보훈처장)에 의해서 서훈취소결정이 상대방에게 알려진 경우, 피고는 처분권한자인 대통령이다(대판 2014. 9. 26. 2013두2518).

998c

(9) 법률에 특별히 규정된 경우

행정소송법 제13조 제1항은 취소소송은 피고적격에 관해 다른 법률에 특별규정이 있으면 그에 따른다고 규정하는데, 국가공무원법 제16조 제2항은 공무원이 징계등 불리한 처분이나 부작위에 대해 행정소송을 제기할 때 대통령의 처분 또는 부작위의 경우에는 소속 장관이 피고가 되며, 노동위원회법 제27조 제1항은 중앙노동위원회의 처분에 대한 소송은 중앙노동위원회위원"장"을 피고로 한다고 규정하고, 법원조직법 제70조는 대법원장이 한 처분에 대한 행정소송의 피고는 법원행정처장으로 한다고 규정한다.

998d

3. 피고경정★★

(1) 의   의

소송의 계속 중에 피고를 종전에 피고로 지정된 자와 동일성이 없는 다른 자로 변경하는 것을 말한다. 행정소송법 제14조 제1항은 원고에게 고의나 과실이 없을 것을 요건으로 하지 않으므로, 원고에게 고의나 과실이 있다고 하더라도 허용된다.

999

(2) 종   류

1) 피고를 잘못 지정한 경우　　　원고가 피고를 잘못 지정한 때에는 법원은 원고

1000

의 신청에 의하여 결정으로써 피고의 경정을 허가할 수 있다(행정소송법 제14조 제1항).

1000b **2) 권한 행정청의 변경으로 인한 피고경정**　　취소소송이 제기된 후에 제13조 제1항 단서(처분등이 있은 뒤에 그 처분등에 관계되는 권한이 다른 행정청에 승계된 때에는 이를 승계한 행정청을 피고로 한다) 또는 제13조 제2항에 해당하는 사유(행정청이 없게 된 때에는 그 처분등에 관한 사무가 귀속되는 국가 또는 공공단체를 피고로 한다)가 생긴 때에는 법원은 당사자의 신청 또는 직권에 의하여 피고를 경정한다(행정소송법 제14조 제6항).

1000a **3) 소의 변경의 경우**　　소의 변경이 있는 경우에도 피고의 경정은 인정된다(행정소송법 제21조 제4항)(예를 들어 취소소송을 당사자소송으로 변경하면 피고를 행정청에서 행정주체로 경정해야 한다).

(3) 절차 및 불복

1000c 　(가) 법원은 원고의 신청에 의하여 결정으로써 피고의 경정을 허가할 수 있다(행정소송법 제14조 제1항).

　(나) 법원이 피고경정 신청을 각하하는 결정을 하는 경우 즉시항고할 수 있다(행정소송법 제14조 제3항).

(4) 시　기

1000d 　피고경정은 사실심변론종결시까지 가능하다(대결 2006. 2. 23. 2005부4).

(5) 효　과

1001 　피고경정허가가 있으면 새로운 피고에 대한 소송은 처음에 소를 제기한 때에 제기된 것으로 보며, 아울러 종전의 피고에 대한 소송은 취하된 것으로 본다(행정소송법 제14조 제4항·제5항). 이처럼 경정신청서 제출시가 아니라 처음에 소를 제기한 때로 제소시점의 소급을 인정한 것은 제소기간 경과로 인한 당사자의 불이익을 배제하기 위한 것이다.

V. 참 가 인[11 사시]

1. 소송참가의 개념

(1) 의　　의

1002 　(가) 참가인이란 소송에 참가하는 자를 말하는데, 소송참가란 타인 간의 소송 계속 중에 소송외의 제3자가 타인의 소송의 결과에 따라 자기의 법률상 이익에 영향을 받게 되는 경우 자기의 이익을 위해 타인의 소송절차에 가입하는 것을 말한다.

　(나) 이는 행정소송의 공정한 해결, 모든 이해관계자의 이익의 보호 및 충분한 소송자료의 확보를 위해 취소소송과 이해관계 있는 제3자나 다른 행정청을 소송에 참여시키는 제도이다.

(2) 종   류

행정소송상 소송참가에는 ① 제3자의 소송참가(행정소송법 제16조)와 ② 행정청의 소 1003
송참가(행정소송법 제17조), ③ 민사소송법에 의한 소송참가(행정소송법 제8조 제2항)가 있다.

2. 제3자의 소송참가★★★

(1) 의   의

법원은 소송의 결과에 따라 권리 또는 이익의 침해를 받을 제3자가 있는 경우에 1005
는 당사자 또는 제3자의 신청 또는 직권에 의하여 결정으로써 그 제3자를 소송에 참
가시킬 수 있다(행정소송법 제16조 제1항). 이를 제3자의 소송참가라고 한다. 이처럼 제3
자의 소송참가가 인정되는 것은 취소판결의 효력(형성력)이 제3자에게도 미치기 때문
이다(행정소송법 제29조 제1항). 이는 주로 **복효적 행정행위**에서 문제된다(예를 들어 경원자
관계에 있는 갑과 을 중 을이 허가처분을 받아 갑이 을에 대한 허가처분취소소송을 제기한 경우 을이 자
신의 허가권을 보호하기 위해 소송에 참가하는 것을 말한다. 주의할 것은 제3자효 있는 행정행위에서
'제3자'는 앞의 예에서 '갑'이지만, 행정소송법 제16조ㆍ제29조ㆍ제31조 등의 '제3자'는 허가처분을 받은
'을'이다).

(2) 요   건

1) 타인 간에 소송이 계속 중일 것　　　행정소송법 제16조에 명시적 내용은 없으 1006
나, 소송참가의 성질상 당연히 타인 간의 취소소송이 계속되고 있어야 한다. 소송이
계속되는 한 심급을 가리지 않고 참가할 수 있다.

2) 소송의 결과에 따라 권리 또는 이익의 침해를 받을 제3자일 것　　　(가) ① '소송 1007
의 결과'에 따라 권리 또는 이익의 침해를 받는다는 것은 취소판결의 주문에 의하여
직접 자기의 권리 또는 이익을 침해받는 것을 말하므로 그 취소판결의 효력, 즉 **형성**
력에 의하여 직접 권리 또는 이익을 침해받는 경우를 말한다(앞의 예에서 갑이 취소판결을
받는다면 을에 대한 허가처분은 별도의 절차 없이 소멸된다). ② 또한 취소판결의 **기속력 때문에**
이루어지는 행정청의 새로운 처분(행정소송법 제30조 제2항 참조)에 의해서 권리 또는 이익
을 침해받는 경우도 해석상 여기서 말하는 권리 또는 이익을 침해받는 경우에 해당한
다고 본다(예를 들어 경원자관계에서 수익적 처분을 받지 못한 자(갑)가 — 을에 대한 허가처분을 다투
는 것이 아니라 — 자신의 신청에 대한 거부처분에 대해 취소소송을 제기하는 경우, 수익적 처분을 받은
자(을)는 만일 갑의 거부처분취소소송이 인용된다면 자신에게 발령된 인용처분이 거부처분취소소송의 인
용판결의 기속력에 따른 후속조치(재처분의무)로 직권취소될 수 있기에 을은 갑의 거부처분취소소송에
소송참가를 할 수 있다. 자세한 내용은 후술하는 판결의 기속력 참조(1215 이하)).

(나) '권리 또는 이익'이란 단순한 경제상의 이익이 아니라 **법률상 이익**을 의미한다.

(다) 권리 또는 이익의 '침해를 받을'이라는 것은 소송참가시 소송의 결과가 확정

되지 않은 상태이므로 실제로 침해받았을 것을 요하는 것이 아니라 소송의 결과에 따라 침해될 개연성이 있는 것으로 족하다(주석행정소송법).

 (라) '제3자'란 해당 소송당사자 이외의 자를 말하는 것으로서 개인에 한하지 않고 국가 또는 공공단체도 포함되나, 행정청은 권리나 이익을 침해 받을 수 없어 행정소송법 제17조의 행정청의 소송참가규정에 의한 참가만이 가능하다(행정청은 권한만 가지며, 권리는 없다).

1007a
3) 원·피고 어느 쪽으로도 참가 가능
제3자는 원·피고 어느 쪽을 위해서도 소송에 참가할 수 있다. 이 점이 피고 행정청을 위한 참가만 가능한 행정소송법 제17조의 행정청의 소송참가와 다르다.

(3) 절차·불복

1008
1) 신청 또는 직권
법원은 당사자 또는 제3자의 신청 또는 직권에 의하여 소송참가를 결정한다(행정소송법 제16조 제1항).

1009
2) 의견청취
소송참가결정을 하고자 할 때에는 미리 당사자 및 제3자의 의견을 들어야 한다(행정소송법 제16조 제2항).

1010
3) 불　복
참가신청이 각하된 경우 신청을 한 제3자는 즉시항고할 수 있다(행정소송법 제16조 제3항).

(4) 참가인의 지위와 판결의 효력

1011
1) 참가한 제3자의 지위
(가) 제3자를 소송에 참가시키는 법원의 결정이 있으면 그 제3자는 행정소송법 제16조 제4항에 따라 민사소송법 제67조의 규정이 준용되어 피참가인과의 사이에 필수적 공동소송에서의 공동소송인에 준하는 지위에 서게 되나, 제3자는 당사자적격이 없어 강학상 공동소송적 보조참가인의 지위에 있다고 보는 것이 통설·판례의 입장이다(대판 2017. 10. 12. 2015두36836)(민사소송법 제78조 참조). '공동소송적 보조참가'란 타인의 소송 계속 중에 당사자적격이 없는 자로서 판결의 효력을 받는 제3자가 보조참가를 하는 것을 말한다.

 (나) 통상의 보조참가인과는 달리 공동소송적 보조참가인은 피참가인의 행위와 어긋나는 행위를 할 수 있는 등 필수적 공동소송인에 준하는 강한 소송수행권이 부여된다(민사소송법 제67조 참조).

1011a
2) 판결의 효력
공동소송적 보조참가인의 지위를 취득한 제3자는 실제 소송에 참가하여 소송행위를 하였는지 여부를 불문하고 판결의 효력을 받는다.

3. 행정청의 소송참가★★

(1) 의　　의

1012
행정소송법 제17조는 법원이 다른 행정청을 소송에 참가시킬 필요가 있다고 인정할 때에 신청 또는 직권으로 행정청을 소송에 참가시킬 수 있음을 규정하고 있다. 이를 인정하는 이유는 다른 행정청(관계행정청)도 취소판결이 확정되면 행정소송법 제30조 제1항에 따라 기속력을 받기 때문이다(기속력을 받는 행정청은 반복금지의무 등 판결내용을 준수하여야 할 의무를 부담한다. 자세한 내용은 후술하는 판결의 기속력 참조(1210, 1220)). 주로 처분청이 처분을 함에 있어 다른 행정청의 동의나 협의 등을 필요로 하는 협력을 요하는 행정행위에서 문제된다(예를 들어 소방서장의 건축허가에 대한 동의거부로 건축허가청이 건축허가를 거부하여 사인이 건축허가청을 상대로 취소소송을 제기한 경우 소방서장이 건축부동의의 정당성을 주장하기 위해 소송에 참가하는 것을 말한다).

(2) 요   건

1) 타인 간에 소송이 계속 중일 것　　행정소송법 제17조에 명시적 내용은 없으나, 소송참가의 성질상 당연히 타인 간의 취소소송이 계속되고 있어야 한다. 소송이 계속되는 한 심급을 가리지 않고 참가할 수 있다.　　　　1013

2) 다른 행정청이 참가할 것　　'다른 행정청'이란 행정소송법 제30조 제1항의 관계행정청을 의미한다고 봄이 다수설이다(후술하는 판결의 기속력 참조(1220)). '관계행정청'이란 소송의 대상이 된 처분과 관련되는 처분이나 부수되는 행위(예를 들어 동의나 협력)를 할 수 있는 행정청을 총칭하는 것이다.　　　　1014

3) 법원이 참가시킬 필요가 있다고 인정할 것　　'참가시킬 필요가 있다고 인정할 때'란 법원이 재량적으로 판단할 문제이나, 사건의 적정한 심리와 재판을 위해 필요한 경우를 말한다.　　　　1015

4) 피고 행정청을 위하여 참가할 것　　행정에 관한 의사가 분열되는 것을 허용하지 않는다는 취지에서 볼 때, 행정청의 소송참가는 성질상 피고 행정청을 위하여 참가할 수 있을 뿐 원고를 위하여 참가하는 것은 허용되지 않는다.　　　　1015a

(3) 절   차

법원은 행정청의 신청 또는 직권에 의한 결정으로 참가 여부를 결정한다.　　　　1016

1) 신청 또는 직권　　법원은 행정청의 신청 또는 직권에 의해 소송참가를 결정한다(행정소송법 제17조 제1항).　　　　1017

2) 의견청취　　소송참가결정을 하고자 할 때에는 당사자 및 당해 행정청의 의견을 들어야 한다(행정소송법 제17조 제2항).　　　　1018

(4) 참가인의 지위와 판결의 효력

1) 참가한 행정청의 지위　　㈎ 행정청을 소송에 참가시키는 법원의 결정이 있으면, 행정소송법 제17조 제3항에 따라 소송에 참가한 행정청에 대하여는 민사소송법 제76조의 규정이 준용되므로, 참가행정청은 소송수행상 (통상의) 보조참가인에 준하는　　　　1019

지위에 있다. '(통상의) 보조참가'란 타인 간의 소송계속 중 소송결과에 대해 법률상 이해관계 있는 제3자가 일방 당사자의 승소를 보조하기 위해 그 소송에 참가하는 것을 말한다(민사소송법 제71조 참조).

(ㄴ) 보조참가인인 행정청은 피참가인의 승소를 위해 일체의 소송행위와 사법행위(공격·방어·이의·상소 등)를 자기 이름으로 할 수 있다(민사소송법 제76조 제1항 본문). 다만, 참가인의 소송행위가 피참가인의 소송행위에 어긋나는 경우에는 그 참가인의 소송행위는 효력을 가지지 아니한다(민사소송법 제76조 제2항).

1019a **2) 판결의 효력**   소송에 참가한 행정청은 보조참가인에 준하는 지위에 있기 때문에 참가적 효력(참가인이 피참가인에 대한 관계에서 패소판결확정 후 판결내용이 부당하다고 주장할 수 없는 구속력을 말한다)만 받고(민사소송법 제77조 참조), 판결의 효력은 받지 않는다.

4. 민사소송법에 의한 소송참가

(1) 보조참가의 허용 여부

1020   보조참가는 참가인 자신의 이름으로 판결을 구하는 것이 아니라 당사자의 일방을 보조하는 데 그치는 것이므로 민사소송법 제71조의 요건을 충족하는 한 행정소송에서도 허용되는 것으로 보는 것이 다수설이다. 따라서 제3자는 그 선택에 따라 행정소송법 제16조에 의하여 판결의 형성력을 받는 참가를 하든가 민사소송법상 판결의 참가적 효력만을 받는 보조참가를 하든가 선택할 수 있다.

(2) 독립당사자참가의 허용 여부

1021   독립당사자참가는 서로 이해관계가 대립하는 원고·피고·참가인 사이의 분쟁해결에 적합한 형태이기 때문에 개인의 권리구제와 적법성통제를 목적으로 하는 행정소송의 취지와 맞지 않아 행정소송에서는 인정되기 어렵다는 것이 다수설이다. 판례도 행정소송에 있어서는 행정청이나 그 소속기관 이외의 자를 피고로 삼을 수 없다고 하여 독립당사자참가에 대해 부정적이다(대판 1970. 8. 31. 70누79).

(3) 공동소송참가의 허용 여부

1022   행정소송법 제16조에 의한 참가인은 자기의 청구를 따로 가지는 것은 아닌 데 대하여, 공동소송참가인은 독자적인 청구를 가질 수 있을 뿐 아니라(관련청구의 병합 등), 행정소송법 제16조에 의하여 참가한 제3자는 공동소송적 보조참가인의 지위에 있으나, 공동소송참가인은 필수적인 공동소송인이므로 양자는 소송상 지위에서 차이가 있다(이상규). 따라서 행정소송법 제16조의 참가 외에 민사소송법에 의한 공동소송참가를 인정할 필요가 있다는 긍정설이 다수설이다.

◎ 제4항   기타 소송요건

Ⅰ. 재판관할^{★★}

1. 재판관할의 의의

재판관할이란 법원이 가진 재판권을 행사해야 할 장소적·직무적 범위를 구체적   1023
으로 정해 놓은 것을 말한다. 즉, 소송사건이나 법원의 종류가 다양하기 때문에 어떤
특정사건을 어느 법원이 담당할 것인지를 정하기 위해 법원 상호간에 재판권의 범위
를 정해야 하는데 그 범위를 정한 것이 관할이다.

2. 행정사건의 행정법원 전속성

행정소송법에는 행정사건이 행정법원의 전속관할에 속함을 밝히는 규정은 없으   1023a
나, 성질상 행정사건은 행정법원의 전속관할(공익적 사항이기 때문에 특정법원만이 재판을 할
수 있도록 인정된 관할 ↔ 임의관할(당사자 간의 합의 또는 피고의 변론 등에 의하여 변경할 수 있는 성
질의 관할))에 속하므로 행정법원 관할에 속하는 사건을 지방법원이나 가정법원이 행하
는 것은 전속관할 위반이 된다. 그런데 현재 행정법원은 서울에만 설치되어 있으며,
지방은 지방법원 본원이 제1심 관할법원이 된다. 따라서 행정법원이 설치되지 않은
지역이어서 지방법원 본원이 행정법원의 역할까지 하는 지역에서, 지방법원 본원이
행정사건으로 취급해야 할 사건을 민사사건으로 접수하여 처리하였다고 하더라도 이
는 단순 사무분담의 문제일 뿐 전속관할 위반이 아니다.

3. 토지관할

(가) 토지관할이란 소재지를 달리하는 여러 법원들 간의 재판권의 분담을 정해 놓   1024
은 것을 말한다. 그리고 행정소송법 제9조나 제40조에 항고소송이나 당사자소송의 토
지관할에 관하여 이를 전속관할로 하는 명문의 규정이 없는 이상 이들 소송의 토지관
할을 전속관할이라 할 수 없다(임의관할)(대판 1994. 1. 25. 93누18655).

(나) 따라서 당사자 간의 합의(합의관할(당사자의 합의에 의해 정해지는 관할))나 피고의 변
론(변론관할(관할권이 없는 법원에 제기된 소에 대하여 피고가 제1심법원에서 관할 위반의 항변을 제출
하지 않고 본안에 관하여 변론을 하거나 변론준비기일에서 진술한 경우에 생기는 관할권이다(민사소송법
제30조 참조)))으로도 다른 법원에 관할권이 발생할 수 있다.

(1) 보통재판적

취소소송의 제1심 관할법원은 피고의 소재지를 관할하는 행정법원으로 한다. 그   1024a
럼에도 불구하고 중앙행정기관, 중앙행정기관의 부속기관과 합의제행정기관 또는 그

장 또는 국가의 사무를 위임 또는 위탁받은 공공단체 또는 그 장을 피고로 취소소송을 제기하는 경우에는 대법원소재지를 관할하는 행정법원에 제기할 수 있다(행정소송법 제9조 제1항·제2항).

(2) 특별재판적

1025   토지의 수용 기타 부동산 또는 특정의 장소에 관계되는 처분등에 대한 취소소송은 그 부동산 또는 장소의 소재지를 관할하는 행정법원에 이를 제기할 수 있다(행정소송법 제9조 제3항).

4. 사물관할

1026   행정사건은 원칙적으로 판사 3인으로 구성된 합의부에서 재판해야 하는 합의사건이다. 다만, 단독판사가 재판할 것으로 행정법원 합의부가 결정한 사건의 심판권은 단독판사가 가진다(법원조직법 제7조 제3항). 이는 쟁점이 간단한 사건에 대해 단독판사가 신속히 처리할 수 있는 길을 열어 둔 것이다.

5. 심급관할

1027   행정소송법에서 정한 행정사건과 다른 법률에 의하여 행정법원의 권한에 속하는 사건은 행정법원(합의부·단독판사)이 1심으로 심판한다(법원조직법 제40조의4). 행정법원의 재판에 대하여는 고등법원에 항소할 수 있고(법원조직법 제28조), 고등법원의 재판에 대하여는 대법원에 상고할 수 있다(법원조직법 제14조).

6. 관할위반으로 인한 이송

(1) 전속관할의 경우

1028   원고가 고의 또는 중대한 과실 없이 행정소송으로 제기하여야 할 사건을 민사소송으로 잘못 제기한 경우, ① 수소법원으로서는 만약 그 행정소송에 대한 관할도 동시에 가지고 있다면 이를 행정소송으로 심리·판단하여야 하고, ② 그 행정소송에 대한 관할을 가지고 있지 아니하다면 … 행정소송으로서의 소송요건을 결하고 있음이 명백하여 행정소송으로 제기되었더라도 어차피 부적법하게 되는 경우가 아닌 이상 이를 부적법한 소라고 하여 각하할 것이 아니라 관할 법원에 이송하여야 한다(대판 1997. 5. 30. 95다28960).

(2) 토지관할·사물관할·심급관할의 경우

1028a   ① 행정소송에도 민사소송법 제34조 제1항이 준용되어(행정소송법 제8조 제2항) 법원은 소송의 전부 또는 일부가 관할에 속하지 아니함을 인정한 때에는 결정으로 관할 법원에 이송해야 한다. ② 그런데 위 조항은 원래 토지관할이나 사물관할 위반의 경

우만을 상정한 것으로 지방법원에 제소해야 할 사건을 고등법원이나 대법원에 제소한 경우에는 적용되지 않는다는 견해가 있어 행정소송법은 이송의 범위를 넓혀주고 있다. 즉 행정소송법 제7조는 원고에게 고의나 중대한 과실이 없는 한 심급을 달리하는 법원에 행정소송이 잘못 제기된 경우에도 이송해야 함을 규정하고 있다.

Ⅱ. 행정심판전치*[16 5급]

1. 개 념

(1) 의 의

행정심판전치란 사인이 행정소송의 제기에 앞서서 행정청에 대해 먼저 행정심판을 제기하여 처분의 시정을 구하는 것을 말한다. 여기서 말하는 행정심판이란 행정심판법에 따른 행정심판 외에 특별법상 심판도 포함한다(예: 국세기본법상 심사청구·심판청구, 국가공무원법상 소청, 중앙노동위원회의 재심판정). `1029`

(2) 법적 근거

행정심판전치의 법적 근거는 헌법 제107조 제3항(재판의 전심절차로서 행정심판을 할 수 있다. 행정심판의 절차는 법률로 정하되, 사법절차가 준용되어야 한다)과 행정소송법 제18조가 있다. `1030`

(3) 성 질

필요적 심판전치의 경우 행정심판전치는 취소소송의 소송요건이므로 다른 소송요건과 마찬가지로 법원의 직권조사사항이다(대판 1982. 12. 28. 82누7). 그리고 필요적 행정심판절차의 이행 여부에 대한 판단시점은 사실심변론종결시가 된다. `1031`

2. 임의적 행정심판전치원칙

취소소송은 처분에 대한 행정심판을 제기할 수 있는 경우에도 이를 거치지 아니하고 제기할 수 있다(행정소송법 제18조 제1항 본문). 즉, 행정심판은 임의적인 절차이다. `1032`

3. 예외(필요적 심판전치)

(1) 내 용

행정심판은 임의적인 절차임이 원칙이지만, 다른 법률에 당해 처분에 대한 행정심판의 재결을 거치지 아니하면 취소소송을 제기할 수 없다는 규정이 있는 때에는 반드시 행정심판의 재결을 거쳐야 한다(행정소송법 제18조 제1항 단서). 여기서 '다른 법률'이란 행정소송법 이외의 법률을 말한다(예: 공무원의 징계나 기타 불리한 처분·부작위에 관한 불복의 경우 특별행정심판인 소청에 관해 규정하는 국가공무원법 제16조, 세법에 따른 처분에 관해 불복하는 경우 특별행정심판인 심사청구·심판청구를 규정하는 국세기본법 제56조 제2항, 운전면허 취소·정 `1033`

지와 같은 도로교통법상의 처분에 불복하는 도로교통법 제142조의 경우).

(2) 필요적 행정심판전치의 예외(완화)

1034 　　행정심판의 전치가 필요적인 경우라 하여도 이를 강제하는 것이 국민의 권익을 침해하는 결과가 되는 경우 필요적 심판전치의 예외를 인정할 필요가 있다. 예외로 행정소송법은 ① 행정심판은 제기하되 재결을 거치지 아니하고 소송을 제기할 수 있는 경우와 ② 행정심판을 제기함이 없이 소송을 제기할 수 있는 경우를 규정하고 있다(행정소송법 제18조 제2항·제3항). 두 경우 모두 원고는 법원에 대하여 사유를 소명하여야 한다(행정소송법 제18조 제4항).

1035 　**1) 행정심판은 제기하되 재결을 거치지 아니하고 소송을 제기할 수 있는 경우**

　　① 행정심판청구가 있은 날로부터 60일이 지나도 재결이 없는 때(이것은 재결의 부당한 지연으로부터 생기는 불이익을 방지하기 위한 것이다. 행정심판법 제45조 제1항(재결은 제23조에 따라 피청구인 또는 위원회가 심판청구서를 받은 날부터 60일 이내에 하여야 한다) 참조), ② 처분의 집행 또는 절차의 속행으로 생길 중대한 손해를 예방하여야 할 긴급한 필요가 있는 때, ③ 법령의 규정에 의한 행정심판기관이 의결 또는 재결을 하지 못할 사유가 있는 때(예: 위원회의 위원 과반수 이상이 사퇴한 경우), ④ 그 밖의 정당한 사유가 있는 때에는 재결을 거치지 않고 소송을 제기할 수 있다(행정소송법 제18조 제2항).

1036 　**2) 행정심판을 제기함이 없이 소송을 제기할 수 있는 경우**　　① 동종사건에 관하여 이미 행정심판의 기각결정이 있은 때(동종사건에 관하여 이미 행정심판의 기각결정이 있었다면 재심사할 필요가 없기 때문에 절차중복을 방지하기 위한 것이다), ② 서로 내용상 관련되는 처분 또는 같은 목적을 위하여 단계적으로 진행되는 처분 중 어느 하나가 이미 행정심판의 재결을 거친 때(주로 단계적 절차에 있는 처분의 경우 분쟁사유에 공통성을 내포하고 있으므로 중복심사를 방지하기 위한 것이다), ③ 행정청이 사실심의 변론종결 후 소송의 대상인 처분을 변경하여 당해 변경된 처분에 관하여 소를 제기하는 때(이 경우 다시 행정심판을 전치하게 한다는 것은 당사자에게 가혹할 뿐만 아니라 행정청이 소송의 지연을 위한 수단으로 사용할 수도 있기 때문이다), ④ 처분을 행한 행정청이 행정심판을 거칠 필요가 없다고 잘못 알린 때에는 행정심판의 제기 없이도 소송을 제기할 수 있다(상대방의 신뢰를 보호하기 위한 것이다. 전술한 행정심판법상 고지제도 참조(742))(행정소송법 제18조 제3항).

4. 적용범위

1037 　　(가) 부작위위법확인소송에는 준용되지만, 무효등확인소송에는 준용되지 않는다(행정소송법 제38조 제1항·제2항).

　　(나) 행정심판은 항고쟁송이므로 당사자소송의 경우에는 행정심판전치의 적용이 없다(다수설).

⒜ ① 무효확인을 구하는 의미의 취소소송도 필요적 행정심판전치가 적용된다는 견해가 타당하다. 왜냐하면 행정심판전치는 소송요건이지 본안요건은 아니기 때문이다. ② 판례도 이 경우 필요적 행정심판전치가 적용된다고 본다(대판 1990. 8. 28. 90누1892).

⒭ ① 처분의 직접 상대방이 아닌 제3자가 행정소송을 제기하기 위해 행정심판을 청구하는 경우에도 필요적 행정심판전치가 적용된다는 견해가 타당하다. ② 판례도 이 경우 필요적 행정심판전치가 적용된다고 본다(대판 1989. 5. 9. 88누5150).

⒨ 둘 이상의 행정심판절차가 규정되어 있다면 명문의 규정이 없는 한 하나의 절차만을 거치는 것으로 족하다는 것이 일반적 견해이다(예를 들어 국가기본법상 국세청장에 대한 국세심사청구와 조세심판원장에 대한 국세심판청구).

5. 행정심판의 적법성과 심판전치요건의 충족 여부(필요적 심판전치의 경우)

① 행정심판청구 요건을 구비한 적법한 심판청구가 있었으나 각하한 경우에 심판전치 요건은 구비된 것으로 본다. ② 행정심판청구 요건을 구비하지 못한 부적법한 심판청구가 있었음에도 본안에 대한 재결(인용·기각재결)을 한 경우 심판전치의 요건이 구비되지 않은 것으로 본다.

1038

6. 행정심판과 행정소송의 관련성(필요적 심판전치의 경우)

(1) 인적 관련성

행정심판은 특정한 처분에 대한 위원회의 재심사가 목적이기 때문에 행정심판의 청구인과 행정소송에서 원고는 일치될 필요가 없으며, 특정한 처분에 대한 행정심판이 있기만 하면 족하다.

1039

(2) 물적 관련성

행정심판의 청구원인 등과 행정소송의 그것이 기본적인 점에서 동일하면 족하다(행정소송법 제18조 제3항 제2호 참조).

1040

(3) 주장내용의 관련성

행정심판에서의 주장과 행정소송에서의 주장은 기본적인 점에서만 부합되면 된다.

1041

(4) 공격방어방법의 동일성

사건의 동일성만 인정되면 행정심판전치 요건은 구비된 것이며, 공격방어방법(원고가 본안을 인용받기 위해 제출하는 일체의 소송자료를 공격방법, 피고가 이를 방어하기 위해 제출하는 일체의 소송자료를 방어방법이라고 한다)의 동일성은 필요로 하지 않는다(대판 1996. 6. 14. 96누754).

1041a

Ⅲ. 제소기간^{★★}[17 노무] [20 노무] [09 사시] [13 5급] [14 변시] [17 변시] [21 변시]

1. 제소기간의 개념

(1) 의 의

1042 　제소기간이란 처분의 상대방등이 소송을 제기할 수 있는 시간적 간격을 말한다. 제소기간 준수 여부는 소송요건으로서 법원의 직권조사사항이다.

(2) 적용범위

1043 　⑺ 제소기간의 요건은 처분의 상대방이 소송을 제기하는 경우는 물론이고, 법률상 이익이 침해된 제3자가 소송을 제기하는 경우에도 적용된다(대판 1991. 6. 28. 90누6521).

　⑴ 무효등확인소송의 경우에는 제소기간의 제한이 없다. 그러나 무효를 확인하는 의미의 취소소송은 제소기간의 준수 등 취소소송의 제소요건을 갖추어야 한다(대판 1993. 3. 12. 92누11039).

　⑴ 개별법률에서 제소기간에 관해 특례를 두기도 한다(공익사업을 위한 토지등의 취득 및 보상에 관한 법률 제85조 제1항).

2. 안 날부터 90일

(1) 행정심판을 거치지 않은 경우

1) 특정인에 대한 처분의 경우(송달하는 경우)

1044 　상대방에게 처분 등을 송달할 수 있는 경우 처분 등의 효력은 송달받을 자에게 '도달'하면 발생한다(행정절차법 제15조 제1항). 그러나 취소소송은 처분등이 있음을 '안 날'부터 90일 이내에 제기하여야 한다(행정소송법 제20조 제1항 제1문). '처분등이 있음을 안 날'이란 통지·공고 기타의 방법에 의하여 당해 처분이 있었다는 사실을 현실적으로 안 날을 의미한다(대판 1964. 9. 8. 63누196). 처분이 있음을 앎으로 족하고 구체적인 내용이나 그 처분의 위법 여부를 알아야 하는 것은 아니다(대판 1991. 6. 28. 90누6521). 그리고 적법한 송달이 있었다면 특별한 사정이 없는 한 처분이 있음을 알았다고 추정된다. 따라서 이 경우 특별한 사정으로 알지 못했다는 사정은 원고가 입증해야 한다.

1044a 　2) 불특정인에 대한 처분의 경우(고시 또는 공고하는 경우)　통상 고시 또는 공고에 의하여 행정처분을 하는 경우에는 그 처분의 상대방이 불특정 다수인이고, 그 처분의 효력이 불특정 다수인에게 일률적으로 적용되는 것이므로, 그에 대한 행정심판 청구기간도 그 행정처분에 이해관계를 갖는 자가 고시 또는 공고가 있었다는 사실을 현실적으로 알았는지 여부에 관계없이 고시가 효력을 발생하는 날에 행정처분이 있음을 알았다고 보아야 한다(대판 2000. 9. 8. 99두11257).

3) 개별공시지가결정의 경우

개별토지가격결정은 각 개별토지에 대한 가격 결정을 일괄하여 읍·면·동의 게시판에 공고하는 것일 뿐 그 처분의 효력은 각각의 토지 또는 각각의 소유자에 대하여 각별로 효력을 발생하는 것이므로, 개별토지가격 결정의 공고로 그 효력은 발생하지만 처분의 상대방인 토지소유자 및 이해관계인이 공고일에 개별토지가격결정처분이 있음을 알았다고 할 수는 없으므로 개별토지가격 결정을 알았다고 볼 만한 특별한 사정이 없는 한 처분이 있은 날로부터 1년 이내에 취소소송(행정심판은 처분이 있은 날로부터 180일 이내)을 제기하면 된다(대판 1993. 12. 24. 92누 17204 참조).

(2) 행정심판을 거친 경우

⑷ 행정심판을 거친 경우에는 재결서의 정본을 송달받은 날부터 90일 내에 소송을 제기해야 한다(행정소송법 제20조 제1항 단서). '재결서정본을 송달받은 날'이란 재결서 정본을 민사소송법이 정한 바에 따라 적법하게 송달받은 경우를 말한다.

⑴ 그리고 행정소송법 제20조 제1항 단서는 제18조 제1항 단서에 규정한 경우(필요적 심판전치의 경우)와 그 밖에 행정심판청구를 할 수 있는 경우(임의적 행정심판전치의 경우)뿐만 아니라 '행정청이 행정심판청구를 할 수 있다고 잘못 알려 행정심판을 청구한 경우' 제소기간은 재결서의 정본을 송달받은 날부터 기산한다고 규정하는데, 이 규정의 취지는 처분 상대방에 대하여 행정청이 법령상 행정심판청구가 허용되지 않음에도 행정심판청구를 할 수 있다고 잘못 알린 경우에, 잘못된 안내를 신뢰하여 부적법한 행정심판을 거치느라 본래 제소기간 내에 취소소송을 제기하지 못한 자를 구제하려는 데에 있다(행정심판법 제3조 제2항 참조).

⑺ 이 경우와는 달리 이미 불가쟁력이 발생하여 불복청구를 할 수 없었던 경우라면 그 이후에 행정청이 행정심판청구를 할 수 있다고 잘못 알렸다고 하더라도 그 때문에 처분 상대방이 적법한 제소기간 내에 취소소송을 제기할 수 있는 기회를 상실하게 된 것은 아니므로 이러한 경우에 잘못된 안내에 따라 청구된 행정심판 재결서 정본을 송달받은 날부터 다시 취소소송의 제소기간이 기산되는 것은 아니다(대판 2012. 9. 27. 2011두27247). 즉, 이 경우는 행정소송법 제20조 제1항 단서가 적용되는 것이 아니라 제20조 제1항 본문이 적용되어 처분등이 있음을 안 날부터 90일 이내에 취소소송을 제기하여야 한다.

(3) 불변기간

앞의 90일은 불변기간이다(행정소송법 제20조 제3항). 다만, 당사자가 책임질 수 없는 사유로 말미암아 불변기간을 지킬 수 없었던 경우에는 그 사유가 없어진 날부터 2주 이내에 게을리 한 소송행위를 보완할 수 있다(민사소송법 제173조 제1항).

3. 있은 날부터 1년

(1) 행정심판을 거치지 않은 경우

1047 　　취소소송은 처분등이 있은 날부터 1년을 경과하면 이를 제기하지 못한다(행정소송법 제20조 제2항). '처분등이 있은 날'이란 처분의 효력이 발생한 날을 말한다. 처분은 행정기관의 내부적 결정만으로 부족하며 외부로 표시되어 상대방에게 도달되어야 효력이 발생한다(대판 1990. 7. 13. 90누2284). '도달'이란 상대방이 현실적으로 그 내용을 인식할 필요는 없고, 상대방이 알 수 있는 상태에 놓여지면 충분하다.

(2) 행정심판을 거친 경우

1048 　　행정심판을 거친 경우에는 재결이 있은 날로부터 1년내에 소송을 제기해야 한다(행정소송법 제20조 제2항). '재결이 있은 날'이란 재결의 효력이 발생한 날을 말하며, 재결의 효력이 발생한 날은 재결서 정본을 송달받은 날이 된다. 결국 행정소송법 제20조 제1항의 '재결서정본을 송달받은 날'의 의미와 제2항의 '재결이 있은 날'의 의미는 같다. 따라서 제1항의 재결서 정본을 송달받은 날부터 90일이 경과하면 제소기간은 경과한 것이 되므로 제2항의 '재결이 있은 날부터 1년'은 무의미하다.

(3) 정당한 사유가 있는 경우

1049 　　정당한 사유가 있으면 1년이 경과한 후에도 제소할 수 있다(행정소송법 제20조 제2항 단서). 일반적으로 행정처분의 직접 상대방이 아닌 제3자(예: 이웃소송에서 이웃하는 자)는 행정처분이 있음을 알 수 없는 처지이므로 특별한 사정이 없는 한 정당한 사유가 있는 경우에 해당한다(대판 1989. 5. 9. 88누5150). 따라서 이러한 제3자에게는 제소기간이 연장될 수 있다. 그러나 제3자가 처분등이 있음을 알았다면 안 날부터 90일 이내에 취소소송을 제기해야 한다.

4. 안 날과 있은 날의 관계

1049a 　　처분이 있음을 안 날과 처분이 있은 날 중 어느 하나의 기간만이라도 경과하면 제소할 수 없다.

5. 특수한 경우

(1) 처분 당시에 취소소송의 제기가 법률상 허용되지 않다가 헌법재판소의 위헌결정으로 허용된 경우

1050 　　처분 당시에는 취소소송의 제기가 법제상 허용되지 않아 소송을 제기할 수 없다가 위헌결정으로 인하여 비로소 취소소송을 제기할 수 있게 된 경우 제소기간의 기산점은 처분등이 있음을 안 날이나 처분이 있은 날이 아니라 객관적으로는 '위헌결정이

있은 날('있은 날'과 관련하여)', 주관적으로는 '위헌결정이 있음을 안 날('안 날'과 관련하여)'이 된다(대판 2008. 2. 1. 2007두20997).

(2) 제소기간의 오고지나 불고지의 경우

(가) 행정청이 법정 심판청구기간보다 긴 기간으로 잘못 알린 경우에 그 잘못 알린 기간 내에 심판청구가 있으면 그 심판청구는 법정 심판청구기간 내에 제기된 것으로 본다는 취지의 행정심판법 제27조 제5항의 규정(행정청이 심판청구 기간을 제1항에 규정된 기간(행정심판은 처분이 있음을 알게 된 날부터 90일 이내에 청구하여야 한다)보다 긴 기간으로 잘못 알린 경우 그 잘못 알린 기간에 심판청구가 있으면 그 행정심판은 제1항에 규정된 기간에 청구된 것으로 본다)은 행정심판 제기에 관하여 적용되는 규정이지, 행정소송 제기에도 당연히 적용되는 규정이라고 할 수는 없다(대판 2001. 5. 8. 2000두6916).

1050a

(나) 행정심판법 제18조 제6항(현행 행정심판법 제27조 제6항)에 의하면 행정청이 심판청구기간을 알리지 아니한 때에는 같은 조 제3항의 기간, 즉 처분이 있은 날로부터 180일 이내에 심판청구를 할 수 있다고 규정되어 있지만, 이러한 규정은 행정심판 제기에 관하여 적용되는 규정이지, 행정소송의 제기에도 당연히 유추적용되는 규정이라고 할 수는 없다(대판 2008. 6. 12. 2007두16875).

(3) 상대방에게 고지되지 않았지만 다른 경로로 상대방이 처분 등이 있음을 안 경우 제소기간의 기산점

상대방 있는 행정처분은 특별한 규정이 없는 한 상대방에게 고지되어야 효력이 발생하므로 처분이 상대방인 원고에게 고지되지 않았다면 상대방이 다른 경로를 통해 처분의 내용을 알게 되었다고 하더라도 그 처분은 효력이 발생하였다고 볼 수 없으므로, 행정심판청구기간이나 행정소송법 제20조에서 정한 취소소송의 제소기간이 진행한다고 볼 수 없다(대판 2019. 8. 9. 2019두38656).

1050b

Ⅳ. 소제기의 효과

1. 심리의무

소가 제기되면 법원은 이를 심리하고 판결하여야 한다.

1050c

2. 중복제소금지

당사자는 법원에 계속되고 있는 사건에 대해 다시 소를 제기할 수 없다(행정소송법 제8조 제2항, 민사소송법 제259조).

1050d

3. 집행부정지의 원칙

취소소송의 제기는 처분등의 효력이나 그 집행 또는 절차의 속행에 영향을 주지

1050e

아니한다(행정소송법 제23조 제1항).

○ 제5항 청구의 병합과 소의 변경

Ⅰ. 관련청구소송의 이송·병합

1. 관련청구소송의 이송·병합의 취지

1051 관련청구소송의 이송 및 병합은 상호관련성 있는 여러 청구를 하나의 절차에서 심판함으로써 심리의 중복, 재판상 모순을 방지하고 아울러 신속하게 재판을 진행시키기 위한 제도이다.

2. 관련청구소송의 이송

(1) 이송의 의의

1052 사건의 이송이란 어느 법원에 계속된 소송을 그 법원의 재판에 의하여 다른 법원에 이전하는 것을 말한다. 법원 간의 이전이므로 동일 법원 내에서 담당재판부를 달리하는 것은 이송에 속하지 않고 사무분담의 문제이다.

(2) 요   건

1053 ① 취소소송과 관련청구소송(1059 참조)이 각각 다른 법원에 계속되어야 한다. ② 관련청구소송이 계속된 법원이 이송이 상당하다고 인정하여야 한다. ③ 이송은 관련청구소송을 취소소송이 계속된 법원으로 이송한다(행정소송법 제10조 제1항).

(3) 절차·효과

1054 ① 당사자의 신청이나 법원의 직권에 의해 이송결정이 있어야 한다(행정소송법 제10조 제1항). 이송의 결정은 당해 관련청구소송을 이송받은 법원을 기속하며, 그 법원은 당해 소송을 다시 다른 법원에 이송할 수 없다(민사소송법 제38조). ② 그리고 이송결정이 확정되면 관련청구소송은 처음부터 이송받은 법원에 계속된 것으로 본다(민사소송법 제40조 제1항).

3. 관련청구소송의 병합★★★[17 노무] [18 노무] [21 노무] [10 입시] [13 5급] [15 사시] [16 사시] [18 변시]

(1) 의   의

1055 청구의 병합이란 하나의 소송절차에서 수개의 청구를 하거나(소의 객관적 병합), 하나의 소송절차에서 수인이 공동으로 원고가 되거나 수인을 공동피고로 하여 소를 제기하는 것(소의 주관적 병합)을 말한다.

(2) 형   태

행정소송법은 제10조와 제15조에서 특별규정을 두고 민사소송에서는 인정되지 1056 않는 서로 다른 소송절차에 의한 청구의 병합을 인정하고 있다(민사소송법은 소의 객관적 병합에 관하여 동종의 소송절차에 의해서 심리되어질 것을 요건으로 하며, 각 청구 간의 관련성을 요건으로 하고 있지 않다).

1) 객관적 병합(복수의 청구)   행정소송도 민사소송과 마찬가지로 객관적 병합 1057 의 형태로 **단순** 병합(원고가 서로 양립하는 여러 청구를 병합하여 그 전부에 대해 판결을 구하는 형태를 말한다) · **선택적** 병합(원고가 서로 양립하는 여러 청구를 택일적으로 병합하여 그 중 어느 하나라도 인용하는 판결을 구하는 형태를 말한다) · **예비적** 병합(주위적 청구(주된 청구)가 허용되지 아니하거나 이유 없는 경우를 대비하여 예비적 청구(보조적 청구)를 병합하여 제기하는 형태를 말한다(예: 주위적으로 무효확인소송을, 예비적으로 취소소송을 제기하는 경우))이 허용된다.

2) 주관적 병합(복수의 당사자)   ㈎ 행정소송법 제10조 제2항은 '피고외의 자 1058 를 상대로 한 관련청구소송'을, 동법 제15조는 '수인의 청구 또는 수인에 대한 청구가 처분등의 취소청구와 관련되는 청구인 경우'를 규정하고 있다.

㈏ 공동소송은 **통상의 공동소송**(공동소송인 사이에 합일확정(분쟁의 승패가 공동소송인 모두에 대해 일률적으로 결정되는 것을 말한다(재판의 통일))을 필요로 하지 않는 공동소송을 말한다)과 **필수적 공동소송**(공동소송인 사이에 소송의 승패가 통일적으로 결정되어야 하는 공동소송을 말한다(합일확정이 필요한 소송))이 모두 가능하다(민사소송법 제66조 · 제67조 참조).

(3) 관련청구소송의 병합의 요건

1) 각 청구가 적법요건을 갖출 것   ㈎ 관련청구소송의 병합은 그 청구를 병합 1059 할 취소소송을 전제로 하는 것이므로 관련청구소송이 병합될 본체인 취소소송 등이 적법해야 한다. 만일 본래의 취소소송 등이 부적법하여 각하되면 그에 병합된 관련청구도 소송요건을 흠결하여 부적합한 것으로 각하되어야 한다(대판 2001. 11. 27. 2000두697).

㈏ 병합하는 관련청구 자체도 전치절차, 제소기간, 당사자적격 등의 소송형태에 따른 소송요건을 구비해야 한다. 만일 취소소송에 병합하여 제기된 소가 소송요건을 갖추지 못한 경우에는 부적법 각하한다.

㈐ 판례는 당사자의 권리구제를 위해 소의 추가적 병합의 경우 신소는 당초의 구소제기시에 제기된 것으로 본다(대판 2005. 12. 23. 2005두3554).

2) 병합의 시기   관련청구의 병합은 사실심변론종결 전이라면 원시적 병합이 1059a 든 후발적 병합이든 가릴 것 없이 인정된다(행정소송법 제10조 제2항)(병합의 시기). 다만, 행정소송법은 제3자에 의한 후발적 병합을 인정하고 있지 않으므로 수인의 원고는 처

음부터 행정소송법 제15조의 공동소송인(공동소송이란 하나의 소송절차에 여러 사람의 원고 또는 피고가 관여하는 소송을 말한다)으로 제소하여야 하고, 소송계속 중에는 소송참가가 허용될 뿐이다(이상규, 오진환).

1059b   **3) 관련청구일 것**   행정소송법 제10조 제1항 제1호·제2호의 관련청구소송이어야 한다(관련청구소송). 제1호(당해 처분등과 관련되는 손해배상·부당이득반환·원상회복 등 청구소송)는 청구의 내용 또는 발생 원인이 법률상 또는 사실상 공통되어 있는 소송을 말하며(예: 운전면허취소처분에 대한 취소소송과 위법한 운전면허취소처분으로 발생한 손해에 대한 손해배상청구소송), 제2호(당해 처분등과 관련되는 취소소송)는 개방적·보충적 규정으로 증거관계, 쟁점, 공격·방어방법 등의 상당부분이 공통되어 함께 심리함이 타당한 사건을 말한다(예: 원처분과 재결에 대한 취소소송).

1059c   **4) 행정소송에 관련청구를 병합할 것**   행정사건에 관련 민사사건이나 행정사건을 병합하는 방식이어야 하고, 반대로 민사사건에 관련행정사건을 병합할 수는 없다. 다만 행정소송 상호간에는 어느 쪽을 병합하여도 상관없다(행정사건에의 병합).

1059d   **5) 피고의 동일성 불요**   행정청을 피고로 하는 취소소송에 국가를 피고로 하는 국가배상청구(593)를 병합하는 경우처럼 관련청구소송의 피고는 원래 소송의 피고와 동일할 필요가 없다(피고의 동일성 불요).

1059e   **6) 각 청구에 관해 수소법원에 관할이 있을 것**   병합되는 각 청구에 관해 법원에 토지관할등이 있어야 한다.

판례

보험료부과처분취소소송에 부당이득반환청구가 병합된 경우, 부당이득반환청구가 인용되려면 취소판결이 확정되어야 하는지 여부(소극)

행정소송법 제10조 제1항, 제2항은 처분의 취소를 구하는 취소소송에 당해 처분과 관련되는 부당이득반환소송을 관련 청구로서 병합할 수 있다고 규정하고 있는바, 이 조항을 둔 취지에 비추어 보면, 취소소송에 병합할 수 있는 당해 처분과 관련되는 부당이득반환소송에는 당해 처분의 취소를 선결문제로 하는 부당이득반환청구가 포함되고, 이러한 부당이득반환청구가 인용되기 위해서는 그 소송절차에서 판결에 의해 당해 처분이 취소되면 충분하고 그 처분의 취소가 확정되어야 하는 것은 아니라고 보아야 한다(대판 2009. 4. 9. 2008두23153).

---

(4) 적용법규

1060   병합된 관련청구소송이 민사사건인 경우, 병합한다고 민사사건이 행정사건으로 변하는 것은 아니므로 병합된 청구에 대해서는 민사소송법이 적용된다.

Ⅱ. 소의 변경

1. 소의 변경의 개념

(1) 의   의

소송의 계속 중 당사자, 청구의 취지, 청구의 원인 등 전부 또는 일부를 변경하는   1061
것을 소의 변경이라 한다.

(2) 종   류

행정소송상 소의 변경에는 ① 소의 종류의 변경(행정소송법 제21조), ② 처분변경 등   1062
으로 인한 소의 변경(행정소송법 제22조), ③ 민사소송법에 의한 소의 변경(행정소송법 제8
조 제2항에서 준용하는 민사소송법 제262조)이 있으며, ④ 특수한 문제로 민사소송과 행정소
송 간의 소의 변경의 허용 여부가 논의된다.

2. 소의 종류의 변경★★[13 변시]

(1) 의   의

⑺ 행정소송법 제21조 제1항은 취소소송을 당사자소송 또는 취소소송 외의 항고   1063
소송으로 변경할 수 있음을 규정하며, 행정소송법 제37조는 무효등확인소송이나 부작
위위법확인소송을 취소소송 또는 당사자소송으로 변경하는 것도 인정하고 있고, 행정
소송법 제42조는 당사자소송을 항고소송으로 변경하는 것도 인정한다. 이는 행정소송
의 종류가 다양한 까닭에 소의 종류를 잘못 선택할 가능성이 있는바, 따라서 사인의
권리구제를 위해서 소의 종류의 변경을 인정하는 것이다.

⑻ 무효등확인소송과 부작위위법확인소송 간에는 소의 변경을 명문으로 규정하
고 있지 않지만, 학설은 긍정한다(행정소송법 제37조 참조).

(2) 요   건

① 취소소송을 당사자소송 또는 취소소송 외의 항고소송으로 변경하는 것이어야   1064
한다(무효등확인소송이나 부작위위법확인소송을 취소소송 또는 당사자소송으로 변경하는 경우, 당사자
소송을 항고소송으로 변경하는 경우를 포함한다).

② 소의 변경이 상당한 이유가 있어야 한다. 상당성은 각 사건에 따라 구체적으
로 판단할 것이나 소송자료의 이용가능성, 다른 구제수단의 존재 여부, 소송경제, 새
로운 피고에 입히는 불이익의 정도 등을 종합적으로 고려해야 한다(윤영선).

③ 청구의 기초에 변경이 없어야 한다. '청구의 기초'라는 개념은 신·구청구 간
의 관련성을 뜻한다. 구체적으로 무엇이 동일해야 하는지에 관해 ⓐ 학설은 ㉠ 이익
설(청구를 특정한 권리의 주장으로 구성하기 전의 사실적인 이익분쟁 자체가 공통적인 때에 동일성을 인
정하는 견해이다), ㉡ 사실자료동일설(신청구와 구청구의 사실자료 사이에 심리의 계속을 정당화할

정도의 공통성이 있을 때에 동일성을 인정하는 견해이다), ⓒ 병용설(신·구청구의 재판자료의 공통만이 아니라 신·구청구의 이익관계도 공통적인 때에 동일성을 인정하는 견해이다)의 다툼이 있다. ⓑ 판례는 청구기초에 변경이 없는 경우를 '동일한 사실 또는 경제적 이익에 관한 분쟁에 있어서 그 해결 방법에 차이가 있는 것에 지나지 않는 경우'로 보는 이익설이 주류적인 입장이다(대판 1997. 4. 25. 96다32122).

④ 행정소송이 사실심변론종결 전이어야 한다. 그리고 사실심변론종결 전이면 후술하는 처분변경으로 인한 소의 변경(1068)과는 달리 신청 기간의 제한이 없다.

⑤ 변경되는 신소는 적법한 제소요건을 갖추어야 한다. 따라서 무효확인소송 또는 당사자소송을 취소소송으로 변경하는 경우(또는 부작위위법확인소송을 거부처분취소소송으로 변경하는 경우) 제소기간 등을 준수해야 한다(행정소송법 제21조 제4항, 제14조 제4항 참조).

(3) 절차·불복

1065 ① 원고의 신청에 따라 법원의 허가를 받아야 한다. 그리고 소의 변경을 허가를 하는 경우 피고를 달리하게 될 때에는 법원은 새로이 피고로 될 자의 의견을 들어야 한다(행정소송법 제21조 제1항·제2항). ② 또한 법원의 허가결정에 대해 즉시항고할 수 있다(행정소송법 제21조 제3항).

(4) 효　과

1066 소종류 변경 허가결정이 있는 경우 변경되는 새로운 소송은 처음 소를 제기한 때에 제기된 것으로 보며(소의 변경의 경우 민사소송법 제265조는 경정신청서 제출시에 변경되는 소송이 제기된 것으로 보지만, 행정소송법은 처음 소를 제기한 때 제기된 것으로 보아 민사소송법의 특칙으로 제소시점의 소급을 인정한다)(행정소송법 제21조 제4항, 제14조 제4항), 아울러 종전의 소송은 취하된 것으로 본다(행정소송법 제21조 제4항, 제14조 제5항). 그리고 종전의 소와 관련하여 진행된 절차는 변경된 새로운 소에 그대로 유효하게 유지된다.

3. 처분변경으로 인한 소의 변경*

(1) 의　의

1067 행정청이 소송의 대상인 처분을 소가 제기된 후 변경한 때에는 원고의 신청에 의하여 법원은 결정으로써 청구의 취지 또는 원인의 변경을 허가할 수 있다(행정소송법 제22조 제1항). 행정청은 행정소송이 계속되고 있는 동안에도 직권 또는 행정심판의 재결에 따라 행정소송의 대상이 된 처분을 변경할 수 있는바 이 경우 종전 소의 각하(권리보호필요성이 없음)나 새로운 소의 제기라는 무용한 절차의 반복을 배제하여 간편하고도 신속하게 개인의 권익구제를 확보하기 위해 이 제도를 인정한 것이다.

(2) 요　건

① 처분에 대한 소제기 후 행정청(직권 또는 행정심판의 재결)에 의한 처분의 변경이 　　1068
있을 것(처분의 변경은 원처분에 대한 적극적인 변경이거나 일부취소를 가리지 않는다), ② 처분의
변경이 있음을 안 날로부터 60일 이내에 원고가 신청을 할 것(행정소송법 제22조 제2항),
③ 소의 변경의 일반적 요건으로 변경될 소는 사실심변론종결 전이어야 하고, 변경되
는 신청구는 소송요건을 갖춘 적법한 것이어야 한다.

(3) 절　차

원고의 신청에 따라 법원의 허가를 받아야 한다. 　　1069

(4) 효　과

① 소의 변경을 허가하는 결정이 있으면 당초의 소가 처음에 제기된 때에 변경한 　　1070
내용의 신소가 제기되고, 구소는 취하된 것으로 간주된다. ② 그리고 변경되는 청구
가 필요적 심판전치에 해당하는 경우라도 그 요건은 구비된 것으로 본다(행정소송법 제
22조 제3항). 처분이 변경되기 전에 이미 해당 처분에 대해 행정심판을 거쳤다면 처분
변경이 있은 후 다시 재심사할 필요가 없기 때문이다.

4. 민사소송법에 의한 소의 변경

행정소송법 제8조 제2항에 따라 민사소송법에 의한 소의 변경 또한 가능하다(행정 　　1071
소송법 제8조 제2항; 민사소송법 제262조, 제263조). 민사소송법에 의한 소의 변경은 소송의 종
류의 변경에 이르지 않는 소의 변경, 즉 처분의 일부취소만을 구하다가 전부취소를
구하는 것으로 청구취지를 확장하는 것 등을 말한다.

5. 민사소송과 행정소송 간의 소의 변경의 허용 여부★★★

(1) 문제 상황

행정소송법이나 민사소송법에는 행정소송을 민사소송으로, 민사소송을 행정소송 　　1072
으로 변경하는 소의 변경에 관한 규정이 없다. 그렇다면 행정소송을 민사소송으로 또
는 민사소송을 행정소송으로 소변경할 수 있는지가 문제된다.

(2) 학　설

1) **부정설**　　　민사소송의 소의 변경의 요건으로 신·구청구가 동종의 소송절 　　1073
차에 의해 심리될 수 있을 것이 요구된다는 점, 민사소송법상 소의 변경은 당사자의
변경을 포함하지 않는데(당사자의 불측의 손해를 방지하기 위해) 예를 들어 무효확인소송을
부당이득반환청구소송으로 변경하는 경우 피고가 처분청에서 행정주체로 되는 것과
같이 당사자가 변경되므로 소의 변경이 인정될 수 없다는 견해이다.

1074   **2) 긍 정 설**   실무상 어떤 청구가 민사소송인지 당사자소송인지 구별이 분명하지 않고(국가배상청구소송, 부당이득반환청구소송 등이 민사소송인지 당사자소송인지에 대해 학설과 판례의 대립이 있다), 당사자의 권리구제나 소송경제를 위해 민사소송과 행정소송 사이에서도 소변경이 가능하다는 견해이다.

(3) 판   례

1075   판례는 행정소송으로 제기하여야 할 사건을 민사소송으로 잘못 제기한 경우 수소법원이 변경되는 행정소송에 대한 관할도 동시에 가지고 있는 경우라면 항고소송으로 소 변경을 하도록 하여 심리·판단하여야 한다고 본다(긍정)(대판 1999. 11. 26. 97다42250) (만일 수소법원이 행정소송에 대한 관할도 동시에 가지고 있지 않고 한쪽의 관할권만 가진다면, 민사소송을 행정소송으로 변경한다고 하여도 관할권이 없어 심리를 할 수 없게 된다). 그러나 구체적으로 어떠한 법률규정에 의하여 소변경을 할 수 있는지 여부는 설시하지 않았다.

(4) 검   토

1076   항고소송과 민사소송 사이에서의 피고(처분청과 처분청이 소속한 행정주체 — A광역시장과 A광역시)는 실질적으로 동일하여 소의 변경이 피고에게 큰 불이익을 주지 않으며, 소송경제 및 원고의 권리구제를 위하여 판례의 입장처럼 수소법원이 변경되는 행정소송(반대의 경우 민사소송)에 대한 관할도 동시에 가지고 있는 경우라면 행정소송과 민사소송 간에 소의 변경을 인정할 수 있을 것이다(수소법원이 행정소송과 민사소송의 관할을 동시에 가져야 하는 이유는 만일 하나의 관할만 가진다면 소의 변경을 인정하더라도 변경되는 재판에 대한 관할권이 없기 때문이다). 그리고 법무부 행정소송법 개정안은 민사소송과 행정소송 간의 소의 변경을 허용하고 있다.

❍ 제6항 가 구 제

Ⅰ. 가구제의 의의, 종류

1077   ㈎ 일정한 경우 승소판결이 있다고 하여도 이미 회복하기 어려운 손해가 발생하여 인용판결이 원고에게 실질적인 권리구제가 되지 못하는 경우도 있다. 이를 방지하기 위한 잠정적인 수단이 바로 가구제이다. 이는 본안소송(예를 들어 취소소송)을 전제로 하며 그 소송 확정시까지 잠정적으로 원고의 권리를 보전하기 위한 것이다.

㈏ 가(=잠정적)구제에는 집행정지(소극적 의미의 가구제)와 가처분(적극적 의미의 가구제)이 있다. 전자는 행정소송법이 인정하지만, 후자는 인정 여부에 대해 학설이 대립한다(행정심판법은 집행정지와 임시처분을 인정한다).

Ⅱ. 집행정지(소극적 의미의 가구제)[12 노무] [15 노무] [16 노무] [11 5급] [13 변시] [20 변시]

1. 개 념

(1) 의 의

행정소송법은 집행부정지원칙을 택하면서(행정소송법 제23조 제1항), 일정한 경우 본 **1078**
안이 계속되고 있는 법원은 당사자의 신청 또는 직권으로 집행정지를 결정할 수 있음
을 인정한다(예를 들어 철거명령에 대해 취소소송을 제기하더라도 집행부정지가 원칙이므로 철거명령
의 집행(철거)을 막지는 못한다. 따라서 사인은 철거명령취소소송을 제기한 법원에 철거명령의 집행을
정지해줄 것을 신청해서 인용결정을 받아야 취소소송에 대한 판결이 확정될 때까지 잠정적으로 철거를
막을 수 있다).

(2) 법적 성질

집행정지는 사법절차에 의한 구제조치의 일종이며, 사법절차에는 재판절차뿐만 **1079**
아니라 부수하는 가구제절차가 포함되기 때문에 집행정지결정은 사법작용이라는 견
해가 다수설이며, 타당하다.

2. 요 건***

집행정지의 적극적 요건은 신청인이 주장(구술)·소명(약한 증명)하며, 소극적 요건 **1080**
은 행정청이 주장·소명한다(행정소송법 제23조 제4항 참조)(대결 1999. 12. 20. 99무42).

(1) 적극적 요건

1) 본안이 계속 중일 것 ㈎ 민사소송상의 가구제수단이 본안소송제기 전에 **1081**
신청될 수 있는 것과는 달리 본안소송이 법원에 적법하게 제기되어 계속되어 있어야
한다. 따라서 본안소송은 소송요건을 갖춘 적법한 것이어야 한다(대결 1999. 11. 26. 99부3).

㈏ 본안소송의 대상과 집행정지의 대상은 원칙적으로 동일해야 하지만, 선행처분
의 집행행위의 집행이나 절차속행을 정지하는 경우 달라질 수 있다(예를 들어 과세처분취
소소송에서 압류처분으로 절차속행을 정지하는 경우).

2) 정지대상인 처분등의 존재 처분등이 존재해야 한다. 다만 거부처분취소소 **1082**
송에서 집행정지신청이 가능한지에 대해 학설이 대립된다.

a. 문 제 점 집행정지제도는 소극적으로 처분이 없었던 것과 같은 상태를 **1083**
만드는 효력은 있으나(소극적 형성력. 예: ○ → ×), 행정청에 대하여 어떠한 처분을 명하
는 등 적극적인 상태를 만드는 효력(적극적 형성력. 예: × → ○)은 인정되지 않기 때문에
거부처분에 집행정지가 인정될 수 있는지가 문제된다.

b. 학 설

(ⅰ) 부 정 설 행정소송법 제23조 제6항은 집행정지결정의 기속력과 관련하 **1084**

여 기속력에 관한 원칙규정인 행정소송법 제30조 제1항만을 준용할 뿐 재처분의무를 규정한 **제30조 제2항을 준용하고 있지 아니함**을 근거로 한다(행정소송법 제23조 제6항이 제30조 제2항을 준용하지 않은 것은 거부처분에 대해 집행정지를 인정하지 않겠다는 취지로 볼 수 있다는 것이다. 자세한 내용은 후술하는 판결의 기속력 참조(1229b)).

1085 　　**(ⅱ) 제한적 긍정설**　　원칙적으로 부정설이 타당하지만, 예를 들어 기간에 제한이 있는 허가사업을 영위하는 자가 허가기간의 만료전 갱신허가(257)를 신청하였음에도 권한행정청이 거부한 경우에는 집행정지를 인정할 실익도 있기 때문에 이러한 경우에는 제한적으로 긍정할 필요가 있다는 견해이다.

1086 　　c. **판　례**　　판례는 거부처분은 그 효력이 정지되더라도 그 처분이 없었던 것과 같은 상태를 만드는 것에 지나지 아니하고 행정청에게 어떠한 처분을 명하는 등 적극적인 상태를 만들어 내는 경우를 포함하지 아니하기에 거부처분의 집행정지를 인정할 필요가 없다고 본다(대결 1992. 2. 13. 91두47). 이에 따라 접견허가거부처분(대결 1991. 5. 2. 91두15), 투전기영업허가갱신거부처분(대결 1992. 2. 13. 91두47) 등의 집행정지신청을 모두 부적법하다고 보았다(부정).

1087 　　d. **검　토**　　거부처분의 집행정지에 의하여 거부처분이 행해지지 아니한 상태(신청만 있는 상태)가 된다면 신청인에게 법적 이익이 인정될 수 있고, 그러한 경우에는 예외적으로 집행정지신청의 이익이 있다고 할 것이다. 따라서 제한적 긍정설이 타당하다(예를 들어 인·허가갱신거부처분과 외국인 체류기간연장신청거부처분 등이 있다. 일반적인 인·허가거부처분(체류신청거부처분)과 달리 인·허가갱신거부처분(체류기간연장신청거부처분)은 갱신거부처분이 행해지지 않은 상태가 되면—일반적인 허가거부처분은 거부처분이 정지되면 허가받지 못한 상태이지만—갱신신청은 있으나 행정청이 응답을 하지 않은 상태가 되기 때문에 집행정지의 이익이 있다고 보는 것이다).

1088 　　**3) 회복하기 어려운 손해발생의 우려**　　집행정지결정을 하기 위해서는 처분등이나 그 집행 또는 절차의 속행으로 인하여 회복하기 어려운 손해가 발생할 우려가 있어야 한다. 판례는 '회복하기 어려운 손해'를 일반적으로 사회통념상 금전배상이나 원상회복이 불가능하거나, 금전배상으로는 사회통념상 당사자가 참고 견딜 수 없거나 참고 견디기가 현저히 곤란한 경우의 유형·무형의 손해를 말한다고 본다(대결 2004. 5. 17. 2004무6). 기업의 경우 '회복하기 어려운 손해'에 해당한다고 하기 위해서는 … 사업자의 자금사정이나 경영 전반에 미치는 파급효과가 매우 중대하여 사업 자체를 계속할 수 없거나 중대한 경영상의 위기를 맞게 될 것으로 보이는 등의 사정이 존재하여야 한다고 본다(대결 2003. 4. 25. 2003무2).

1089 　　**4) 긴급한 필요**　　이는 회복곤란한 손해가 발생될 가능성이 시간적으로 절박하여 본안판결을 기다릴 여유가 없는 것을 말한다.

(2) 소극적 요건

1) 공공복리에 중대한 영향이 없을 것　　행정소송법 제23조 제3항에서 집행정
지의 요건으로 규정하고 있는 '공공복리에 중대한 영향을 미칠 우려'가 없을 것이라
고 할 때의 '공공복리'는 그 처분의 집행과 관련된 구체적이고도 개별적인 공익을 말
하는 것이다. 여기서 '공공복리에 중대한 영향을 주는 경우'란 집행으로 인해 사인이
입게 될 중대한 손해와 집행이 정지됨으로 손상될 공익을 비교형량하여 압도적으로
후자가 우월한 경우를 말한다.

1090

2) 본안에 이유 없음이 명백하지 아니할 것　　① 명문에 규정된 요건은 아니지
만, 판례는 본안에 이유 없음이 명백하다면 집행을 정지할 이유가 없다고 보면서 이를
집행정지의 소극적 요건으로 본다(대판 1997. 4. 28. 96두75). ② 다만 학설은 ⓐ 집행정지
요건이 아니라는 견해, ⓑ 집행정지의 소극적 요건이라는 견해, ⓒ 집행정지의 적극적 요
건이라는 견해가 대립한다. ③ 본안에서 원고가 승소할 가능성이 명백히 없다면 처분
의 집행정지를 인정한 취지에 반하므로 이를 집행정지의 요건으로 보아야 하며, 이는
행정청이 주장·소명하여야 한다(소극적 요건).

1091

3. 절차, 불복

① 당사자의 신청이나 법원이 직권으로 집행정지를 결정한다(행정소송법 제23조 제2
항). 관할법원은 본안이 계속되는 법원이 된다. ② 그리고 집행정지의 결정 또는 기각
의 결정에 대하여는 즉시항고할 수 있다. 이 경우 집행정지의 결정에 대한 즉시항고
에는 결정의 집행을 정지하는 효력이 없다(행정소송법 제23조 제5항).

1092

4. 집행정지결정의 대상*

법원은 처분등의 효력이나 그 집행 또는 절차의 속행의 전부 또는 일부의 정지를
결정할 수 있다. 다만, 처분의 효력정지는 처분등의 집행 또는 절차의 속행을 정지함
으로써 목적을 달성할 수 있는 경우에는 허용되지 아니한다(행정소송법 제23조 제2항 단
서). 처분의 집행이나 절차의 속행이 있어야 실제로 사인의 권익이 침해되는 경우, 처
분의 집행이나 절차속행이 없는 한 권익이 침해되지 않기 때문에 행정청의 권한존중
을 위해 처분의 효력을 유지시키기 위한 규정이다(아래의 예에서 (2) 집행의 정지에서 '집행
(철거)의 정지'와 (3) 절차속행의 정지에서 '매각절차로의 진행의 정지'가 이루어지는 한 당사자에게는
특별한 권익침해가 없다).

1093

(1) 효력의 정지

처분의 효력(예: 공정력·구성요건적 효력·존속력 등)이 정지되면 처분은 외형적으로는

1094

존재하지만 실질적으로는 없는 것과 같은 상태가 된다. 이는 별도의 집행행위가 필요 없이 의사표시만으로 완성되는 처분에 대한 집행정지를 말한다(예: 영업허가취소처분·공무원에 대한 해임처분에 대한 효력을 정지하는 것).

(2) 집행의 정지

1095 　　집행의 정지란 처분의 집행력을 잠정적으로 박탈하여 그 내용의 강제적 실현을 정지시키는 것을 말한다(예: 철거명령에서 그 집행(철거)을 정지하는 것).

(3) 절차속행의 정지

1096 　　절차속행의 정지란 단계적으로 발전하는 법률관계에서 후행행위로의 진전(절차속행)을 정지하는 것을 말한다(예: 압류처분을 다투며 압류처분의 효력을 정지하는 것이 아니라 그 후행행위인 매각절차로의 진행을 정지하는 것).

5. 집행정지의 효력*

(1) 형 성 력

1097 　　집행정지결정이 되면 행정청의 별도의 절차 없이도 본안판결확정시까지 잠정적으로 처분이 없었던 것과 같은 상태가 된다(잠정적인 소극적 형성력이 발생)(예를 들어 운전면허취소처분에 대한 효력이 정지되면 운전면허의 효력이 소생되기 때문에 당사자는 운전을 할 수 있다)(행정소송법 제29조 제2항). 그리고 집행정지의 효력은 제3자효 있는 행정행위의 경우 제3자에게도 미친다.

(2) 기 속 력

1098 　　집행정지결정은 당사자인 행정청과 그 밖의 관계 행정청을 기속한다(행정소송법 제23조 제6항, 제30조 제1항). 따라서 처분등에 대한 집행정지결정 이후, 그 결정에 위반되는 행정청의 행위가 있었다면 그 행위는 집행정지결정의 기속력에 위반되어 위법하며, 중대명백한 하자로 무효가 된다(예를 들어 압류처분취소소송에서 법원이 그 후행행위인 매각절차로의 속행을 정지하는 결정을 하였음에도 행정청이 이를 진행하였다면 이는 집행정지결정의 기속력에 위반되는 위법한 행위로 무효가 된다. 자세한 내용은 후술하는 판결의 기속력 참조(1230)).

(3) 효력의 시간적 범위

1099 　　㈎ 법원은 신청인이 구하는 정지기간에 구애됨이 없이 집행정지의 시기와 종기를 자유롭게 정할 수 있다. 그러나 처분의 효력을 소급하여 정지하는 것은 허용되지 않으며 장래를 향해서만 정지시킬 수 있다(통설). 집행정지의 시기는 고지된 때부터 효력이 발생하며, 종기는 본안판결 선고시나 본안판결 확정시, 집행정지 결정시에 임의로 정할 수 있으나 종기를 정함이 없으면 본안판결이 확정(1183a)될 때까지 그 효력은 존속한다(대판 1961. 4. 12. 4294민상1541).

(내) 집행정지결정의 효력은 결정주문 등에서 정한 종기 도래로 그 효력은 당연히 소멸한다. 따라서 법원이 집행정지결정을 하면서 그 주문에서 해당 법원에 계속 중인 본안소송의 판결선고시까지 효력을 정지하였을 경우에는 본안판결의 선고로써 당연히 집행정지결정의 효력은 소멸하고 이와 동시에 당초처분의 효력은 부활한다. 따라서 본안판결 선고시까지 효력을 정지하게 되면 본안판결이 있더라도 그 '선고시'부터 처분의 집행력은 회복되어 본안판결 '확정시(상소기간이 경과하거나 상소를 포기한 경우처럼 상소가 인정되지 않을 때 판결은 확정된다)'까지 사이에 처분이 집행될 수 있으므로 이를 막기 위해서는 추가로 상소심판결 선고시까지 또는 판결확정시까지 집행을 정지시키는 별도의 조치(신청 또는 직권에 의한 집행정지결정)를 받아야 한다.

6. 집행정지의 취소

(1) 신청 또는 직권

집행정지의 결정이 확정된 후 집행정지가 공공복리에 중대한 영향을 미치거나 그 정지사유가 없어진 때에는 당사자의 신청 또는 직권에 의하여 결정으로써 집행정지의 결정을 취소할 수 있다(행정소송법 제24조 제1항).

1100

(2) 심리 및 결정

집행정지 취소신청에는 그 이유를 소명하여야 한다(행정소송법 제24조 제2항, 제23조 제4항). 그리고 집행정지취소결정은 형성력을 가지므로 집행정지로 정지되었던 처분등의 효력은 장래를 향해 다시 회복된다(대결 1970. 11. 20. 70그4). 또한 집행정지결정 취소의 효력은 제3자에게도 미친다(행정소송법 제29조 제2항, 제1항).

1100a

(3) 즉시항고

집행정지의 취소결정 또는 기각결정에 대하여는 즉시항고할 수 있다(행정소송법 제24조 제2항, 제23조 제5항). 이 경우 집행정지의 취소결정에 대한 즉시항고는 취소결정의 집행을 정지하는 효력이 없다(행정소송법 제24조 제2항, 제23조 제5항).

1100b

Ⅲ. 가처분(적극적 의미의 가구제)★★★[13 변시] [13 사시]

1. 의 의

가처분이란 다툼이 있는 법률관계에 관하여 잠정적으로 임시의 지위를 보전하는 것을 내용으로 하는 가구제제도이다(행정소송법 제8조 제2항, 민사집행법 제300조 참조). 이는 원래 민사소송에서 당사자 간의 이해관계를 조정하고 본안판결의 실효성을 확보하기 위해 인정되어온 제도이다.

1101

2. 항고소송에서 가처분의 인정 여부

(1) 문 제 점

1102   집행정지는 침익적 행정처분이 발해진 것을 전제로 그 효력을 정지시키는 소극적 형성력이 있을 뿐 수익적 처분의 발령을 행정청에 명하는 기능(예를 들어 잠정적으로 허가의 발령을 명하는 기능)이나 처분이 행해지기 전에 발령금지를 명하는 기능(예를 들어 잠정적으로 허가의 발령금지를 명하는 기능)이 없기 때문에 민사집행법상의 가처분제도가 항고소송에 준용될 수 있는지가 문제된다.

(2) 학 설

1103   **1) 적극설**   행정소송법 제8조 제2항에 의해 민사집행법상의 가처분 규정은 준용될 수 있으며, 현행법상 집행정지제도는 소극적 가구제 수단에 불과하기에 적극적 가구제 수단인 가처분이 필요하다는 점을 근거로 한다.

1104   **2) 소극설**   법원이 행정처분의 위법 여부를 판단하는 것을 넘어 행정청에게 수익적 처분을 명하거나 예방적으로 부작위를 명하는 가처분을 하는 것은 행정청의 1차적 판단권을 침해하는 것이며, 현행법은 의무이행소송이나 예방적 부작위소송을 인정하고 있지 아니하므로 가처분의 본안소송이 있을 수 없는바, 긍정설을 취하여도 실익이 없다는 점을 근거로 한다.

1105   **3) 절충설**(제한적 긍정설)   원칙적으로 가처분 규정을 준용할 수 있지만, 행정소송법이 집행정지제도를 두고 있는 관계상 집행정지제도가 실효적인 권리구제가 되는 경우에는 가처분이 인정될 수 없고 그 외의 범위에서만 가처분제도가 인정된다고 보는 견해이다.

(3) 판 례

1106   판례는 민사집행법상의 보전처분(가압류, 가처분)은 민사판결절차에 의하여 보호받을 수 있는 권리에 관한 것이라고 보기 때문에 행정소송에 가처분을 인정하지 아니한다(대결 1992. 7. 6. 92마54)(소극).

(4) 검 토

1107   가처분은 본안판결(예를 들어 의무이행소송에서 이행명령판결)과는 달리 잠정적인 권리구제수단에 불과하기 때문에 행정청의 권한침해는 크게 문제되지 않으며, 당사자의 실효적인 권리구제 확대라는 측면에서 민사집행법상 가처분규정을 항고소송에도 적용함이 타당하다. 다만 현행법이 처분등에 대해 집행정지제도를 두고 있는 이상 절충설이 타당하다. 그리고 법무부 행정소송법 개정안은 가처분제도를 인정하고 있다(예를 들어 입학·전학의 거부처분이나 단계적 시험의 불합격처분의 경우 집행정지제도가 실효적인 권리구제가 되지 않는 경우이기 때문에 가처분을 인정해야 한다. 단계적 시험에서 불합격처분(1차)을 받은 후 불합

격처분에 대한 취소소송을 제기하며 집행정지를 신청하였다고 하더라도, 불합격처분에 대한 집행정지의 효과는 합격처분이 아니라 합격·불합격이 결정되기 전의 상태가 된다. 따라서 집행정지는 한계가 있으며, 이 경우 가처분(잠정적인 1차 합격처분)을 인정하지 않으면 당사자는 다음 단계 시험(2차)에 응시할 수 없기 때문에 종전의 불합격처분(1차)의 취소를 구하는 소송에서 승소하더라도 당사자에게는 실익이 없다).

● 제7항 취소소송의 심리

소송의 심리란 판결을 하기 위해 그 기초가 되는 소송자료를 수집하는 절차를 말한다. 1108

Ⅰ. 심리의 내용

1. 요건심리

요건심리란 소송이 법률상 요구되는 소송요건을 구비한 적법한 소송인가를 심리하는 것을 말하며, 소송요건이 구비되지 않았다면 이를 각하한다. 소송요건은 법원이 이를 직권으로 조사해야 한다. 1109

2. 본안심리

본안심리란 요건심리의 결과 소송요건이 구비된 경우, 소의 실체적인 내용을 심리하여 원고의 청구를 인용할 것인가 또는 기각할 것인가를 심사하는 것을 말한다. 1110

> **참고**
>
> **사실문제와 법률문제, 재량문제**   1111
> (가) 법원은 법률문제(어떠한 처분이 위법한지에 대한 판단)뿐만 아니라, 사실문제(특정한 사실이 법률요건에 해당하는지에 대한 판단)도 심리한다. 양자를 모두 심리·판단할 수 있는 심급을 사실심이라 하고, 법률문제만을 심리·판단하는 심급을 법률심이라 한다.
> (나) 재량권이 인정되는 범위에서는 원래 법원이 이를 심리할 수 없다(행정소송의 한계(876) 참조). 다만, 행정청의 재량에 속하는 처분이라도 재량권의 한계를 넘거나 그 남용이 있는 때(=위법)에는 법원은 이를 취소할 수 있다(행정소송법 제27조).

Ⅱ. 심리의 원칙

1. 당사자주의와 직권주의, 처분권주의·변론주의와 직권탐지주의

(가) 심리의 원칙에는 소송절차에서 당사자에게 주도권을 부여하는 당사자주의와 법원에게 주도권을 인정하는 직권주의가 있다. 당사자주의는 처분권주의와 변론주의를 내용으로 한다. 1112

(ㄴ) '처분권주의'란 분쟁의 대상, 소송의 개시와 종료를 당사자가 결정한다는 원칙을 말하며(소송물에 대한 원칙), '변론주의'란 사실의 주장과 증거의 수집·제출책임을 당사자에게 맡기는 원칙(당사자가 수집·제출한 소송자료만을 재판의 기초로 삼는 원칙)(소송자료에 대한 원칙)을 말한다. 직권주의를 이념으로 하면서 변론주의에 대비되는 개념이 직권탐지주의다. '직권탐지주의'란 사실주장과 증거의 수집·제출책임을 전적으로 법원이 부담하는 원칙을 말한다.

(ㄷ) 민사소송에서는 당사자주의가, 형사소송에서는 직권주의가 원칙이다. 행정소송의 심리에는 당사자주의가 적용된다고 보는 것이 일반적인 견해이다. 따라서 행정소송의 심리도 처분권주의와 변론주의가 지배한다(다만, 행정소송은 민사소송의 특칙으로 후술하는 것처럼 행정소송법 제25조, 제26조를 규정한다(1166, 1177 이하)).

2. 구술심리주의

1113   구두심리주의란 변론과 증거조사를 구술로 행하는 원칙을 말한다.

3. 공개심리주의

1114   공개심리주의란 재판의 심리와 판결은 공개되어야 한다는 원칙을 말한다(헌법 제109조 제1문).

Ⅲ. 심리의 방법

1115   행정사건의 심리도 처분권주의와 변론주의가 지배하며, 행정소송법에 특별한 규정이 없는 한 민사소송법과 법원조직법이 준용된다(행정소송법 제8조 제2항). 그러나 행정소송법은 판결의 공정성과 타당성을 확보하기 위해 법원의 행정심판기록제출명령(행정소송법 제25조)과 직권심리(행정소송법 제26조)를 규정한다.

1. 행정심판기록제출명령

1116   취소소송에서 처분과 관련되는 자료는 대부분 행정청이 보유하고 있어 원고가 주장과 입증을 함에 있어 어려움이 많다. 이에 행정소송법 제25조는 당사자의 신청이 있는 경우 법원은 결정으로 재결을 행한 행정청에 대해 행정심판에 관한 기록의 제출을 명할 수 있으며, 이 경우 행정청은 지체 없이 행정심판에 관한 기록을 법원에 제출하여야 한다고 규정하고 있다. 여기서 '행정심판에 관한 기록'이란 당해 사건과 관련하여 행정심판위원회에 제출된 일체의 서류를 말한다. 행정심판에 대한 기록이 법원에 도착하면 당사자는 열람·복사를 청구할 수 있다.

2. 직권심리★★

(1) 문 제 점

행정소송에도 행정소송법 제8조 제2항에 따라 변론주의와 민사소송법 제292조(법   1117
원은 당사자가 신청한 증거에 의하여 심증을 얻을 수 없거나, 그 밖에 필요하다고 인정한 때에는 직권으
로 증거조사를 할 수 있다)가 적용되기에 법원은 보충적으로 직권에 의한 증거조사가 가능
하다. 그러나 행정소송법은 제26조에서 직권심리에 대한 별도의 규정을 두고 있는바
이 규정이 변론주의 원칙을 넘어 직권탐지주의를 규정한 것인지가 문제된다.

(2) 학   설

1) 변론주의설(보충적 직권증거조사주의설)   행정소송법 제26조에 별도의 독자   1117a
적인 규정이 있음에도 불구하고 변론주의와 민사소송법 제292조에 따라 법원이 보충
적 직권증거조사를 할 수 있음을 확인하는 규정이라고 보는 견해이다. 이 견해에 따
르면 민사소송법상의 변론주의 원칙은 행정소송에도 동일하게 적용된다고 본다(행정소
송법 제26조의 독자성을 부정하는 견해이다).

2) 변론주의보충설   ① 행정소송에 공익적인 면이 있다고 할지라도 사인이   1118
원고로서 자신의 이익을 확보하기 위해 가능한 모든 소송자료를 제출할 것임은 민사
소송에서와 같다는 것을 논거로 한다(행정소송의 권리구제기능을 강조). ② 당사자가 주장
(구술)하지도 기록상 나타나 있지도 않은 사실을 법원이 심리·판단할 의무는 없지만
당사자의 명백한 주장이 없더라도 일건 기록상 현출된 경우는 법원이 심리할 수 있
고, 기록에 나타난 사항은 법원이 직권으로 증거조사할 수 있다는 견해이다.

3) 직권탐지주의설   ① 행정소송의 목적이 개인의 권리구제에만 있는 것이   1119
아니라 행정의 통제도 목적으로 하고 있으며, 처분등을 취소하는 확정판결은 당사자
뿐만 아니라 제3자에 대하여도 그 효력이 미치는 것이므로(행정소송법 제29조 제1항) 변론
주의에 의하여 판결내용을 당사자의 처분에 맡기는 경우에는 그 소송에 관여할 기회
가 없는 제3자의 이익을 해칠 우려도 있게 되므로 법원은 적극적으로 소송에 개입하
여 재판의 적정·타당을 기하여야 한다는 점을 근거로 한다(이혁우). ② 행정소송법 제
26조를 근거로 당사자가 주장하지 아니한 사실에 대해서도 법원은 심리·판단할 수
있고, 당사자의 증거신청에 의하지 않고도 직권으로 증거조사가 가능하다는 견해이다.

(3) 판   례

판례는 변론주의보충설을 취하고 있다(대판 1985. 2. 13. 84누467). 즉, 행정소송법 제   1120
26조는 행정소송의 특수성에서 연유하는 당사자주의, 변론주의에 대한 일부 예외규정
일 뿐 법원이 아무런 제한 없이 당사자가 주장하지 아니한 사실을 판단할 수 있는 것

은 아니고 일건 기록상 현출되어 있는 사항에 관해서만 판단할 수 있다고 함으로써 판례는 행정소송법 제26조 규정의 의미를 직권탐지주의설에 비해 축소 해석한다고 볼 수 있다(박정훈).

(4) 검 토

1121 ① 변론주의설은 행정소송법 제26조의 내용을 민사소송상의 일반원칙인 변론주의 및 민사소송법 제292조의 내용과 사실상 동일하다고 보기 때문에 행정소송법 제26조의 존재 의의와 행정소송의 특수성을 부정하는 결과가 되어 부당하다. ② 행정소송이 국민의 권리구제를 주된 기능으로 하는 이상 변론주의를 전적으로 부정하기는 어렵고, 행정소송법 제29조 제1항에 따른 제3자 이익보호의 문제는 행정소송법 제16조에 따른 소송참가와 동법 제31조의 재심청구를 인정하고 있으므로 큰 문제가 되지 않으므로 직권탐지주의설도 타당하지 않다. ③ 따라서 행정소송법 제26조는 변론주의의 원칙 하에서 직권탐지주의를 가미한 것으로 보아야 한다(변론주의보충설).

1122 **참고 │ 주장책임, 증거제출책임, 자백의 구속력(변론주의와 직권탐지주의의 구별기준)**

1. 주장책임

(가) 분쟁의 중요한 사실관계(요건사실)를 주장하지 않음으로 인하여 일방당사자가 받는 불이익부담을 주장책임이라 부른다. 주장책임은 변론주의에서 문제되지만, 행정소송법 제26조(법원은 필요하다고 인정할 때에는 … 당사자가 주장하지 아니한 사실에 대하여도 판단할 수 있다)로 인해 그 한도에서 주장책임의 의미는 완화된다.

(나) 주장책임을 부담하는 자를 주장책임자라고 하며, 주장책임자도 입증책임자처럼 법률요건분류설에 따른다(대판 2000. 5. 30. 98두20162)(후술하는 입증책임(1124 이하) 참조).

2. 증거제출책임

1123 증거제출책임이란 증거를 신청하지 않아 무증명의 상태가 됨으로 인해 당사자가 받게 되는 불이익 부담을 말한다. 변론주의하에서는 당사자가 신청한 증거에 대해서만 증거조사를 해야 하지만 행정소송법 제26조(법원은 필요하다고 인정할 때에는 직권으로 증거조사를 할 수 … 있다)로 인해 행정소송에서 증거제출책임은 완화되고 있다.

3. 자백의 구속력

1123a (가) 자백의 구속력이란 당사자 사이에 다툼이 없는 사실(자백한 사실과 자백으로 간주된 사실)은 증거를 조사할 필요 없이 그대로 판결의 기초로 삼아야 하며, 설사 법원이 다툼이 없는 사실과 반대의 심증을 얻었다고 하더라도 그에 반하는 사실을 인정할 수 없는 구속력을 말한다.

(나) 변론주의에서는 인정되지만, 직권탐지주의에서는 자백의 구속력이 배제되어 당사자의 자백은 법원을 구속하지 못한다.

---

3. 입증책임★★

(1) 의 의

1124 입증책임이란 어떠한 사실관계에 대한 명백한 입증이 없을 때(진위불명상태) 당사자

가 받게 될 불이익한 부담을 말한다. 입증책임을 부담하는 자를 입증책임자라고 한다.

(2) 증거제출책임과의 구별

입증책임은 직권탐지주의에도 적용되지만 증거제출책임은 변론주의에서만 문제 _{1124a}
되고 직권탐지주의에서는 문제되지 않는다. 즉, 입증책임은 변론주의하에서 특히 중
요하지만, 진위불명상태가 되어 일방당사자가 불이익을 받은 경우에는 직권탐지주의
하에서도 문제가 될 수 있다.

(3) 소송요건사실에 대한 입증책임(자)

소송요건은 행정소송에서도 직권조사사항이지만, 그 존부가 불명할 때에는 이를 ₁₁₂₅
결한 부적법한 소로 취급되어 원고의 불이익으로 판단될 것이므로 결국 이에 대한 입
증책임은 원고가 부담한다.

(4) 본안에 대한 입증책임(자)

1) 문 제 점
취소소송에서 원고와 피고 행정청 중 어느 당사자가 입증책임 ₁₁₂₆
을 부담하는지에 대해 행정소송법에 명문의 규정이 없어 학설이 대립된다.

2) 학 설

a. 원고책임설 ⓐ 행정행위는 공정력이 있어서 적법성이 추정되므로 입증책 ₁₁₂₇
임은 원고에게 있다는 견해이다. ⓑ 그러나 공정력은 법적 안정성이나 행정정책적인
이유로 행정행위에 인정되는 잠정적 효력이며, 적법성의 추정이 아니다(전술한 행정행위
의 공정력 참조(303)).

b. 피고책임설 ⓐ 법치행정의 원리상 국가행위의 적법성은 국가가 담보하 ₁₁₂₈
여야 하기에 피고인 행정청이 입증해야 한다는 견해이다. ⓑ 그러나 어떤 사실관계에
대한 명백한 입증이 없는 경우 일방 당사자인 행정청에게만 패소부담을 준다는 것은
공평의 원칙에 반한다는 비판이 있다.

c. 법률요건분류설 법률규정의 형식에 따라 당사자는 각각 자기에게 유리한 ₁₁₂₉
요건사실의 존재에 대하여 입증책임을 부담한다는 입장이다(다수설). 즉, ① 권한행사
규정('—한 때에는 —의 처분을 한다')의 요건사실은 그 권한행사를 주장하는 자가 입증해
야 한다. ② 그리고 권한불행사규정('—한 때에는—의 처분을 하여서는 아니 된다')의 요건
사실은 처분권한의 불행사(상실)를 주장하는 자가 입증해야 한다.

d. 독자분배설(행정행위의 내용에 의한 분배설) ⓐ 행정소송의 특수성을 고려한 ₁₁₃₀
다는 전제하에, 당사자의 권리를 제한하거나 의무를 부과하는 행위의 취소를 구하는
소송에서는 행정청이 적법성의 입증책임을, 당사자의 권리·이익의 확장을 구하는 소
송에서는 원고가 입증책임을, 재량일탈이나 남용(위법)은 원고가 입증책임을 부담한다
는 견해이다. ⓑ 그러나 이 견해는 법률요건분류설과 실질적인 차이가 없다는 비판이

있다.

1131 **3) 판　례**　　판례는 민사소송법의 규정이 준용되는 행정소송에 있어서 입증책임은 원칙적으로 민사소송의 일반원칙에 따라 당사자 간에 분배된다고 보고 있어 법률요건분류설의 입장이다(대판 1984. 7. 24. 84누124).

1132 **4) 검　토**　　취소소송의 경우에도 소송상 당사자의 지위는 대등한 것이므로 일방당사자가 입증책임을 부담하지 않고 민사소송의 일반원칙인 법률요건분류설에 따라 입증책임을 부담함이 타당하다(예를 들어 과세처분취소소송에서 과세처분의 적법성, 건축허가취소처분취소소송에서 건축허가취소처분의 적법성은 그 처분의 적법성을 주장하는 행정청이 입증책임을 진다(과세처분권 · 건축허가취소권이 있음을 주장하는 자). 다만, 행정소송의 특수성은 고려될 수 있다.

(5) 증거제출시한

1133 당사자는 사실심의 변론종결시까지 주장과 증거를 제출할 수 있다(대판 1989. 6. 27. 87누448).

💎 **쟁점 취소소송의 소송물**★

---

1. 소송물의 의의, 논의 실익

1133a ⑺ 소송물(소송상 청구)이란 소송절차에서 심판의 대상이 되는 구체적인 사항을 말한다(소송의 단위).

⑻ 소송물의 개념은 행정소송 해당 여부, 관할법원, 소송의 종류, 소의 병합과 소의 변경, 소송계속의 범위, 그리고 기판력의 범위(1189) 및 판결의 기속력의 범위(1219)를 정하는 기준이 되며, 처분사유의 추가 · 변경(1153)과도 관련된다.

2. 취소소송의 소송물

(1) 학　설

1133b 취소소송의 소송물에 대해 ① 다툼 있는 처분 그 자체를 소송물로 보는 견해, ② 처분의 위법성 일반(성문법, 불문법 등의 모든 법의 위반을 말함)을 소송물로 보는 견해(다수설), ③ '당초처분 및 이와 동일한 규율인 처분의 위법성 일반'을 소송물로 보는 견해가 있다. 이 견해는 소송물에서 처분의 범위를 '당초처분'을 넘어 '이와 동일한 규율인 처분'까지 확장하려는 입장이다. ④ 처분등이 위법하고 또한 자기의 권리를 침해한다는 원고의 법적 주장이라는 견해와 ⑤ 처분의 위법성은 원고의 법적 주장과는 관계가 없음을 이유로 처분을 통해 자신의 권리가 침해되었다는 법적 주장을 소송물로 보는 견해로 나눌 수 있다.

(2) 판 례

판례는 「취소판결의 기판력(1184)은 소송물로 된 행정처분의 위법성 존부에 관한 판단 그 자체에만 미치는 것이므로 전소와 후소가 그 소송물을 달리하는 경우에는 전소 확정판결의 기판력이 후소에 미치지 아니하는 것(대판 1996. 4. 26. 95누5820)」, 「과세처분취소소송의 소송물은 그 취소원인이 되는 위법성 일반(대판 1990. 3. 23. 89누5386)」이라고 하여 ②설의 입장이다.

1133c

(3) 검 토

(가) ①설은 취소의 대상(대상적격)과 소송물은 구별되어야 한다는 점에서 문제가 있다. ③설은 ②설과 논리적으로 큰 차이가 있는 것은 아니며, ④설과 ⑤설은 행정소송법이 취소소송의 법률상 이익을 원고적격의 요건(행정소송법 제12조)으로 규정하고 있을 뿐 본안요건은 위법성에 한정하고 있고, 소송물은 본안판단에 관한 사항만을 대상으로 하는 것이므로, 소송요건에 관한 법률상 이익(권리) 침해는 소송물의 요소가 될 수 없다는 비판이 있다(박정훈).

1133d

(나) 따라서 취소소송의 소송물을 처분의 위법성 일반으로 보는 견해(②설)가 타당하다.

Ⅳ. 처분의 위법성 판단 기준시(1148, 1221 참조)**[22 노무] [20 변시]

1. 문제 상황

다수설과 판례에 따르면 취소소송의 본안판단의 대상인 소송물은 처분의 위법성 일반인데(1133a 이하), 이 위법성을 판단하는 기준시점이 어디인지에 대해 학설의 대립이 있다(예를 들어 위법한 건축허가거부처분을 이유로 사인이 취소소송을 제기한 후 건축허가거부처분을 적법하게 만드는 공익적 사정이 발생한 경우 법원은 판결시에 그러한 공익적 사정을 고려할 수 있는지가 문제된다. 처분시설은 법원은 심리에서 처분시 이후의 사정 — 사실적·법적 상태 — 을 고려해서는 아니 된다는 입장이다).

1134

2. 학 설

(1) 처분시설

항고소송의 주된 목적은 개인의 권리구제에 있기 때문에 처분시 이후의 공익적 사정을 법원은 고려할 필요가 없다고 본다(다수견해).

1135

(2) 판결시설

항고소송의 목적을 행정법규의 정당한 적용이라는 공익실현으로 보면서, 법원은 처분시 이후 발생한 공익적 사정도 고려하여 처분의 효력을 유지시킬 것인지를 결정

1136

해야 한다는 입장이다.

(3) 절 충 설

1137   ⓐ 원칙적으로 처분시를 기준으로 하면서, 예외적으로 영업정지처분, 물건의 압수처분 등과 같이 계속효 있는 행정행위에 대하여는 판결시를 기준으로 하는 견해와 ⓑ 적극적 침익적 처분의 경우 처분시를 기준으로 하고, 거부처분의 경우 판결시를 기준으로 하는 견해가 있다.

3. 판   례

1138   (가) 판례는 행정소송에서 행정처분의 위법 여부는 행정처분이 있을 때의 법령과 사실상태를 기준으로 하여 판단해야 한다고 본다(처분시설)(대판 1993. 5. 27. 92누19033). 그리고 거부처분의 경우도 거부처분시를 기준으로 처분의 위법성을 판단한다(대판 2008. 7. 24. 2007두3930).

    (나) 다만, 법원은 행정처분 당시 행정청이 알고 있었던 자료뿐만 아니라 사실심 변론종결 당시까지 제출된 모든 자료를 종합하여 처분 당시 존재하였던 객관적 사실을 확정하고 그 사실에 기초하여 처분의 위법 여부를 판단할 수 있다(대판 2010. 1. 14. 2009두11843).

4. 검   토

1139   위법성 판단의 기준을 판결시로 할 경우 판결지체 여하에 따라 처분시에 위법하였던 행위가 적법한 행위가 될 수도 있고 반대로 처분시에는 적법했던 행위가 후에 위법한 것으로 될 수 있어 이론적으로 문제가 있다. 따라서 처분시설이 타당하다.

V. 처분사유의 추가 · 변경 ★★★[11 노무] [15 노무] [19 노무] [21 노무] [08 사시] [09 5급] [12 사시] [18 입시]
[18 5급]

1. 개   념

(1) 의   의

1140   '처분사유의 추가 · 변경(처분이유의 사후변경)'이란 처분시에는 사유(이유)로 제시되지 않았던 사실상 또는 법률상의 근거를 사후에 행정쟁송절차에서 행정청이 새로이 제출하여 처분의 위법성판단(심리)에 고려하는 것을 말한다. 행정청은 '법률'요건에 해당하는 '사실'을 기초로 처분을 한다. 이처럼 처분을 발령하게 되는 사실상 근거와 법률상 근거를 합하여 '처분사유(처분이유)'라고 한다(일반적으로 제소 전에는 '처분이유'로 제소 후에는 '처분사유'라고 부른다).

(2) 구별개념

ⓐ 처분사유의 추가 · 변경은 실질적 적법성의 문제(적절하지 않은 처분사유를 제시하였 **1141**
다가 적절한 처분사유를 추가하거나 변경하는 것)이나 이유제시의 절차상 하자의 치유는 형식
적 적법성의 문제(행정절차법 제23조에 따른 이유제시를 하지 않다가 사후에 이유를 제시하는 것)이며
[판례], ⓑ 처분사유의 추가 · 변경은 행정쟁송에서의 문제이나 이유제시의 절차상 하자
의 치유는 행정절차의 문제이다(전술한 행정행위의 하자의 치유(335)와 이유제시(463) 참조).

> **[판례]** **이유제시와 처분사유의 추가 · 변경**
>
> 피고가 당초 처분의 근거로 제시한 사유가 실질적인 내용이 없다고 보는 이상, <u>위
> 추가 사유는 그와 기본적 사실관계가 동일한지 여부를 판단할 대상조차 없는 것이
> 므로, 결국 소송단계에서 처분사유를 추가하여 주장할 수 없다</u>(대판 2017. 8. 29. 2016
> 두44186).

> **[참고]** **이유제시, 하자 있는 행정행위의 치유**
>
> **1. 이유제시(463)** **1141a**
> 행정절차법 제23조(처분의 이유 제시) ① 행정청은 처분을 할 때에는 다음 각 호의 어느 하나에
> 해당하는 경우(1. 신청 내용을 모두 그대로 인정하는 처분인 경우, 2. 단순 · 반복적인 처분 또는
> 경미한 처분으로서 당사자가 그 이유를 명백히 알 수 있는 경우, 3. 긴급히 처분을 할 필요가 있
> 는 경우)를 제외하고는 당사자에게 그 근거와 이유를 제시하여야 한다.
> **2. 하자 있는 행정행위의 하자의 치유(335)** **1141b**
> 하자 있는 행정행위의 치유란 행정행위가 발령 당시에 위법한 것이라고 하여도 사후에 흠결을 보
> 완하게 되면 적법한 행위로 취급하는 것을 말한다. 하자의 치유는 절차와 형식상의 하자만 치유가
> 가능하며 내용상 하자의 치유는 인정되지 않는다(대판 1991. 5. 28. 90누1359). 그리고 하자의 치
> 유는 행정쟁송제기 이전에만 가능하다(판례).

2. 인정 여부

(1) 학 설

1) 긍 정 설 일회적인 분쟁해결이라는 소송경제적 측면을 강조하며 소송당 **1142**
사자는 처분의 위법성(적법성)의 근거가 되는 모든 사실상 · 법률상의 사유를 추가 · 변
경할 수 있다는 입장이다.

2) 부 정 설 처분사유의 추가 · 변경을 긍정하면 처분의 상대방은 예기하지 **1143**
못한 불이익을 입을 수도 있다는 견해이다.

3) 제한적 긍정설 처분사유의 추가 · 변경은 당초의 처분사유와 기본적 사실 **1144**
관계의 동일성이 인정되는 범위 내에서 제한적으로 인정된다는 견해이다(다수설)(1154).

(2) 판 례

1145   대법원은 처분청은 당초 처분의 근거로 삼은 사유와 기본적 사실관계가 동일성이 있다고 인정되는 한도 내에서만 다른 사유를 추가하거나 변경할 수 있을 뿐, 기본적 사실관계의 동일성이 인정되지 않는 별개의 사실은 처분사유로 주장할 수 없다는 것이 일관된 입장이다(대판 1983. 10. 25. 83누396)(제한적 긍정).

(3) 검 토

1146   분쟁의 일회적 해결의 필요성과 원고의 방어권보호 및 신뢰보호의 필요성을 고려할 때 제한적 긍정설이 타당하다.

3. 처분사유의 추가·변경의 범위(요건)

아래의 범위에 모두 포함된다면 처분사유의 추가·변경은 인정된다.

(1) 시간적 범위

1147   **1) 처분사유의 추가·변경의 가능시점**   처분사유의 추가·변경은 사실심변론종결시까지만 허용된다.

1148   **2) 처분사유의 추가·변경과 처분의 위법성판단 기준시점(자세한 내용은 전술한 처분의 위법성 판단 기준시 참조)**(1134 이하)   처분의 위법성 판단의 기준시점을 어디로 볼 것이냐에 따라 추가·변경할 수 있는 처분사유의 시간적 범위가 결정된다.

1149   **a. 학 설**   ① 처분시설(다수견해)(항고소송의 주된 목적은 개인의 권리구제에 있기 때문에 처분시 이후의 공익적 사정은 고려할 필요가 없다는 견해이다), ② 판결시설(항고소송의 목적을 행정법규의 정당한 적용이라는 공익실현으로 보면서, 법원은 처분시 이후 발생한 공익적 사정도 고려하여 심리하여야 한다는 견해이다), ③ 절충설(ⓐ 원칙적으로 처분시를 기준으로 하면서, 예외적으로 영업허가취소나 물건의 압수처분 등과 같이 계속성 있는 처분에 대하여는 판결시를 기준으로 하는 견해와 ⓑ 적극적 침익적 처분의 경우 처분시를 기준으로 하고, 거부처분의 경우 판결시를 기준으로 하는 견해가 있다)이 대립된다.

1150   **b. 판 례**   판례는 행정소송에서 행정처분의 위법 여부는 행정처분이 있을 때의 법령과 사실상태를 기준으로 하여 판단해야 한다고 본다(처분시설)(대판 1993. 5. 27. 92누19033).

1151   **c. 검 토**   위법성 판단의 기준을 판결시로 할 경우 판결지체 여하에 따라 처분시에 위법하였던 행위가 적법한 행위가 될 수도 있고, 반대로 처분시에는 적법했던 행위가 후에 위법한 것으로 될 수 있어 이론적으로 문제가 있다. 따라서 처분시설이 타당하다. 처분시설에 따르면 처분시의 사유만이 추가·변경의 대상이 된다(만일 판결시설에 따른다면 처분시 이후 판결시까지의 사유도 추가·변경이 가능하다).

(2) 객관적 범위

1) 소송물의 동일성　　처분사유를 추가·변경하더라도 처분의 동일성은 유지 1153
되어야 한다(예를 들어 '1번지 건물의 양도'를 이유로 한 양도소득세부과처분과 '50번지 건물의 양도'
를 이유로 한 양도소득세부과처분은 처분사유를 변경함으로써 처분의 동일성이 변경되는 경우이다). 만
일 처분의 동일성이 변경된다면 이는 '처분사유'의 변경이 아니라 '처분'의 변경이 된
다(1141 ㈐). 이 경우에는 처분사유의 변경이 아니라 행정소송법 제22조의 처분변경으
로 인한 소의 변경을 해야 한다(1067 이하)(홍준형).

2) 기본적 사실관계의 동일성　　㈎ 판례는 기본적 사실관계의 동일성 유무는 1154
처분사유를 법률적으로 평가하기 이전의 구체적인 사실에 착안하여 그 기초인 사회적
사실관계가 기본적인 점에서 동일한지 여부에 따라 결정된다고 한다(대판 2004. 11. 26.
2004두4482). 구체적인 판단은 시간적·장소적 근접성, 행위 태양(모습)·결과 등의 제반
사정을 종합적으로 고려해야 한다(법원실무제요, 석호철).

㈏ 즉, 처분청이 처분 당시에 적시한 구체적 사실을 변경하지 아니하는 범위 내
에서 단지 그 처분의 근거법령만을 추가·변경하거나 당초의 처분사유를 구체적으로
표시하는 것에 불과한 경우처럼 처분사유의 내용이 공통되거나 취지가 유사한 경우에
만 기본적 사실관계의 동일성을 인정하고 있다(대판 2007. 2. 8. 2006두4899).

㈐ 판례는 ① 산림형질변경불허가처분취소소송에서 준농림지역에서 행위제한이
라는 사유와 자연환경보전의 필요성이라는 사유(대판 2004. 11. 26. 2004두4482)(준농림지역에
서 일정한 행위를 제한한 이유가 자연환경보전을 위한 것이기 때문에 당초사유와 추가한 사유는 취지가
같다), 액화석유가스판매사업불허가처분취소소송에서 사업허가기준에 맞지 않는다는
사유와 이격거리허가기준에 위반된다는 사유(대판 1989. 7. 25. 88누11926)(이격거리허가기준도
해당법령상 사업허가기준이었기 때문에 두 사유는 내용이 공통된다)는 기본적 사실관계의 동일성을
인정하였으나, ② 부정당업자제재처분취소소송에서 정당한 이유없이 계약을 이행하지
않았다는 사유와 계약이행과 관련해 관계공무원에게 뇌물을 준 사유(대판 1999. 3. 9. 98
두18565), 종합주류도매업면허취소처분취소소송에서 무자료주류판매 및 위장거래금액
이 과다하다는 사유와 무면허판매업자에게 주류를 판매하였다는 사유(대판 1996. 9. 6.
96누7427)는 기본적 사실관계의 동일성을 부정하였다.

4. 처분사유의 추가·변경의 효과

처분사유의 추가·변경이 인정되면 법원은 추가·변경되는 사유를 근거로 심리할 1156
수 있고, 인정되지 않는다면 법원은 당초의 처분사유만을 근거로 심리하여야 한다.

● 제8항 취소소송의 종료

1157 　　법원의 심리는 일반적으로 판결로 종료된다. 다만 종국판결 이외에 소의 취하, 청구의 포기·인낙 등의 사유로도 종료될 수 있다(1249 이하).

Ⅰ. 취소소송의 판결

1. 종 류

(1) 중간판결과 종국판결

1158 　　중간판결(심급을 종료시키지 않는 판결)이란 소송 진행 중에 당사자 간에 쟁점으로 된 사항에 관해 심리를 정리하고 종국판결을 준비하기 위한 판결을 말하며(예: 소취하에 의한 소송종료(1250)의 유무처럼 소송절차상의 문제에 관한 다툼), 종국판결(심급을 종료시키는 판결)이란 소송의 전부나 일부에 대해 종국적인 효력을 갖는 판결을 말한다(예: 소송판결, 본안판결).

(2) 소송판결과 본안판결

1159 　　소송판결이란 소송요건 또는 상소요건의 불비를 이유로 소를 각하하는 종국판결을 말한다. 본안판결이란 청구의 당부에 관한 판결로 청구를 인용하거나 기각하는 것을 내용으로 한다.

(3) 각하·기각·인용판결

1160 　　**1) 각하판결**　　각하판결이란 소송요건의 불비를 이유로 심리를 거부하는 판결을 말한다. 각하판결은 처분의 위법성에 대한 판결이 아니므로 원고는 결여된 요건을 보완하여 다시 소를 제기할 수 있다.

　　2) 기각판결

1161 　　**a. 의 의**　　일반적으로 기각판결(일반적인 기각판결)이란 원고의 청구가 이유 없어 이를 배척하는 판결을 말한다. 그러나 예외적으로 원고의 청구가 이유는 있지만 공익적인 사정으로 원고의 청구를 배척하는 판결을 하는 경우도 있다. 이러한 기각판결을 사정판결이라 한다.

　　b. 사정판결★★[15 노무] [09 5급]

　　(ⅰ) 개 념

1162 　　**(a) 의 의**　　사정판결이란 원고의 청구가 이유있다고 인정하는 경우에도 처분등을 취소하는 것이 현저히 공공복리에 적합하지 아니하다고 인정하는 때에는 법원이 원고의 청구를 기각할 수 있는 판결제도를 의미한다(행정소송법 제28조). 사정판결은 법치주의의 예외현상으로 공공복리를 위해 인정하는 것이므로 엄격한 요건하에 제한적으로 인정되어야 한다(대판 1991. 5. 28. 90누1359)(예를 들어 을에게 발령된 여객자동차운수사업면허가 위법하여 경쟁자인 갑이 취소소송을 제기하였는데, 여객자동차운수사업면허가 위법하면 갑의

청구를 인용해야 하지만 만일 이미 영업을 개시한 을의 여객자동차를 이용하는 시민이 상당수이어서 을의 여객자동차운수사업면허를 취소하는 것이 현저히 공공복리에 적합하지 않은 경우 여객자동차운수사업면허가 위법함에도 갑의 청구를 기각하는 것을 말한다).

(b) **인정근거**   사정판결을 인정하는 근거는 위법한 처분등에 수반하여 형성되는 법률관계·사실관계 등 기성사실을 존중할 필요가 있기 때문이다(앞의 예(1162)에서 이미 영업을 개시한 을의 여객자동차를 상당수 시민이 이용하고 있다는 사실(＝기성사실)의 존중의 필요). 1163

(ⅱ) 요   건

(a) **원고의 청구가 이유 있을 것**   원고의 청구는 행정청의 처분이 위법하다는 것이므로 행정청의 처분이 위법해야 한다. 1164

(b) **처분등을 취소하는 것이 현저히 공공복리에 적합하지 아니할 것**   ① '공공복리'란 급부행정 분야만을 말하는 것은 아니며 질서행정 분야까지 포함하는 넓은 개념이다. ② 그리고 공익성 판단의 기준시점은 처분의 위법성 판단의 기준시점과 구별된다. 즉, 처분의 위법성 판단 기준시점은 처분시설이 다수설과 판례의 입장이지만(1134 이하), 사정판결에서 공익성 판단은 변론종결시를 기준으로 한다(대판 1970. 3. 24. 69누29). 1165

(c) **당사자의 주장(항변) 없이도 사정판결이 가능한지 여부**

(ㄱ) 학   설   ⓐ 행정소송법 제26조(1117 이하 참조)를 근거로 당사자의 주장이나 항변이 없더라도 법원의 직권탐지기능에 따라 사정판결이 가능하다는 긍정설, ⓑ 행정소송법 제26조를 근거로 당사자의 명백한 주장이 없는 경우에도 기록에 나타난 여러 사정을 기초로 직권으로 사정판결할 수 있다는 제한적 긍정설, ⓒ 행정소송법이 제26조를 규정하고 있다고 하더라도 당사자의 주장·항변 없이는 직권으로 사정판결이 불가능하다는 부정설(다수설)이 대립된다. 1166

(ㄴ) 판   례   판례는 행정소송법 제26조를 근거로 당사자의 명백한 주장이 없는 경우에도 기록에 나타난 여러 사정을 기초로 직권으로 사정판결할 수 있다고 본다(대판 2006. 9. 22. 2005두2506)(제한적 긍정). 1167

(ㄷ) 검   토   행정소송법 제26조의 직권심리주의는 실체적 적법성보장(처분의 위법·적법성 규명)을 위해 인정되는 것이고 사정판결제도는 기성사실의 존중의 필요성(공공복리 적합성)을 근거로 인정되는 것으로 양자는 취지를 달리하기 때문에, 행정소송법 제26조를 근거로 당사자의 주장이나 항변 없이도 사정판결을 할 수 있다는 견해는 부당하며, 부정하는 견해가 타당하다. 1168

(ⅲ) 효   과

(a) **주문에서 처분의 위법성 명시**   사정판결을 하는 경우 법원은 그 판결의 주문에서 그 처분등이 위법함을 명시하여야 한다(행정소송법 제28조 제1항 제2문). 따라서 사정판결은 원고의 청구를 기각하는 판결이지만 처분등이 위법하다는 점에 대해서는 기 1169

판력이 발생한다(1189).

1170   **(b) 소송비용의 피고 부담**   사정판결은 청구가 이유 있음에도 공익적 사정으로 원고를 패소시키는 것이기 때문에 소송비용은 피고가 부담한다(행정소송법 제32조).

1171   **(c) 사정조사와 원고의 권리구제**   법원은 사정판결을 함에 있어서는 미리 원고가 그로 인하여 입게 될 손해의 정도와 배상방법 그 밖의 사정을 조사하여야 하며(행정소송법 제28조 제2항)(사정조사), 원고는 피고인 행정청이 속하는 국가 또는 공공단체를 상대로 손해배상, 제해시설의 설치 그 밖에 적당한 구제방법의 청구를 당해 취소소송 등이 계속된 법원에 병합하여 제기할 수 있다(행정소송법 제28조 제3항).

1172   **(iv) 불   복**   사정판결에 대해 패소자인 원고나 피고는 상소할 수 있다(특히 피고는 구제방법청구가 병합된 경우 상소할 수 있다).

◆ 쟁점 무효등확인소송에서 사정판결 인정 여부(사정판결의 적용범위)★★

[참고] 부작위위법확인소송도 사정판결에 대한 준용규정은 없지만, 부작위는 위법한 처분등에 수반하여 형성되는 법률관계·사실관계 등 기성사실이 발생할 여지가 없으므로 사정판결이 문제되지 않는다.

1. 문제 상황

1173   행정소송법은 취소소송에만 사정판결 규정을 두고 있을 뿐 무효등확인소송에는 준용규정을 두고 있지 않다. 따라서 원고가 무효등확인소송을 제기한 경우 법원이 사정판결을 할 수 있는지가 문제된다.

2. 학   설

1174   ⓐ 취소판결이 처분의 효력을 취소하는 것과는 달리 사정판결은 처분의 효력을 취소하는 것이 아니라 처분의 위법성을 확인하는 것인데, 처분이 무효라면 사정판결이 있다고 하더라도 유지될 처분의 효력이 존재하지 않으므로 논리적으로 사정판결이 불가능하다는 부정설(다수설)과 ⓑ 무효인 처분에 근거한 기성사실도 이를 백지화하는 것이 공공복리를 해치는 경우가 있음은 그 하자가 취소사유에 그치는 처분과 다를 바 없다는 점을 근거로 하는 긍정설이 대립된다.

3. 판   례

1175   판례는 「당연무효의 행정처분을 소송목적물로 하는 행정소송에서는 존치시킬 효력이 있는 행정행위가 없기 때문에 행정소송법 제28조 소정의 사정판결을 할 수 없다(대판 1996. 3. 22. 95누5509)」고 한다.

4. 검 토

행정심판법 제44조 제3항은 사정재결이 무효확인심판에 적용되지 않음을 규정하고 있으며, 처분이 무효인 경우에는 사정판결로 유지될 처분의 효력이 존재하지 않으므로 부정함이 타당하다(무효인 처분이 사정판결로 유효인 처분이 되는 것은 아니며 여전히 무효인 상태로 남아 있기 때문이다).

1176

3) 인용판결

a. 의   의   인용판결이란 원고의 청구가 이유 있음을 인정하여 처분등을 취소·변경하는 판결을 말한다. 취소소송에서 인용판결은 형성판결이다. 따라서 형성력을 가진다.

1177

b. '변경'의 의미   ① ⓐ 이 변경은 적극적 변경(예를 들어 3월 영업정지 처분을 과징금 500만원 부과처분으로 변경하는 것)을 포함한다는 견해와 ⓑ 적극적 변경이 포함되지 않는다는 견해가 대립된다. ② 판례는 이 변경에 적극적 변경이 포함되지 않는다고 본다.

1178

c. 일부취소판결의 가능성★[13 노무] [14 변시]

(ⅰ) 문 제 점   행정소송법 제4조 제1호는 취소소송을 행정청의 위법한 처분 등을 취소 또는 변경하는 소송으로 규정하고 있는데, 법원은 판결로 위법한 처분 등을 전부취소할 수 있을 뿐만 아니라, 일부취소할 수도 있다. 다만, 어느 경우에 일부취소판결이 가능한지가 문제된다.

1179

(ⅱ) 일부취소판결의 가능성

(a) 일부취소판결이 가능한 경우

1179a

(ㄱ) 기속행위   조세부과처분, 개발부담금부과처분과 같은 기속행위의 경우는 일부취소판결이 가능하다.

(ㄴ) 가분성이 있고, 적법하게 부과될 금액이나 기간을 산출할 수 있는 경우   일부 취소되는 부분이 가분성(특정성)이 있고 적법하게 부과될 정당한 부과금액이나 기간을 소송상 산정할 수 있는 가능성이 있다면 일부취소가 가능하다(대판 1992. 7. 24. 92누4840; 대판 2004. 7. 22. 2002두868).

(b) 일부취소판결이 불가능한 경우

(ㄱ) 재량행위   재량행위의 경우는 권력분립의 원칙과 행정의 1차적 처분권을 보장한다는 면에서 이를 부정하는 것이 일반적인 견해와 판례의 입장이다(대판 2009. 6. 23. 2007두18062; 대판 1982. 9. 28. 82누2).

1180

(ㄴ) 가분성이 없거나 적법하게 부과될 금액이나 기간을 산출할 수 없는 경우   가분성이 없거나 당사자가 제출한 자료에 의하여 적법하게 부과될 정당한 부과금액을 산

1181

출할 수 없을 경우에는 일부취소판결을 할 수 없고 부과처분 전부를 취소할 수밖에 없다(대판 2004. 7. 22. 2002두868).

2. 판결의 효력

1181a
　　행정소송의 판결의 효력과 민사소송과 크게 다르지 않다. 다만 행정소송의 특수성이 존재하는바 판결의 효력에 관해 행정소송법은 제29조와 제30조를 두고 있다. 그리고 판결의 효력은 효력이 미치는 대상과 내용에 따라 자박력, 형식적 확정력, 실질적 확정력, 형성력, 기속력으로 구분될 수 있다.

(1) 자박력(불가변력)(자기구속력)

1182
　　법원이 판결을 선고하면 선고한 법원 자신도 판결의 내용을 취소·변경하지 못하는 구속력이 발생하는데 이를 자박력(불가변력)이라 한다.

(2) 형식적 확정력(불가쟁력)

1183
　　상소의 포기, 상소제기기간의 경과 등의 사유로 판결이 확정되면 판결에 불복하는 자는 더 이상 상소로써 다툴 수 없어 상소법원이 판결을 취소할 수 없는 구속력을 형식적 확정력(불가쟁력)이라 한다.

1183a
> **참고** 판결의 확정시기
> 행정소송법 제29조 제1항과 제30조 제1항은 '처분등을 취소하는 "확정판결"'이라고 규정하는데, 일반적으로 판결은 상소가 인정되지 않을 때 확정된다. 예를 들어 상소기간이 경과하거나 상소를 포기한 경우 판결은 확정된다.

(3) 기판력(실질적 확정력)★

1184
　　1) 의　　의　　판결이 확정되면 당사자와 법원은 후소(後訴)에서 그 확정판결의 내용과 모순되는 주장·판단을 할 수 없는 구속력이 발생하는데 이를 기판력이라고 한다(예를 들어 갑에 대한 A라는 처분에 대해 법원이 적법하다는 확정판결이 있었다면, 후소에서 당사자와 법원은 동일한 A처분의 위법을 주장하거나 위법하다는 판단할 수 없다). 본안판결은 인용판결이든 기각판결이든 묻지 않고 기판력이 발생하며, 형성·확인·이행판결 모두 인정된다.

1185
　　2) 취　　지　　기판력은 재판 간의 모순 방지와 동일한 사항에 대한 소송의 반복방지라는 법적 안정성 때문에 인정된 것이다(만일 앞의 예에서 후소법원이 동일한 A처분에 대해 위법하다고 판단한다면 국민은 법원의 확정판결을 신뢰하지 않을 것이고, 법적 안정성이 위협받을 것이다).

1186
　　3) 법적 근거　　행정소송법에는 기판력에 대한 명시적 규정이 없다. 그러나 행정소송법 제8조 제2항에 따라 민사소송법 제216조(기판력의 객관적 범위)와 제218조(기판력의 주관적 범위)가 준용된다.

4) 범 위

a. 주관적 범위   기판력은 당사자 및 당사자와 동일시 할 수 있는 자(당사자의 승계인)와 후소법원에 미치고, 제3자에게는 미치지 않는 것이 원칙이다. 다만 취소소송에서 피고는 처분청이기 때문에 그 처분의 효력이 귀속하는 (처분청이 속한) 국가 또는 공공단체에는 기판력이 미친다(대판 1998. 7. 24. 98다10854).   1187

b. 시간적 범위   법원이 판결을 내리는 데 근거가 되는 자료제출의 시한은 사실심변론종결시이므로 기판력은 사실심변론종결시를 기준으로 판단한다.   1188

c. 객관적 범위   (가) 확정판결의 기판력은 판결의 주문에 나타난 소송물에 대한 판단 즉, 처분의 위법성존부에 관한 판단에만 미친다(대판 2000. 2. 25. 99다55472). 즉, 처분이 적법하다는 점 또는 위법하다는 점에 대해 기판력이 발생한다.   1189

(나) ① 처분에 대한 취소소송 또는 무효확인소송의 인용판결이 확정되면 처분의 위법·무효가 확정되는 것이므로 후소에서 원고나 피고 행정청은 모두 그 처분이 적법·유효하다는 주장을 할 수 없다. ② 또한, 처분의 취소청구나 무효확인청구를 기각하는 판결이 확정되면 처분이 적법하다는 점이나 무효가 아니라는 점에 기판력이 발생한다. 따라서 ⓐ 취소소송에서 기각판결이 확정된 경우는 처분이 적법·유효함이 확정된 것이므로 그 기판력은 무효확인소송뿐만 아니라 처분이 무효임을 전제로 하는 부당이득반환청구소송에도 미친다(대판 1992. 12. 8. 92누6891; 대판 1998. 7. 24. 98다10854). ⓑ 그러나 무효확인소송에서 기각판결이 확정되더라도 취소소송에는 기판력이 미치지 않아 제소요건만 구비된다면 다시 취소소송을 제기할 수 있다.

(다) 전소와 후소가 그 소송물을 달리하는 경우에는 전소확정판결의 기판력이 후소에 미치지 아니함이 원칙이다. 다만 전소와 후소의 소송물이 동일하지 아니하여도 전소의 주문에 포함된 법률관계가 후소의 선결관계(선결문제)가 되는 때에는 전소 판결의 기판력은 후소에 영향을 미칠 수 있다(아래의 [쟁점] 참조)(1194 이하).

◆ 쟁점 취소소송의 확정판결의 기판력이 후소인 국가배상청구소송에서 위법성 판단을 구속하는지 여부★★★[21 노무] [10 사시] [13 입시] [13 5급] [14 입시] [15 변시] [18 변시]

(예를 들어 위법한 운전면허취소처분에 대해 취소소송을 제기하여 취소판결을 받은 후, 동일한 운전면허취소처분으로 발생한 손해에 대해 국가배상청구소송을 제기한 경우, 후소법원인 국가배상청구소송의 수소법원은 국가배상청구권의 성립요건 중 위법성을 판단함에 있어 전소의 취소판결에 구속되는지의 문제이다)

1. 문제 상황

다수설에 따르면 취소소송의 소송물은 처분의 위법성이며, 국가배상청구소송   1194

의 소송물은 국가배상청구권의 존부인바, 확정판결의 기판력은 국가배상청구소송에 미치지 않음이 일반적인 논리이다(기판력의 객관적 범위는 소송물이므로 (1189)). 다만, 전소와 후소의 소송물이 동일하지 아니하여도 전소의 주문에 포함된 기판력 있는 법률관계(앞의 예에서 운전면허취소처분의 위법성)가 후소의 선결관계가 되는 때에는 전소 판결의 기판력이 후소에 미칠 수 있다. 그러나 취소소송의 소송물을 어떻게 볼 것인지, 취소소송에서의 위법성과 국가배상청구소송에서의 위법성의 본질이 동일한지 등에 따라 결론은 달라진다(앞의 예에서 후소법원은 국가배상청구소송의 소송물인 국가배상청구권의 존부를 판단하기에 앞서 국가배상청구권의 성립요건 중 공무원의 직무행위 — 사안에서는 운전면허취소처분 — 의 위법성을 먼저 판단해야 한다. 그러나 운전면허취소처분의 위법성은 전소(운전면허취소처분취소소송)에서 확인되었기 때문에, 후소법원이 공무원의 직무행위의 위법성을 판단함에 있어 전소판결의 구속력이 미칠 수 있는 것이다).

2. 처분취소소송에서 확정판결의 기판력

(1) 의   의

1195 판결이 확정되면 당사자와 법원은 후소(後訴)에서 그 확정판결의 내용과 모순되는 주장·판단을 할 수 없는 구속력이 발생하는데 이를 기판력이라고 한다. 본안판결은 인용판결이든 기각판결이든 묻지 않고 기판력이 발생하며, 형성·확인·이행판결 모두 인정된다.

(2) 기판력의 범위(1187)

1) 주관적 범위

1195a 기판력은 당사자 및 당사자와 동일시할 수 있는 자(당사자의 승계인)와 후소법원에 미치고, 제3자에게는 미치지 않는 것이 원칙이다.

2) 시간적 범위

1195b 기판력은 사실심변론종결시를 기준으로 판단한다.

3) 객관적 범위

1195c 확정판결의 기판력은 판결의 주문에 나타난 소송물에 대한 판단에 미친다(대판 2000. 2. 25. 99다55472).

(3) 취소소송의 소송물(1133a 이하)

1195d ㈎ 취소소송의 소송물에 대해 ① 처분의 위법성 일반으로 보는 견해, ② 처분등이 위법하고 또한 자기의 권리를 침해한다는 원고의 법적 주장이라는 견해, ③ 처분을 통해 자신의 권리가 침해되었다는 원고의 법적 주장이라는 견해가 대립된다.

㈏ 판례는 취소판결의 기판력은 소송물로 된 행정처분의 위법성 존부에 관한

판단 그 자체에만 미치는 것이라고 한다(대판 1996. 4. 26. 95누5820)(①설).

㈐ 행정소송법이 취소소송의 법률상 이익을 원고적격의 요건(행정소송법 제12조)으로 규정하고 있을 뿐 본안요건은 위법성에 한정하고 있고 소송물은 본안판단에 관한 사항만을 대상으로 하는 것이므로 ②·③설은 타당하지 않고 ①설이 타당하다(다수설). 여기서 '위법'이란 외부효를 갖는 법규(성문의 법령, 불문법)위반을 말한다.

3. 처분취소소송에서 확정판결의 기판력이 국가배상청구소송에 영향을 미치는지 여부

(1) 학 설

1) 국가배상법 제2조 제1항의 위법을 법규위반으로 보지 않는 견해 결과불법설, 상대적 위법성설은 국가배상청구소송에서의 위법의 본질을 법규위반으로 보지 않는다. 이렇게 취소소송과 국가배상청구소송에서의 위법의 의미가 질적으로 다르다는 견해는 양 소송이 선결관계가 되지 않기 때문에 확정판결의 기판력은 국가배상청구소송에 영향을 미치지 않는다고 본다(기판력 부정설). 1196

2) 국가배상법 제2조 제1항의 위법을 법규위반으로 보는 견해(행위위법설) 이 견해는 국가배상청구에서 위법을 취소소송의 위법과 같이 공권력행사의 규범위반 여부를 기준으로 한다. 그러나 이 견해에도 ⓐ 취소소송의 위법과 국가배상청구소송에서의 위법이 양적으로도 같다는 일원설(협의설)과 ⓑ 취소소송의 위법보다 국가배상청구소송의 위법이 더 넓다는 이원설(광의설)이 있다. 1197

a. 취소소송의 위법과 국가배상청구소송의 위법이 양적으로도 같다는 견해(일원설) 양 위법이 질적·양적으로 일치되므로 확정판결의 기판력은 인용이든 기각이든 국가배상청구소송에 영향을 미친다고 본다(기판력 긍정설). 1198

b. 취소소송의 위법보다 국가배상청구소송의 위법이 더 광의라는 견해(이원설) 이 견해는 위법의 범위를 일원설이 말하는 엄격한 의미의 법규위반뿐 아니라 인권존중·권력남용금지·신의성실의 원칙 위반도 위법으로 보아 취소소송의 위법보다 국가배상청구소송의 위법을 더 광의로 본다. 이 견해에 따르면 취소소송의 청구인용판결은 기판력이 국가배상청구소송에 영향을 미치지만, 청구기각판결은 국가배상청구소송의 위법이 더 광의이므로 기판력이 미치지 않는다고 본다(제한적 긍정설). 1199

(2) 판 례

'어떠한 행정처분이 후에 항고소송에서 취소되었다고 할지라도 그 기판력에 의하여 당해 행정처분이 곧바로 공무원의 고의 또는 과실로 인한 것으로서 불법행위를 구성한다고 단정할 수는 없는 것(대판 2012. 5. 24. 2012다11297)'이라는 1200

판결을 기판력 부정설에 따른 것이라고 보는 일부 견해(김남철)가 있지만, 일반적인 견해는 기판력이 '고의·과실'에 미치는 것은 아니라는 취지로 해석한다. 즉, 일반적인 견해는 확정판결의 기판력이 국가배상청구소송(위법성)에 영향을 미치는지 여부에 관한 명시적인 판례는 없다고 본다.

(3) 검 토

1201 취소소송의 본안판단에서의 위법의 본질이 법규위반임을 고려할 때 국가배상법상의 위법도 '법질서 위반'이라는 단일한 가치판단으로 보아야 할 것인바 행위위법설이 타당하다. 특히 권리구제의 확대라는 측면에서 이원설이 타당하다. 따라서 취소소송의 청구인용판결은 기판력은 국가배상청구소송에 영향을 미치지만, 청구기각판결은 기판력이 미치지 않는다고 보아야 한다(제한적 긍정설).

(4) 형 성 력★★

1203 **1) 의의·근거**　(가) 형성력이란 취소판결과 같이 형성판결이 확정되면 행정청에 의한 특별한 의사표시 내지 절차 없이 당연히 행정법상 법률관계의 발생·변경·소멸(취소판결의 경우 소멸이나 변경)을 가져오는 효력을 말한다(예를 들어 갑이 경쟁자인 을에게 발령된 여객자동차운수사업면허처분에 대해 취소소송을 제기하여 취소판결이 확정되면 특별한 절차 없이 을에게 발령된 여객자동차운수사업면허처분은 소멸한다).

1204 　(나) 명시적이진 않지만, 행정소송법 제29조 제1항은 간접적으로 취소판결의 형성력을 인정한 것으로 볼 수 있다(다수설은 행정소송법 제29조 제1항을 형성력의 주관적 범위에 관한 규정이라고 본다).

2) 내 용

1205 **a. 형 성 효**　형성효란 처분에 대한 취소의 확정판결이 있으면 그 이후에는 행정처분의 취소나 통지 등의 별도의 절차를 요하지 않는 효과를 말한다.

1206 **b. 소 급 효**　취소판결의 형성력은 처분이 발령된 시점으로 소급하여 행정법상 법률관계의 소멸(변경)을 가져온다.

c. 제3자효

1207 **(ⅰ) 의 의**　취소판결의 형성력은 소송당사자간에는 당연히 발생하지만, 제3자에 대해서도 발생한다(행정소송법 제29조). 이처럼 형성력이 제3자에게도 미치는 까닭에 제3자의 보호를 위한 제3자의 소송참가(행정소송법 제16조)(1005 이하), 제3자의 재심청구(행정소송법 제31조)(1243 이하) 등의 제도가 인정되는 것이다(앞의 예에서 원고는 갑이며 피고는 행정청이지만, 그 확정판결의 형성력은 제3자인 을도 받는다. 따라서 자신의 권리(여객자동차운수사업면허처분)를 보호하기 위해 을은 소송참가를 하거나 재심을 청구할 수 있다).

1208 **(ⅱ) 제3자의 범위**　'제3자'란 당해 판결에 의하여 권리 또는 이익에 영향을

받는 이해관계인에 한정된다. 즉, 당해 처분에 직접적인 이해관계 있는 제3자(예를 들어 경원자관계에서 인용처분을 받았던 자), 일반처분에서 처분의 효력을 동일하게 받았던 제3자(230) 등이 포함된다.

(iii) **제3자효의 확장**　　　제3자에 대한 효력은 집행정지결정·집행정지결정취소 (행정소송법 제29조 제2항)나 무효등확인소송과 부작위위법확인소송의 경우에도 준용된다 (행정소송법 제38조 제1항, 제2항).　　　1209

(5) 기 속 력★★★ [10 노무] [12 노무] [13 노무] [16 노무] [18 노무] [19 노무] [08 입시] [09 사시] [10 5급] [12 사시] [12 5급] [13 변시] [14 5급] [18 입시] [20 변시] [22 5급]

1) 의　　의　　　기속력이란 처분등을 취소하는 확정판결이 당사자인 행정청과 관계행정청에 대하여 판결의 취지에 따라야 할 실체법상의 의무를 발생시키는 효력을 말한다(행정소송법 제30조 제1항). 그리고 기속력은 인용판결에만 미치고 기각판결에서는 인정되지 않는다.　　　1210

2) 법적 성질

a. 학　　설　　　ⓐ 기속력은 기판력과 동일하다는 기판력설과 ⓑ 기속력은 판결 그 자체의 효력이 아니라 취소판결의 효과의 실질적인 보장을 위해 행정소송법 제30조가 특별히 인정한 기판력과는 다른 효력이라는 특수효력설(다수설)이 대립된다.　　　1211

b. 판　　례　　　종전 대법원은 기판력과 기속력이라는 용어를 구별하지 않고 혼용하고 있었으나, 최근 양자를 구별하는 것으로 보이는 판결을 하였다(대판 2016. 3. 24. 2015두48235)(특수효력설).　　　1212

c. 검　　토　　　ⓐ 기속력은 취소판결(인용판결)에서의 효력이지만, 기판력은 모든 본안판결(인용판결＋기각판결)에서의 효력이라는 점 ⓑ 기속력은 당사자인 행정청과 그 밖의 관계행정청에 미치지만, 기판력은 당사자와 후소법원에 미친다는 점 ⓒ 기속력은 판결의 주문 및 이유에 관한 판단에 미치지만, 기판력은 그 판결의 주문에만 미친다는 점 ⓓ 기속력은 구체적 '위법사유'에 관한 판단에 미치지만, 기판력은 처분의 위법성의 존부라는 '소송물'에 관한 판단에 미친다는 점 ⓔ 기속력은 일종의 실체법적 효력이지만 기판력은 소송법적 효력이라는 점에서 양자는 상이하므로 특수효력설이 타당하다.　　　1213

3) 기속력의 범위(요건)　　　아래의 기속력의 범위에 모두 포함된다면 기속력은 발생한다(아래의 세 가지 범위를 모두 충족해야 한다). 그 효과는 후술하는 기속력의 내용으로 결정된다(기속력은 인용판결에만 미치는 것이므로 기속력이 미치는 범위(사유)에서는 행정청이 재처분을 할 수 없고, 기속력이 미치지 않는 범위에서는 재처분이 가능하다. 따라서 기속력의 범위와 재처분이 가능한 범위는 반비례가 된다).　　　1219

a. 주관적 범위　　　처분을 취소하는 확정판결은 그 사건(취소된 처분)에 관하여　　　1220

당사자인 행정청과 그 밖의 관계 행정청을 기속한다(행정소송법 제30조 제1항). 여기서 '그 밖의 관계 행정청'이란 취소된 처분등을 기초로 하여 그와 관련되는 처분이나 부수되는 행위를 할 수 있는 행정청을 총칭하는 것이다(행정소송법 제17조의 행정청의 소송참가 참조(1014)).

1221   b. 시간적 범위(자세한 내용은 전술한 처분의 위법성 판단 기준시 참조(1134 이하))
처분의 위법성 판단의 기준시점을 어디로 볼 것이냐에 따라 기속력이 미치는 시간적 범위가 결정된다.

1222   (ⅰ) 학   설   ① 처분시설(다수견해)(항고소송의 주된 목적은 개인의 권리구제에 있기 때문에 처분시 이후의 공익적 사정은 고려할 필요가 없다는 견해이다), ② 판결시설(항고소송의 목적을 행정법규의 정당한 적용이라는 공익실현으로 보면서, 법원은 처분시 이후 발생한 공익적 사정도 고려하여 심리하여야 한다는 견해이다), ③ 절충설(ⓐ 원칙적으로 처분시를 기준으로 하면서, 예외적으로 영업허가취소나 물건의 압수처분 등과 같이 계속효 있는 처분에 대하여는 판결시를 기준으로 하는 견해와 ⓑ 적극적 침익적 처분의 경우 처분시를 기준으로 하고, 거부처분의 경우 판결시를 기준으로 하는 견해가 있다)이 대립된다.

1223   (ⅱ) 판   례   판례는 행정소송에서 행정처분의 위법 여부는 행정처분이 있을 때의 법령과 사실상태를 기준으로 하여 판단해야 한다고 본다(처분시설)(대판 1993. 5. 27. 92누19033).

1224   (ⅲ) 검   토   위법성 판단의 기준을 판결시로 할 경우 판결지체 여하에 따라 처분시에 위법하였던 행위가 적법한 행위가 될 수도 있고, 반대로 처분시에는 적법했던 행위가 후에 위법한 것으로 될 수 있어 이론적으로 문제가 있다. 따라서 처분시설이 타당하다. 처분시설에 따르면 처분시에 존재하던 사유만이 기속력이 미치는 처분사유가 될 수 있다(만일 판결시설에 따른다면 처분시 이후 판결시까지의 사유도 기속력이 미칠 수 있다). 따라서 처분시 이후의 새로운 사정은 기속력이 미치지 않으므로 행정청은 새로운 사정을 근거로 재처분할 수 있다.

1226   c. 객관적 범위   판결의 기속력은 판결주문 및 이유에서 판단된 처분등의 구체적 위법사유에만 미친다(대판 2001. 3. 23. 99두5238).

1227   (ⅰ) 절차나 형식의 위법이 있는 경우   이 경우 판결의 기속력은 판결에 적시된 개개의 절차나 형식의 위법사유에 미치기 때문에 확정판결 후 행정청이 판결에 적시된 절차나 형식의 위법사유를 보완한 경우에는 다시 동일한 내용의 처분을 하더라도 기속력에 위반되지 않는다(대판 1987. 2. 10. 86누91).

    (ⅱ) 내용상 위법이 있는 경우
1228   (a) 범   위   이 경우 판결주문 및 이유에서 판단된 처분 등의 구체적 위법사유는 처분사유의 추가·변경과의 관계로 인해 판결주문 및 이유에서 판단된 위법사

유와 기본적 사실관계가 동일한 사유를 말한다. 따라서 인용판결이 확정된 후에 행정청이 당초처분사유와 기본적 사실관계가 동일하지 않은 '사유'로 다시 동일한 '내용'의 처분을 하더라도 판결의 기속력에 반하지 않는다(예를 들어 A사유의 운전면허취소와 B사유의 운전면허취소).

(b) **기본적 사실관계의 동일성 판단**　　(가) 판례는 기본적 사실관계의 동일성 유무 　1229
는 처분사유를 법률적으로 평가하기 이전의 구체적인 사실에 착안하여 그 기초인 사회적 사실관계가 기본적인 점에서 동일한지 여부에 따라 결정된다고 한다(대판 2011. 10. 27. 2011두14401). 구체적인 판단은 시간적·장소적 근접성, 행위 태양(모습)·결과 등의 제반사정을 종합적으로 고려해야 한다(법원실무제요, 석호철).

(나) 즉, 처분청이 처분 당시에 적시한 구체적 사실을 변경하지 아니하는 범위 내에서 단지 그 처분의 근거법령만을 추가·변경하거나 당초의 처분사유를 구체적으로 표시하는 것에 불과한 경우처럼 처분사유의 내용이 공통되거나 취지가 유사한 경우에는 기본적 사실관계의 동일성을 인정하고 있다(대판 2007. 2. 8. 2006두4899).

(다) 판례는 시장이 주택건설사업계획승인신청을 거부하면서 제시한 '미디어밸리 조성을 위한 시가화예정 지역'이라는 당초거부사유와 거부처분취소판결확정 후 다시 거부처분을 하면서 제시한 '해당 토지 일대가 개발행위허가 제한지역으로 지정되었다'는 사유는 기본적 사실관계의 동일성이 없기 때문에 재거부처분은 확정판결의 기속력에 반하지 않는 처분이라고 보았다(대판 2011. 10. 27. 2011두14401).

4) 기속력의 내용(효과)

a. **반복금지의무(반복금지효)**　　반복금지의무란 처분이 위법하다는 이유로 취소 　1229a
하는 판결이 확정된 후 당사자인 행정청 등이 동일한 사유로 동일한 처분을 반복해서는 안 되는 부작위의무를 말한다(예를 들어 A라는 사유로 갑에 발령했던 운전면허취소처분이 위법하다는 판결이 확정되면 행정청은 동일한 A사유로 갑의 운전면허를 취소해서는 아니 된다). 이 의무는 행정소송법 제30조 제1항의 해석상 인정되는 것이다.

b. **재처분의무**　　재처분의무란 행정청이 판결의 취지에 따라 신청에 대한 처 　1229b
분을 하여야 할 의무(작위의무)를 말한다. 재처분의무는 행정청이 당사자의 신청을 거부하거나 부작위하는 경우 주로 문제된다(즉 당사자의 신청이 있는 경우)(행정소송법 제30조 제2항, 제38조 제2항 참조).

(i) **거부처분취소판결이 확정된 경우**　　행정소송법 제30조 제2항은 거부처분 　1229c
취소판결이 확정된 경우 행정청은 판결의 취지에 따라 다시 이전의 신청에 대한 처분을 할 것을 규정하고 있다. 구체적으로 보면 이 재처분의무는 ㉠ 재처분을 해야 하는 의무와 ㉡ 재처분을 하는 경우 그 재처분은 판결의 취지에 따른(판결의 기속력에 위반되지 않는) 것이어야 하는 의무, 양자를 포함하는 개념이다(예를 들어 행정청으로부터 A라는 사유로 건축허가거부처분을 받은 갑이 취소소송을 제기하여 거부처분취소판결이 확정되면, 행정청은 재처분을 해야 할 처분의무를 부담하며(㉠) 동시에 재처분을 하더라도 — 다른 사유로 다시 거부처분이 발령될 여지는 있지만 — 취소판결에서 위법사유로 판단된 'A사유'로는 다시 거부처분을 할 수 없다(㉡)).

1229d　　　　**(ⅱ) 절차의 위법을 이유로 처분이 취소되는 경우**　　　㈎ 행정소송법 제30조 제3항은 신청에 따른 처분이 단지 절차의 위법을 이유로 취소되는 경우 행정청의 재처분의무를 규정하고 있는데, 이는 주로 신청이 받아들여짐으로써 불이익을 받는 제3자(예: 경원자소송에서 거부처분을 받은 자)에 의한 소제기에 의해서 인용처분이 단지 절차상의 위법으로 취소되는 경우의 재처분의무를 말한다(예를 들어 경원자관계에 있는 갑과 을의 신청에 대해, 을에게 허가처분이 발령되었지만 그 허가처분에 절차상 위법이 있어 갑이 취소소송을 제기하여 을에 대한 허가처분이 취소되었다고 해도, 판결의 취지는 단지 절차상 위법에 불과하기 때문에, 판결의 취지에 따라 — 절차상 위법을 제거하고 — 재처분을 하라는 것이다). 여기서 '절차의 위법'이란 좁은 의미의 절차상 위법뿐만 아니라 주체·형식 등의 위법을 포함하는 넓은 의미이다.

　　　　㈏ 신청에 따른 (인용) 처분(앞의 예에서 허가처분)이 단지 절차상의 위법사유로 인해 취소된 경우 판결의 취지에 따라 행정청이 재처분(허가처분)을 해야 한다면 원래의 신청(앞의 예에서 허가신청)이 다시 인용될 수 있기 때문에 신청인(을)에게 재처분의 이익이 있는 것이다.

1229e　　　　**c. 결과제거의무(원상회복의무)**　　　취소소송의 경우 인용판결이 있게 되면 행정청은 위법처분으로 인해 야기된 상태를 제거하여야 할 의무인 결과제거의무가 발생한다(행정소송법 제30조 제1항의 해석상 인정된다). 그리고 법무부 행정소송법 개정안은 행정청의 결과제거의무를 명시적으로 규정하고 있다(예를 들어 위법한 자동차 압류처분에 대해 취소판결이 확정되면, 그 확정판결에는 행정청의 위법한 자동차 점유(위법한 사실상태)를 제거하라는 취지도 포함되어 있다고 본다. 그러한 의미에서 행정소송법상의 기속력 규정을 공법상 결과제거청구권의 법적 근거로 본다. 전술한 결과제거청구권 참조(685)).

　　　　5) 기속력의 위반

1230　　　　**a. 반복금지의무에 위반**　　　반복금지의무에 위반하여 기본적 사실관계가 동일한 처분을 다시 한 경우 이러한 처분은 그 하자가 중대명백하여 무효이다(통설, 판례).

1231　　　　**b. 재처분의무에 위반 — 간접강제★★★**　　　재처분의무에 위반하는 경우 사인은 행정소송법 제34조에 따라 법원에 간접강제를 신청할 수 있다.

1231a　　　　**(ⅰ) 간접강제의 의의**　　　간접강제란 거부처분취소판결이나 부작위위법확인판결이 확정되었음에도 행정청이 행정소송법 제30조 제2항의 판결의 취지에 따른 처분을 하지 않는 경우 판결의 실효성을 확보하기 위해 법원이 행정청에게 일정한 배상을 명령하는 제도를 말한다(행정소송법 제34조 제1항, 제38조 제2항).

(ii) 요　건

(a) **거부처분취소판결 등이 확정되었을 것**　　거부처분취소판결 등이 확정되었을 1231b
것을 요한다. 거부처분취소판결이나 부작위위법확인판결이 확정되거나 신청에 따른
처분이 절차위법을 이유로 취소가 확정되어야 한다(행정소송법 제30조 제2항·제3항, 제38조
제2항).

(b) **행정청이 판결의 취지에 따른 재처분의무를 이행하지 않았을 것**　　① 행정청이 1231c
재처분의무를 이행하지 않아야 한다. 즉, 행정청이 아무런 처분을 하지 않고 있을 때
라야 간접강제가 가능하다.

② 또한, 판결의 취지에 따르지 않고 기속력에 위반되는 사유로 다시 거부처분등
을 한 경우 그러한 거부처분은 무효이고, 이 경우 행정청은 행정소송법 제30조 제2항
의 판결의 취지에 따른 재처분의무를 이행하지 않은 것이므로 사인은 간접강제를 신
청할 수 있다(대결 2002. 12. 11. 2002무22).

(iii) **배상금의 법적 성격과 배상금의 추심** 1231d

(a) **배상금의 법적 성격**　　행정소송법 제34조의 간접강제결정에 기한 배상금은
확정판결의 취지에 따른 재처분의 지연에 대한 제재나 손해배상이 아니고 재처분의
이행에 관한 심리적 강제수단에 불과하다(대판 2010. 12. 23. 2009다37725). 따라서 법원은
신청인이 입은 손해와 상관없이 제반사정을 고려하여 재량으로 결정한다.

(b) **배상금의 추심(받아낸다는 의미)**　　행정소송법 제34조의 간접강제결정에서 1231e
정한 의무이행기한이 경과한 후에라도 확정판결의 취지에 따른 재처분이 행하여지면
배상금을 추심함으로써 심리적 강제를 꾀한다는 당초의 목적이 소멸하여 처분상대방
이 더 이상 배상금을 추심하는 것이 허용되지 않는다(대판 2010. 12. 23. 2009다37725).

(iv) **간접강제의 절차**(행정소송법 제34조 제1항)

(a) **관할법원**　　간접강제는 제1심수소법원이 결정한다. 1231f

(b) **당사자의 신청**　　당사자는 제1심수소법원에 간접강제를 신청한다. 1231g

(c) **변　론**　　간접강제결정은 변론 없이도 할 수 있다. 다만 변론을 열지 않 1231h
고 결정하는 경우 처분의무 있는 행정청을 심문하여야 한다(행정소송법 제34조 제2항, 민
사집행법 제262조 제1항).

(v) **간접강제 결정 내용**　　제1심수소법원은 상당한 기간을 정하고 행정청이 1231i
그 기간 내에 이행하지 아니하는 때에는 ⓐ 그 지연기간에 따라 일정한 배상을 할 것
을 명하거나 ⓑ 즉시 손해배상을 할 것을 명할 수 있다.

(vi) **간접강제의 효과**　　간접강제결정은 피고 또는 참가인이었던 행정청이 소 1231j
속하는 국가 또는 공공단체에 그 효력을 미친다(행정소송법 제34조 제2항, 제33조).

(vii) **불복절차**　　행정소송법은 간접강제 결정에 대한 불복에 관해 명시적 규 1231k

정을 두고 있지 않다. 그러나 민사집행법에 따라 간접강제신청 기각결정에 대해서는 신청인이, 인용한 결정에 대해서는 피신청인인 행정청등이 즉시항고를 할 수 있다(민사집행법 제261조 제2항 참조).

❖ 쟁점 간접강제의 적용범위★★

1. 문제 상황

1238

행정소송법은 거부처분에 대한 무효확인판결에 재처분의무를 규정하고 있음에도(행정소송법 제38조 제 1항, 제30조 제2항), 무효등확인판결에는 간접강제의 준용규정이 없어 무효등확인판결에도 간접강제가 허용되는지가 문제된다.

2. 학 설

1239

ⓐ 재처분의무는 인정되나 간접강제는 준용규정이 없음을 이유로 부정하는 견해, ⓑ 행정소송법 제34조 제1항이 '거부처분취소판결이 있는 경우'라고 하지 않고 '행정청이 제30조 제2항의 처분을 하지 않은 때'라고 규정함을 근거로 긍정하는 견해로 나누어진다.

3. 판 례

1240

행정소송법 제38조 제1항이 무효확인판결에 관하여 행정소송법 재처분의무 규정(행정소송법 제30조 제2항)은 준용하지만, 간접강제 조문(행정소송법 제34조)을 준용하지 않음을 근거로 거부처분무효확인판결에 대한 간접강제를 부정한다(대결 1998. 12. 24. 98무37).

4. 검 토

1241

거부처분 무효확인판결도 행정청에게 재처분의무가 발생하므로(행정소송법 제38조 제1항, 제30조 제2항) 그 의무의 이행을 강제할 필요성은 취소판결의 경우와 다를 바 없으므로 긍정함이 타당하다.

1232

📖 참고

판결의 집행력

⑺ 집행력이란 이행판결에서 명령된 이행의무를 강제집행절차를 통해 실현할 수 있는 효력을 말한다. 당사자소송의 경우 이행판결이 가능하고, 행정소송법 제8조 제2항에 따라 민사집행법이 준용되므로 강제집행이 가능하다.

⑻ 처분의 취소 또는 무효확인을 구하는 항고소송에서는 그 처분이 취소되거나 무효가 확인되면 원고는 완전한 권리구제를 받기 때문에 특별히 강제집행절차를 필요로 하지 않는다. 그러나 거부처분에 대해 취소소송을 제기하거나 부작위법확인소송을 제기하여 인용판결이 확정되었음에도

행정청이 재처분의무를 이행하지 않고 있는 경우 이를 강제할 수단이 필요하게 된다. 이에 행정소송법은 간접강제를 규정하고 있다.

　　c. **결과제거의무에 위반**　　행정청은 위법한 처분에 의해 야기된 위법한 사실 상태를 제거하여야 할 의무를 부담하며 이를 이행하지 않는 경우 인용판결의 원고는 결과제거를 청구할 수 있다(예를 들어 위법하게 압류된 소유물의 반환청구).

3. 기타 사항

(1) 명령·규칙에 대한 위헌·위법판결의 공고

　　행정소송에 대한 대법원판결에 의하여 명령·규칙이 헌법 또는 법률에 위반된다는 것이 확정된 경우에는 대법원은 지체없이 그 사유를 행정안전부장관에게 통보하여야 한다. 그리고 통보를 받은 행정안전부장관은 지체없이 이를 관보에 게재하여야 한다(행정소송법 제6조).

(2) 제3자에 의한 재심청구★★[16 노무] [11 사시]

　　1) 의　　의　　㈎ 제3자의 재심이란 처분등을 취소하는 판결에 의하여 권리 또는 이익의 침해를 받은 제3자가 자기에게 책임 없는 사유로 소송에 참가하지 못함으로써 판결의 결과에 영향을 미칠 공격 또는 방어방법을 제출하지 못하고 판결이 확정된 경우 이 확정판결에 대한 취소를 구하는 불복방법을 말한다(행정소송법 제31조). 이는 행정소송법 제29조 제1항(제38조 제1항·제2항)에서 취소판결의 제3자효를 규정하고 있기 때문이다.

　　㈏ 즉 취소판결의 효력(형성력)을 받은 제3자는 불측의 손해를 입지 않기 위해 소송참가를 할 수도 있으나(1005 참조) 본인에게 귀책사유 없이 소송에 참가하지 못하는 경우도 있을 수 있으므로 그런 경우 제3자의 불이익을 구제하기 위한 방법이 재심청구제도이다(전술한 형성력의 제3자효 참조(1207)). 그리고 당사자(원고나 피고)가 제기하는 일반적인 재심은 민사소송법 제451조가 준용된다(행정소송법 제8조 제2항).

　　2) 재심의 전제조건　　재심은 처분등을 취소하는 판결의 확정을 전제로 한다. 판결이 확정되기 전에는 통상적인 상소수단으로 불복할 수 있으므로 재심이 문제될 여지가 없어 당연한 전제이다.

　　3) 당 사 자　　㈎ 재심청구의 원고는 처분등을 취소하는 판결에 의해 권리 또는 이익의 침해를 받은 제3자이다. 여기서 '처분등을 취소하는 판결에 의하여 권리 또는 이익의 침해를 받은 제3자'란 행정소송법 제16조 제1항에서 소송참가를 할 수 있는 '소송의 결과에 따라 권리 또는 이익의 침해를 받을 제3자'와 같은 의미라는 것이 다수견해이다(주석행정소송법, 행정구제법(사법연수원)).

1241a

1242

1243

1244

1245

(나) 행정소송법 제31조 제1항을 분설하면, ① ⓐ '처분등을 취소하는 판결'에 의하여 권리 또는 이익의 침해를 받는다는 것은 취소판결의 형성력이 미침으로써 권리 또는 이익의 침해를 받는 것을 말한다. ⓑ 또한 학설은 취소판결의 기속력 때문에 이루어지는 행정청의 새로운 처분(재처분)에 의해서 권리 또는 이익을 침해받는 경우도 해석상 여기서 말하는 권리 또는 이익을 침해받은 경우에 해당한다고 본다.

② '권리 또는 이익'이란 단순한 경제상의 이익이 아니라 법률상 이익을 의미한다.

③ 판결에 의하여 권리 또는 이익의 '침해를 받은' 제3자라야 한다.

④ '제3자'란 당해 소송당사자 이외의 자를 말하는 것으로서 개인에 한하지 않고 국가 또는 공공단체도 포함되나, 행정청은 권리나 이익을 침해받을 수 없어 해당되지 않는다.

1246 **4) 재심청구의 요건** ① 자기에게 책임 없는 사유로 소송에 참가하지 못한 경우이어야 한다. '자기에게 책임 없는 사유'의 유무는 … 제3자가 종전 소송의 계속을 알지 못한 경우에 그것이 통상인으로서 일반적 주의를 다하였어도 알기 어려웠다는 것과 소송의 계속을 알고 있었던 경우에는 당해 소송에 참가를 할 수 없었던 특별한 사정이 있었을 것을 필요로 한다. 또한, 그 입증책임은 재심청구인인 제3자가 부담한다(대판 1995. 9. 15. 95누6762).

② 판결의 결과에 영향을 미칠 공격 또는 방어방법을 제출하지 못하였을 것을 요한다. 즉, 제3자가 공격 또는 방어방법을 종전의 소송에서 제출하였다면 그에게 유리하게 판결의 결과가 변경되었을 것인데 제출의 기회를 얻지 못하였음이 인정되는 경우라야 한다.

1247 **5) 재심청구기간** 확정판결이 있음을 안 날로부터 30일 이내, 판결이 확정된 날로부터 1년 이내에 제기하여야 한다(행정소송법 제31조 제2항).

1247a **6) 재심법원의 재판** 재심법원은 재심청구에 의한 원판결에 대한 불복의 범위 내에서 본안의 변론과 재판을 하여야 한다(대판 1965. 1. 19. 64다1260).

참고

처분의 재심사 제도

1. 의 의

법원의 확정판결이 있는 경우에도 재심절차가 있음을 고려할 때 행정행위가 형식적 존속력이 발생한 후에도 처분의 기초가 된 사실관계나 법률관계가 변경된 경우 처분에 대한 재심사절차가 필요하다. 행정기본법 제37조 제1항은 당사자는 처분이 행정심판, 행정소송 및 그 밖의 쟁송을 통하여 다툴 수 없게 된 경우라도 일정한 경우 해당 처분을 한 행정청에 처분을 취소·철회하거나 변경하여 줄 것을 신청할 수 있음을 규정한다.

2. 적용배제사항

(가) 「1. 공무원 인사 관계 법령에 따른 징계 등 처분에 관한 사항 2. 「노동위원회법」 제2조의2에 따라 노동위원회의 의결을 거쳐 행하는 사항 3. 형사, 행형 및 보안처분 관계 법령에 따라 행하

는 사항 4. 외국인의 출입국·난민인정·귀화·국적회복에 관한 사항 5. 과태료 부과 및 징수에 관한 사항 6. 개별 법률에서 그 적용을 배제하고 있는 경우」 중 어느 하나에 해당하는 경우에는 처분의 재심사가 인정되지 않는다(행정기본법 제37조 제8항).

㈏ 이는 공무원 인사 관계 법령에 따른 처분의 특수성, 노사관계의 특수성, 형사·행형·보안처분 관련 사항의 사법작용으로서의 성격, 상호주의가 적용되는 외국인 관련 사항의 특수성 등을 고려하여 해당 사항을 재심사 대상에서 제외하였다.

3. 처분의 재심사의 요건

① 당사자가 처분을 행정심판, 행정소송 및 그 밖의 쟁송을 통하여 다툴 수 없게 된 경우(법원의 확정판결이 있는 경우는 제외한다)라야 한다(행정기본법 제37조 제1항).

② 재심사의 사유(1. 처분의 근거가 된 사실관계 또는 법률관계가 추후에 당사자에게 유리하게 바뀐 경우 2. 당사자에게 유리한 결정을 가져다주었을 새로운 증거가 있는 경우 3.「민사소송법」 제451조에 따른 재심사유에 준하는 사유가 발생한 경우 등 대통령령으로 정하는 경우) 중 어느 하나에 해당하는 경우라야 한다(행정기본법 제37조 제1항).

③ 처분의 재심사의 신청은 해당 처분의 절차, 행정심판, 행정소송 및 그 밖의 쟁송에서 당사자가 중대한 과실 없이 재심사의 사유를 주장하지 못한 경우에만 할 수 있다(행정기본법 제37조 제2항).

4. 처분의 재심사의 절차

(1) 재심사의 대상, 신청인, 상대방

1) 재심사의 대상   재심사의 대상은 행정청의 처분이다(행정기본법 제37조 제1항).

2) 재심사의 신청인   당사자만 할 수 있다(행정기본법 제37조 제1항). "당사자"란 처분의 상대방을 말한다(행정기본법 제2조 제3호).

3) 상 대 방   재심사의 상대방은 해당 처분을 한 행정청이다(행정기본법 제37조 제1항).

(2) 재심사의 절차

1) 기   간   신청은 당사자가 재심사의 사유를 안 날부터 60일 이내에 하여야 한다. 다만, 처분이 있은 날부터 5년이 지나면 신청할 수 없다(행정기본법 제37조 제3항).

2) 결과 통지   재심사 신청을 받은 행정청은 특별한 사정이 없으면 신청을 받은 날부터 90일(합의제행정기관은 180일) 이내에 처분의 재심사 결과(재심사 여부와 처분의 유지·취소·철회·변경 등에 대한 결정을 포함한다)를 신청인에게 통지하여야 한다(행정기본법 제37조 제4항).

5. 처분의 재심사의 효과

처분의 재심사 결과 중 처분을 유지하는 결과에 대해서는 행정심판, 행정소송 및 그 밖의 쟁송수단을 통하여 불복할 수 없다(행정기본법 제37조 제5항). 이는 불필요한 쟁송을 방지하고 재심사로 인한 행정청의 부담을 완화하기 위한 것이다.

(3) 소송비용

소송비용은 민사소송법상의 일반원칙에 따라 패소자가 부담한다. 다만, 취소청구가 사정판결에 의하여 기각되거나 행정청이 처분등을 취소 또는 변경함으로 인하여 청구가 각하 또는 기각된 경우에는 소송비용은 피고의 부담으로 한다(행정소송법 제32조). 1248

Ⅱ. 종국판결 이외의 취소소송의 종료사유

취소소송은 법원의 종국판결에 의하여 종료되는 것이 원칙이나 그 밖의 사유로도 종료될 수 있다. 즉 소의 취하, 청구의 포기·인낙, 재판상의 화해(재판상 화해에는 소송계 1249

속 전에 하는 제소전 화해와 소송계속 후에 하는 소송상 화해 두 가지가 포함된다. 제소전 화해도 법관 앞에서 하는 화해이므로 소송상 화해와 동일한 효력이 인정되기에 행정소송상 구별 실익은 크지 않다) 등의 사유를 들 수 있다.

1. 소의 취하

1250 　소의 취하란 원고가 청구의 전부 또는 일부를 철회하겠다는 의사를 법원에 표시하는 것을 말한다. 행정소송에서도 처분권주의에 따라 소의 취하로 취소소송이 종료되는 것은 당연하다.

2. 청구의 포기·인낙

(1) 의　　의

1251 　청구의 포기란 원고가 자신의 소송상의 청구가 이유 없음을 자인하는 법원에 대한 일방적 의사표시이며, 청구의 인낙이란 피고가 원고의 소송상 청구가 이유 있음을 자인하는 법원에 대한 일방적 의사표시이다. 청구의 포기나 인낙은 조서에 진술을 기재하면 당해 소송의 종료의 효과가 발생한다.

(2) 항고소송에서 허용 여부

1) 학　　설

1252 　a. 긍 정 설　　청구의 포기·인낙은 법원의 최종판결을 기다리지 않고 일찍이 소송절차에서 탈퇴하는 경우에 해당하기에 이를 인정하더라도 법치행정에 반하지 않고 오히려 소송경제에 유용하다는 점을 근거로 한다.

1253 　b. 부 정 설　　원고가 청구를 포기한다고 하여도 위법한 처분이 적법해지는 것도 아니며 적법한 처분에 대해 피고가 인낙할 권한을 갖는 것도 아니라는 점(이것을 인정하면 법치행정에 반한다고 본다)을 근거로 한다.

1254 　2) 검토(제한적 긍정설)　　① 원고가 법원의 최종판결을 기다리지 않고 소송절차에서 탈퇴하는 것은 소송경제에도 유익하며 법치행정에 반하지 않기 때문에 청구의 포기는 인정함이 타당하다. ② 그러나 청구의 인낙은 법치행정의 구속력을 받는 피고 행정청의 의사표시이기 때문에 법치행정에 반하는 결과가 발생해서는 아니 된다. 따라서 기속행위는 실정법에 반하지 않는 범위에서만 청구의 인낙이 허용될 수 있고, 재량행위는 재량의 범위 내에서만 가능하다고 보아야 한다(류지태·박종수).

3. 재판상 화해

(1) 의　　의

1255 　재판상 화해란 당사자 쌍방이 소송 계속 중(소송 계속 전도 포함) 소송의 대상인 법

률관계에 관한 주장을 서로 양보하여 소송을 종료시키기로 하는 합의를 말한다.

(2) 항고소송에서 허용 여부

1) 학   설

a. **긍 정 설**　　긍정설은 분쟁의 신속한 해결을 위해 민사소송법상 화해가 준 1256
용될 수 있다고 한다.

b. **부 정 설**　　부정설은 재판상 화해를 항고소송에서 허용하면 법치행정이 침 1257
해될 가능성이 있음을 근거로 한다.

2) 검토(제한적 긍정설)　　① 재판상 화해에서 원고는 최종판결을 기다리지 않 1258
고 소송절차에서 탈퇴하더라도 법치행정에 반하지 않지만, ② 피고인 행정청의 의사
표시는 법치행정의 구속력을 받기 때문에 임의로 원고의 청구주장을 인정하여 법치행
정에 반하는 결과를 발생시켜서는 아니 된다. 따라서 기속행위는 실정법에 반하지 않
는 범위에서만 재판상 화해가 허용될 수 있고, 재량행위는 재량의 범위 내만 가능하
다고 보아야 한다(류지태·박종수).

4. 당사자의 사망 등

　① 행정소송 중 성질상 승계가 허용되지 않는 소송에서 원고가 사망한 경우, 그 1258a
리고 성질상 승계가 허용되더라도 소송을 승계할 자가 없는 경우 해당 소송은 종료된
다(공무원으로서의 지위는 일신전속권으로서 상속의 대상이 되지 않으므로, 의원면직처분에 대한 무효
확인을 구하는 소송은 당해 공무원이 사망함으로써 중단됨이 없이 종료된다(대판 2007. 7. 26. 2005두
15748)). ② 그러나 취소소송이 제기된 후에 행정청이 없게 된 때에는 그 처분등에 관
한 사무가 귀속되는 국가 또는 공공단체를 피고로 하기 때문에 이는 피고경정사유이
며 취소소송의 종료사유는 아니다(행정소송법 제14조 제6항 참조).

제2절   무효등확인소송

◉ 제1항 개   념

Ⅰ. 의   의

　(가) 무효등확인소송이란 행정청의 처분등의 효력 유무 또는 존재 여부를 확인하 1259
는 소송을 말한다(동법 제4조 제2호). 무효 등의 행위라도 외형상 행정처분이 존재하고

그 처분의 성질상 유효한 효력이 지속하는 것으로 오인될 가능성이 있기 때문에 재판에 의하여 그 효력의 부정을 선언할 필요가 있어 인정되는 것이다. 그리고 무효등확인소송에는 유효확인소송, 무효확인소송, 존재확인소송, 부존재확인소송, 해석상 인정되는 실효확인소송 등이 포함된다.

(나) 처분등은 법률관계의 발생·변경·소멸을 가져오는 원인행위이며, 그 자체가 법률관계는 아니다. 따라서 처분등의 존부확인소송은 법률관계존부확인소송과 구별되어야 한다. 법률관계에 관한 소송은 당사자소송의 대상이다.

Ⅱ. 성질·소송물

1260 　무효등확인소송은 주관적 소송이며, 항고소송이며, 확인소송이다. 그리고 소송물은 처분등의 중대 명백한 위법성 일반 또는 존재·부존재이다.

● 제2항　소송요건

Ⅰ. 일 반 론

1261 　무효등확인소송도 취소소송과 마찬가지로 소송요건을 구비해야 한다. 따라서 관할권 있는 법원에, 처분등을 대상으로, 원고적격과 피고적격을 갖추고, 권리보호필요성 요건도 갖추고 있어야 한다. 그러나 무효등확인소송의 경우에는 제소기간의 제한이 없고, 행정심판전치가 적용되지 않는다는 점이 취소소송과 다르다. 그리고 이러한 소송요건의 구비 여부는 취소소송과 마찬가지로 원칙적으로 법원의 직권조사사항이다.

Ⅱ. 대상적격

1262 　무효등확인소송도 취소소송의 경우와 같이 처분등을 대상으로 한다(동법 제38조 제1항, 제19조). '처분등'의 의미는 취소소송과 같다.

Ⅲ. 원고적격

1263 　무효등확인소송은 처분등의 효력 유무 또는 존재 여부의 확인을 구할 법률상 이익이 있는 자가 제기할 수 있다(동법 제35조). '법률상 이익이 있는 자'의 의미는 취소소송의 경우와 같다.

Ⅳ. 권리보호필요성

1. 의　　의

1264 　취소소송의 경우와 같이 무효등확인소송의 경우에도 권리보호의 필요가 있어야

한다. 따라서 대상적격과 원고적격이 인정된다면 무효등확인소송의 권리보호필요성은 일반적으로는 긍정된다. 그러나 ① 보다 실효적인 권리구제수단이 있는 경우, ② 원고가 추구하는 권리보호가 오로지 이론상으로만 의미 있는 경우, ③ 소권남용의 금지에 반하는 경우(권리보호필요의 일반 원칙)에는 원칙적으로 권리보호필요성이 부정된다. 다만, 즉시확정의 이익이 필요한지는 아래에서 검토한다.

2. 즉시확정의 이익의 필요 여부★★★[17 노무] [10 입시] [13 5급] [15 사시] [16 사시]

(1) 문 제 점

민사소송으로 확인소송을 제기하려면 즉시확정의 이익이 요구된다(즉시확정의 이익이 요구된다는 것은 ① 당사자의 권리 또는 법률상의 지위에 ② 현존하는 불안·위험이 있고 ③ 그 불안·위험을 제거함에는 확인판결을 받는 것이 가장 유효·적절한 수단일 때(=확인소송의 보충성)에만 확인소송이 인정된다는 것이다). 따라서 확인소송이 아닌 다른 직접적인 권리구제수단(예를 들면 이행소송)이 있는 경우에는 확인소송이 인정되지 않는다. 즉 확인소송이 보충성을 가지는 것으로 본다(다른 직접적인 소송수단이 있음 → 확인소송은 불가능, 다른 직접적인 소송수단이 없음 → 확인소송은 가능. 예를 들어 민사소송의 경우 갑은 을을 상대로 '매매대금지급청구권 있음을 확인한다'는 확인소송을 제기할 수는 없다. 왜냐하면 보다 직접적인 권리구제수단인 '매매대금을 지급하라'는 이행소송이 있기 때문이다). 그런데 민사소송 중 확인소송에 요구되는 즉시확정의 이익이 행정소송인 무효등확인소송의 경우에도 요구되는지 문제된다.

(2) 학   설

1) **긍정설(즉시확정이익설)**   취소소송의 경우와 달리 행정소송법 제35조는 원고적격에 관한 규정일 뿐만 아니라 권리보호필요성에 관한 의미도 가지고 있는 것이며(동법 제35조의 '확인을 구할'이라는 표현을 즉시확정이익으로 본다), 민사소송에서 확인의 소도 즉시확정의 이익이 요구되기 때문에 무효등확인소송의 경우에도 '즉시확정의 이익'이 필요하다고 보는 견해이다. 결국 당사자에게 별도의 직접적인 권리구제수단이 없는 경우라야 무효등확인소송이 인정된다고 본다.

2) **부정설(법적보호이익설)**   행정소송법 제35조의 '법률상 이익'은 원고적격의 범위에 대한 것이어서 즉시확정의 이익으로 해석될 수 없고, 무효등확인소송에서는 취소판결의 기속력을 준용하므로(행정소송법 제38조 제1항·제30조 참조) 민사소송과 달리 무효확인판결 자체로도 판결의 실효성 확보가 가능하므로 민사소송에서와 같이 확인의 이익 여부를 논할 이유가 없다는 점, 그리고 무효등확인소송이 확인소송이라는 점에만 집착하여 즉시확정의 이익을 내세운다면 부작위위법확인소송도 확인소송으로서의 성질을 가지므로 즉시확정의 이익이 필요하다고 판단되어야 한다는 문제가 있다는 점을 들고 있다(다수견해).

1265

1266

1267

(3) 판 례

1268   수원시장의 하수도원인자부담금부과처분의 무효확인을 구한 사건에서 대법원은 행정소송은 민사소송과는 목적·취지 및 기능 등을 달리하며, 무효등확인소송에도 확정판결의 기속력규정(행정소송법 제38조, 제30조)을 준용하기에 무효확인판결만으로도 실효성확보가 가능하며, 행정소송법에 명문의 규정이 없다는 점을 이유로 무효등확인소송의 보충성이 요구되지 않는다고 판례를 변경하였다(대판(전원) 2008. 3. 20. 2007두6342). 따라서 행정처분의 무효를 전제로 한 이행소송 즉 부당이득반환청구소송, 소유물반환청구소송, 소유권이전등기말소청구소송 등과 같은 구제수단이 있다고 하더라도 무효등확인소송을 제기할 수 있다고 본다.

(4) 검 토

1271   무효등확인소송도 처분등의 하자가 중대명백하다는 것일 뿐 항고소송이라는 점에서 취소소송과 본질이 다르지 않고, 무효등확인소송에서 원고가 소권을 남용한다면 (예를 들어 원고가 권리구제에 도움이 되지 않는 우회적인 소송을 제기하는 경우) 법원은 권리보호필요의 일반 원칙(1264)으로 이를 통제할 수 있기 때문에 문제되지 않는다. 따라서 즉시확정의 이익은 요구되지 않는다는 견해가 타당하다.

1271a

> **참고**
>
> **즉시확정의 이익과 판결의 기속력의 관계**
>
> 앞의 예에서 과거 대법원은 과세처분무효'확인소송'은 보다 직접적인 권리구제 수단인 부당이득반환청구소송(이행소송)이 있기 때문에 갑의 소송은 즉시확정의 이익이 없어 이를 각하했었다. 그러나 현재 대법원은 무효등확인소송에서 즉시확정의 이익을 요하지 않는다고 본다. 왜냐하면 갑의 과세처분무효확인소송은 부당이득반환청구소송을 제기하기 위한 단순한 전심절차로서의 역할에 그치는 것이 아니라 그 자체로 실익이 있는 소송이기 때문이다. 즉 갑이 과세처분무효확인판결을 받으면 행정소송법 제38조은 동법 제30조의 기속력 규정을 준용하고 있어 행정청은 반복금지의무나 결과제거의무 등을 부담하게 된다. 그에 따라 갑은 동일한 사유로 동일한 과세처분을 받지 않을 이익이 있으며 또한 행정청의 결과제거의무에 대응하여 갑은 결과제거청구 — 사안에서는 부당이득반환청구권이 그 내용이 된다 — 를 할 수 있다.

● 제3항 소송의 심리

Ⅰ. 심리의 내용과 범위 등

1272   심리의 내용과 범위, 심리의 원칙, 심리절차, 처분의 위법성 판단 기준시, 처분사유의 추가·변경 등은 취소소송과 같다. 다만, 입증책임에 대해 학설이 대립된다.

Ⅱ. 입증책임 ★★ [21 노무]

1. 문제 상황

취소소송의 경우 본안에 대한 입증책임은 민사소송의 경우와 마찬가지로 법률요 1273
건분류설에 따른다는 것이 통설, 판례의 입장이지만, 무효확인소송의 경우 일부 학설
과 판례가 이와 다르게 보고 있어 문제가 된다.

2. 학 설

(1) 법률요건분류설(취소소송의 경우와 같다는 견해)(1129)

위법의 중대·명백성은 법해석 내지 경험칙(법적 판단의 문제)에 의해 판단될 사항 1274
이기 때문에 입증책임의 문제(사실인정의 문제)와 직접관련이 없음을 논거로 한다.

(2) 원고부담설

무효등확인소송에서 주장되는 중대·명백한 흠은 특별한 예외적인 것이며, 무효 1275
등확인소송은 제소기간의 제한 없이 언제든 제기할 수 있어 그 사이에 증거가 없어질
수 있으므로 취소소송과 동일하게 볼 수 없다는 점을 논거로 한다.

3. 판 례

무효확인을 구하는 행정소송에서 처분의 무효사유는 원고가 주장·입증하여야 한 1276
다고 본다(대판 2000. 3. 23. 99두11851).

4. 검 토

무효인 처분은 취소사유인 처분보다 더 중대한 위법이 있는 것이므로 원고부담설 1277
은 부당하며, 무효확인소송의 경우에도 입증책임의 일반원칙인 법률요건분류설에 따
르는 것이 타당하다.

● 제4항 판 결

Ⅰ. 판결의 종류

무효등확인소송도 각하·기각·인용판결이 있다. 다만 사정판결을 준용하는 규정 1278
은 없다(전술한 사정판결 참조(1173 이하)).

Ⅱ. 판결의 효력

무효등확인판결도 자박력, 확정력, 기속력 등의 효력이 있다. 1279

참고

무효등확인소송에 준용되지 않는 취소소송 규정들

① 행정소송법 제18조(행정심판전치)

② 행정소송법 제20조(제소기간)

③ 행정소송법 제28조(사정판결)

④ 행정소송법 제34조(간접강제)

*행정소송법 제23조·제24조(집행정지), 제29조(취소판결등의 효력), 제30조(취소판결등의 기속력)는 준용규정 있음.

제3절 부작위위법확인소송

● 제1항 개 념

Ⅰ. 의 의

1280   부작위위법확인소송이란 행정청의 부작위가 위법하다는 것을 확인하는 소송을 말한다(행정소송법 제4조 제3호).

Ⅱ. 성질·소송물

1281   부작위위법확인소송은 주관적 소송이며, 항고소송이며, 확인소송이다. 그리고 부작위위법확인소송의 소송물은 부작위의 위법성이다(다수설).

● 제2항 소송요건

Ⅰ. 일 반 론

1282   부작위위법확인소송도 취소소송과 마찬가지로 소송요건을 구비해야 한다. 따라서 관할권 있는 법원에, 부작위가 존재하고, 원고적격과 피고적격을 갖추어, 일정한 경우 제소기간 내에, 일정한 경우 행정심판을 거치고, 권리보호필요성 요건도 갖추고 있어야 한다.

Ⅱ. 대상적격 — 부작위 ★★★[14 노무] [20 노무] [16 5급]

1283   행정소송법 제2조 제1항 제2호는 '부작위'를 행정청이 당사자의 신청에 대하여 상당한 기간 내에 일정한 처분을 하여야 할 법률상 의무가 있음에도 불구하고 이를

하지 아니하는 것을 말한다고 규정한다.

1. 행 정 청

(가) 행정청이란 행정에 관한 의사를 결정하고 이를 외부에 자신의 명의로 표시할 1284
수 있는 행정기관을 말한다(기능적 의미의 행정청).

(나) 행정청에는 ① 전통적 의미의 행정청(해당 행정조직의 우두머리)뿐만 아니라, ②
합의제기관(예: 방송위원회, 공정거래위원회) 외에 ③ 법원이나 국회의 기관도 실질적 의미
의 행정적인 처분을 하는 범위에서 행정청에 속하며(예: 법원장의 법원공무원에 대한 징계,
지방의회의 지방의회의원에 대한 징계나 지방의회의장에 대한 불신임의결), ④ 행정소송법 제2조
제2항에 따라 법령에 의하여 행정권한의 위임 또는 위탁을 받은 행정기관, 공공단체
및 그 기관 또는 사인도 포함된다.

2. 당사자의 신청이 있을 것

(1) 신청의 내용

사인은 행정소송법 제2조 제1항 제1호의 처분을 신청해야 한다. 그러나 신청이 1285
반드시 적법할 필요는 없다. 부적법하면 행정청은 거부하면 되기 때문이다.

(2) 신청권의 필요 여부

1) 문 제 점　　거부처분취소소송 등과 마찬가지로 부작위위법확인소송의 경우 1286
에도 부작위의 성립에 행정소송법 제2조 제1항 제2호의 요건 외에 신청권이 필요한지
가 논의된다.

2) 학　　설　　학설은 ① 부작위(행정소송법 제2조 제1항 제2호 참조)의 성립에 처분 1287
의무(이 경우 상대방에게는 '신청권'이 주어진다고 본다)가 요구되기 때문에(이에 대응하여 상대방
은 '신청권'을 가진다고 한다) 이러한 신청권을 가진 자의 신청에 대한 부작위라야 부작위
위법확인소송의 대상적격이 된다는 견해(대상적격설), ② 부작위위법확인소송의 소송물
을 '부작위의 위법성과 당사자의 권리의 존재'로 이해하면서 신청권은 소송요건의 문
제가 아니라 본안의 문제로 보는 견해(본안요건설), ③ 어떠한 부작위가 행정소송의 대
상이 되는가 여부는 행정소송법 제2조 제1항 제2호의 부작위에 해당하는가의 여부에
따라 판단하여야 하며 행정소송법 제36조를 고려할 때 신청권은 원고적격의 문제로
보아야 한다는 견해(원고적격설)가 대립된다.

3) 판　　례　　(가) 대법원은 부작위의 성립에도 거부처분과 마찬가지로 신청권 1288
이 필요하다고 본다. 즉, 판례는 부작위위법확인소송은 아니지만 잠수기어업불허가처분
취소 사건에서 「거부처분의 처분성을 인정하기 위한 전제요건이 되는 신청권의 존부
는 구체적 사건에서 신청인이 누구인가를 고려하지 않고 관계 법규의 해석에 의하여

일반 국민에게 그러한 신청권을 인정하고 있는가를 살펴 추상적으로 결정되는 것이고 신청인이 그 신청에 따른 단순한 응답을 받을 권리를 넘어서 신청의 인용이라는 만족적 결과를 얻을 권리를 의미하는 것은 아니다. 따라서 국민이 어떤 신청을 한 경우에 그 신청의 근거가 된 조항의 해석상 행정발동에 대한 개인의 신청권을 인정하고 있다고 보여지면 그 거부행위는 항고소송의 대상이 되는 처분으로 보아야 할 것이고, 구체적으로 그 신청이 인용될 수 있는가 하는 점은 본안에서 판단하여야 할 사항인 것이다(대판 1996. 6. 11. 95누12460)」라고 하여 신청권이 필요하다고 본다.

(내) 신청권의 근거는 법규상 또는 조리상 인정될 수 있는데, 법규상 신청권이 있는지 여부는 관련법규의 해석에 따라 결정되며, 조리상 신청권 인정 여부는 항고소송 이외의 다른 권리구제수단이 없거나, 국민이 수인불가능한 불이익을 입는 경우 조리상의 신청권은 인정될 수 있다고 한다(하명호).

(다) 다만, 일부 판결에서는 당사자에게 신청권이 없는 경우 원고적격이 없거나 항고소송의 대상인 부작위가 없다고 하여 원고적격의 문제로 보는 동시에 대상적격의 문제로 보기도 한다(대판 1999. 12. 7. 97누17568).

1289   **4) 검   토**   대상적격설과 판례의 입장은 대상적격과 원고적격의 구분을 무시한 것이고, 부작위의 성립에 신청권이 필요하다고 본다면 동일한 부작위가 신청권(권리)을 가진 자에게는 항고소송의 대상이 되고 신청권을 가지지 못한 자에게는 항고소송의 대상이 되지 않는 부당한 결론을 가져온다. 따라서 신청권은 원고적격 문제로 보아야 한다.

3. 상당한 기간이 경과할 것

1290   상당한 기간이란 어떠한 처분을 함에 있어 현실적으로 요구되는 상당한 기간을 의미한다. 다만, 행정절차법 제19조(처리기간의 설정·공표)의 처리기간은 주의 규정에 불과하기 때문에 그에 따라 공표된 처리기간을 행정청이 준수하지 아니하였다고 해서 바로 상당한 기간이 경과하였다고 보기는 어렵다.

4. 일정한 처분을 해야 할 법률상 의무가 있을 것

1291   '처분'이란 행정소송법 제2조 제1항 제1호의 처분을 말한다. 그리고 여기서의 '일정한' 처분을 해야 할 법률상 의무란 행정청이 '특정한 처분을 할 의무'를 말하는 것이 아니라, 신청을 인용하는 적극적 처분 또는 각하하거나 기각하는 등의 소극적 처분을 하여야 할 법률상의 응답의무가 있음에도 불구하고 이를 하지 아니하는 경우를 말한다(대판 1990. 9. 25. 89누4758). 다만, '법률상 의무'에는 명문의 규정에 의해 인정되는 경우뿐만 아니라 법령의 해석상 인정되는 경우도 포함된다.

5. 아무런 처분을 하지 아니할 것

행정청이 아무런 처분도 하지 않았어야 한다. 만일 법령에 일정기간 동안 아무런   1292
처분이 없는 경우 거부처분으로 간주하는 간주거부조항이 있는 경우 부작위위법확인
소송이 아니라 거부처분취소소송 등을 제기하여야 한다.

Ⅲ. 원고적격

부작위위법확인소송은 처분의 신청을 한 자로서 부작위의 위법의 확인을 구할 법   1293
률상의 이익이 있는 자만이 제기할 수 있다(행정소송법 제36조).

Ⅳ. 권리보호필요성

취소소송의 경우와 같다.   1294

Ⅴ. 제소기간^{★★}

1. 부작위위법확인소송의 제소기간

(1) 문제 상황

행정심판을 거쳐 부작위위법확인소송을 제기하는 경우에는 행정소송법 제20조   1295
제1항 단서 등이 준용되어 문제가 없지만(행정소송법 제38조 제2항), 행정심판을 거치지 않
고 부작위위법확인소송을 제기하는 경우 행정소송법 제20조가 준용될 수 있는지 문제
된다.

(2) 학   설

ⓐ 부작위개념의 성립요소의 하나인 신청 후 상당기간이 경과하면 그때에 처분이   1296
있는 것으로 보고 행정소송법 제20조 제2항에 따라 그때부터 1년 내에 제소해야 한다는
견해와 ⓑ 행정소송법상 명문의 규정이 없기 때문에 제소기간에 제한이 없다는 견해(다
수설)가 대립된다.

(3) 판   례

판례는 부작위위법확인의 소는 부작위상태가 계속되는 한 부작위위법의 확인을   1297
구할 이익이 있다고 보아야 하므로 제소기간의 제한을 받지 않는다고 본다(대판 2009.
7. 23. 2008두10560(위의 ⓑ설)).

(4) 검   토

부작위상태가 계속되는 한 위법임을 확인할 부작위의 종료시점을 정하기도 어려   1298
우며(ⓐ설 비판), 행정심판법상 부작위에 대한 의무이행심판의 경우에는 심판청구기간
에 제한이 없다는 점(행정심판법 제27조 제7항) 등을 고려하면 제소기간 제한이 없다는 견

해(ⓑ설)가 타당하다.

2. 소의 변경과 제소기간

1299   행정심판을 전치하고 적법한 제소기간 내에 부작위위법확인의 소를 제기한 후, 교환적 변경과 추가적 변경을 거친 경우 제소기간의 준수 여부에 대해 판례는 「당사자가 동일한 신청에 대하여 부작위위법확인의 소를 제기하였으나 그 후 소극적 처분이 있다고 보아 처분취소소송으로 소를 교환적으로 변경한 후 여기에 부작위위법확인의 소를 추가적으로 병합한 경우 최초의 부작위위법확인의 소가 적법한 제소기간 내에 제기된 이상 그 후 처분취소소송으로의 교환적 변경과 처분취소소송에의 추가적 변경 등의 과정을 거쳤다고 하더라도 여전히 제소기간을 준수한 것으로 봄이 상당하다(대판 2009. 7. 23. 2008두10560)」고 한다.

● 제3항 거부처분취소소송(무효등확인소송)으로의 소의 변경*

Ⅰ. 문제 상황

1300   부작위위법확인소송 계속 중 행정청이 거부처분을 한 경우 부작위위법확인소송을 거부처분취소소송으로 소의 변경을 할 수 있는지가 문제된다. 행정소송법은 부작위위법확인소송의 경우 제37조에서 소 종류의 변경규정인 제21조는 준용하고 있으나, 처분변경으로 인한 소의 변경규정인 제22조를 준용하고 있지는 않기 때문이다.

Ⅱ. 학 설

1. 부 정 설

1301   행정소송법 제37조(제21조)의 취지는 행정소송의 다양성으로 인해 행정소송 간에 소송의 종류를 잘못 선택할 가능성 때문에 인정한 것이므로 부작위위법확인소송 계속 중에 거부처분이 발령된 경우에는 적용되지 않으며, 행정소송법 제22조는 부작위위법확인소송에 준용되지 않음을 근거로 한다.

2. 긍 정 설

1302   행정소송법이 제22조를 부작위위법확인소송에 준용하지 않는 것은 입법의 불비이며, 만일 소변경을 부정하면 당사자는 별도로 거부처분취소소송을 제기해야 하기에 실효적 권리구제를 위해 소의 변경을 긍정함이 타당하다고 한다(다수견해).

Ⅲ. 검 토

부작위위법확인소송과 거부처분취소소송은 양 청구가 모두 일정한 처분을 얻으 1303
려는 것을 목적으로 하고 있어 **청구의 기초에 변경이 없으므로**(행정소송법 제21조는 제22
조와는 달리 청구의 기초에 변경이 없을 것을 요건으로 한다) 행정소송법 제37조(제21조)를 준용
하여 소의 변경이 가능하다고 보아야 한다(긍정설).

● 제4항 소송의 심리

Ⅰ. 본안심리의 범위***

1. 문제 상황

부작위위법확인소송에 있어서 법원은 행정청의 부작위의 위법성만을 심리해야 1304
하는지 아니면 당사자가 신청한 처분의 실체적인 내용도 심리할 수 있는지가 문제된
다(예를 들어 갑이 허가를 신청하였음에도 행정청이 아무런 처분을 하지 않아 부작위위법확인소송을 제
기한 경우, 법원은 행정청의 부작위 여부만 심리해야 하는지 아니면 부작위 여부와 갑의 허가 신청에 대
한 행정청의 인용 여부도 심리할 수 있는지의 문제이다).

2. 학 설

(1) 절차적 심리설

① 부작위위법확인소송의 수소법원은 **부작위의 위법 여부만**을 심사하여야 하며 1305
만약 실체적 심리설처럼 실체적인 내용을 심리한다면 그것은 의무이행소송을 인정하
는 결과가 되어 정당하지 않다는 견해이다(다수설). ② 이 견해에 따르면 부작위위법확
인소송의 인용판결이 있더라도 부작위가 위법하다는 것에만 기속력이 미치기 때문에
(형식적 기속력), 인용판결 후에 행정청은 당사자의 청구를 인용하든 거부하든 부작위
상태를 해소하기만 하면 부작위위법확인판결의 기속력에 위반되지 않는다고 본다.

(2) 실체적 심리설

① 법원은 단순히 행정청의 **부작위의 위법성** 심리에만 그치지 않고 **신청의 실체** 1306
적 내용도 이유 있는 것인지도 심리하여 그에 대한 적정한 처리방향(당사자가 신청한 처
분의 인용 여부)에 관한 법률적 판단을 하여야 한다고 보는 입장이다. ② 이 견해는 법
원에 의해 실체적 심리가 이루어진다면 인용판결에 대한 **실질적 기속력**이 인정될 것
이고(부작위 자체의 위법성뿐만 아니라 일정한 거부사유까지 기속력에 위반되어 위법해질 수 있다는 의
미) 그에 따라 무용한 소송의 반복을 피할 수 있으며 **당사자의 권리구제에도 실효적임**

을 근거로 한다.

3. 판 례

1307   판례는 부작위위법확인소송을 <u>부작위 내지 무응답이라고 하는 소극적인 위법상태</u>
<u>를 제거하는 것을 목적으로 하는 소송'으로 보고 있어 절차적 심리설을 취하고 있다</u>
(대판 1990. 9. 25. 89누4758).

4. 검 토

1308   부작위위법확인소송의 소송물(부작위의 위법성)과 행정소송법 제4조 제3호의 부작위
위법확인소송의 정의규정(행정청의 부작위가 위법하다는 것을 확인하는 소송)에 비추어 절차적
심리설이 타당하다.

Ⅱ. 위법성 판단의 기준시

1309   취소소송이나 무효등확인소송과는 달리 부작위위법확인소송의 경우에는 처분이
존재하지 않기 때문에 위법성판단의 기준시점은 판결시(사실심변론종결시)가 된다.

● 제5항 판 결

Ⅰ. 판결의 종류

1310   판결의 종류로 각하·기각·인용판결이 있다. 다만 사정판결은 문제되지 않는다.

Ⅱ. 판결의 효력

1311   (가) 부작위위법확인소송은 확인소송이므로 형성력을 제외하면 취소소송과 같다.
따라서 부작위위법확인소송의 인용판결이 있는 경우 행정청은 판결의 기속력에 따라
재처분의무가 발생하며, 간접강제도 가능하다(동법 제38조 제2항, 제30조, 제34조).

    (나) 그러나 부작위위법확인소송의 심리범위에서 다수설과 판례는 절차적 심리설의
입장이기 때문에 인용판결이 있는 경우에도 형식적 기속력만 발생한다. 따라서 부작
위위법확인판결이 있은 후에 행정청이 당사자의 신청을 거부하였다고 하더라도 이는
행정소송법 제30조 제2항에 따른 재처분(판결의 취지에 따른 재처분=기속력에 반하지 않는 재
처분)이기 때문에 당사자는 동법 제34조의 간접강제를 신청할 수 없다(신청인이 피신청인
을 상대로 제기한 부작위위법확인소송에서 신청인의 제2 예비적 청구를 받아들이는 내용의 확정판결을
받았다. 그 판결의 취지는 피신청인이 신청인의 광주광역시 지방부이사관 승진임용신청에 대하여 아무런
조치를 취하지 아니하는 것 자체가 위법함을 확인하는 것일 뿐이다. 따라서 피신청인이 신청인을 승진임

용하는 처분을 하는 경우는 물론이고, 승진임용을 거부하는 처분을 하는 경우에도 위 확정판결의 취지에 따른 처분을 하였다고 볼 것이다. 그런데 위 확정판결이 있은 후에 피신청인은 신청인의 승진임용을 거부하는 처분을 하였다. 따라서 결국 신청인의 이 사건 간접강제신청은 그에 필요한 요건을 갖추지 못하였다(대결 2010. 2. 5. 2009무153)).

> **참고** **부작위위법확인소송에 준용되지 않는 취소소송 규정들**   1311a
> ① 행정소송법 제22조(처분변경으로 인한 소의 변경)
> ② 행정소송법 제23조·제24조(집행정지)
> ③ 행정소송법 제28조(사정판결)
> *행정소송법 제13조(피고적격), 제18조(행정심판전치), 제20조(제소기간), 제29조(취소판결등의 효력), 제30조(판결의 기속력), 제34조(간접강제)는 준용규정 있음.

Chapter 03

Administrative Law

당사자소송

제1절 개 념

◑ 제1항 의 의

1312   당사자소송이란 행정청의 처분등을 원인으로 하는 법률관계에 관한 소송 그 밖에 공법상의 법률관계에 관한 소송으로서 그 법률관계의 한쪽 당사자를 피고로 하는 소송을 말한다(행정소송법 제3조 제2호)(예를 들어 위법한 운전면허취소처분으로 손해가 발생한 경우 위법한 처분을 다투는 것이 아니라(이것은 항고소송의 대상이다) 위법한 운전면허취소처분으로 발생한 재산상 손해의 배상을 청구하는 경우(법률(권리·의무)관계에 관한 소송)를 말한다).

◑ 제2항 종 류

Ⅰ. 실질적 당사자소송

1. 처분등을 원인으로 하는 법률관계에 관한 소송

1313   과세처분의 무효를 이유로 한 부당이득반환청구소송, 위법한 운전면허취소처분으로 발생한 재산상 손해에 대한 국가배상청구소송 등을 다수설은 공법상 당사자소송으로 본다. 그러나 판례는 이를 민사소송사항으로 본다.

판례

[판례1] 과세처분의 당연무효를 전제로 한 부당이득반환청구소송(민사소송)

조세부과처분이 당연무효임을 전제로 하여 이미 납부한 세금의 반환을 청구하는 것은 민사상의 부당이득반환청구로서 민사소송절차에 따라야 한다(대판 1995. 4. 28. 94다55019).

[판례2] 국가배상청구소송의 법적 성질(민사소송)

구청이 관내청소를 목적으로 운전직원을 두고 차량을 운행한 것은 공권력의 행사로 보아야 하고 이로 인한 손해배상은 특별한 사정이 없는 한 민법의 특별법인 본법을 적용하여야 한다(대판 1971. 4. 6. 70다2955).

[판례3] 공익상의 필요에 의한 면허어업제한 등으로 인한 수산업법 제81조 소정의 손실보상청구권의 법적 성질(민사소송)

내수면어업개발촉진법 제16조에 의하여 준용되는 수산업법 제81조 제1항 제1호는 같은 법 제34조 제1항 제1호 내지 제5호의 소정의 공익상 필요에 의한 사유로 인하여 면허어업을 제한하는 등의 처분을 받았거나 어업면허 유효기간의 연장이 허가되지 아니함으로써 손실을 입은 자는 행정관청에 대하여 보상을 청구할 수 있다고 규정하고 있는바, 이러한 어업면허에 대한 처분 등이 행정처분에 해당된다 하여도 이로 인한 손실은 사법상의 권리인 어업권에 대한 손실을 본질적 내용으로 하고 있는 것으로서 그 보상청구권은 공법상의 권리가 아니라 사법상의 권리이고, 따라서 같은 법 제81조 제1항 제1호 소정의 요건에 해당한다고 하여 보상을 청구하려는 자는 행정관청이 그 보상청구를 거부하거나 보상금액을 결정한 경우라도 이에 대한 행정소송을 제기할 것이 아니라 면허어업에 대한 처분을 한 행정관청(또는 그 처분을 요청한 행정관청)이 속한 권리주체인 지방자치단체 또는 국가를 상대로 민사소송으로 직접 손실보상금 지급청구를 하여야 한다(대판 1996. 7. 26. 94누13848).

2. 기타 공법상의 법률관계에 관한 소송

(1) 공법상 계약에 관한 소송

공법상 계약에 대한 분쟁은 당사자소송의 대상이다.   1314

♦ 쟁점 공법상 계약에 대한 중요 판례 정리

[판례1] 공중보건의사 채용계약의 법적 성질(공법상 계약)과 채용계약 해지에 관한 쟁송방법(당사자소송)

전문직공무원인 공중보건의사의 채용계약의 해지가 관할 도지사의 일방적인 의사표시에 의하여 그 신분을 박탈하는 불이익처분이라고 하여 곧바로 그 의사표시가 관할 도지사가 행정청으로서 공권력을 행사하여 행하는 행정처분이라고 단정할 수는 없고, … 관계 법령의 규정내용에 미루어 보면 현행 실정법이 전문직공무원인 공중보건의사의 채용계약 해지의 의사표시는 일반공무원에 대한 징계처분과는 달라서 항고소송의 대상이 되는 처분 등의 성격을 가진 것으로 인정되지 아니하고, 일정한 사유가 있을 때에 관할 도지사가 채용계약 관계의 한쪽 당사자로서 대등한 지위에서 행하는 의사표시로 취급하고 있는 것으로 이해되므로, 공중보건의사 채용계약 해지의 의사표시에 대하여는 대등한 당사자간의 소송형식인 공법상의 당사자소송으로 그 의사표시의 무효확인을 청구할 수 있는 것이지, 이를 항고소송의 대상이 되는 행정처분이라는 전제하에서 그 취소를 구하는 항고소송을 제기할 수는 없다(대판 1996. 5. 31. 95누10617).

[판례2] 중소기업기술정보진흥원장이 갑 주식회사와 중소기업 정보화지원사업 지원대상인 사업의 지원에 관한 협약을 체결하였는데, 협약이 갑 회사에 책임이 있는 사업실패로 해지되었다는 이유로 협약에서 정한 대로 지급받은 정부지원금을 반환할 것을 통보한 사안에서, 협약의 해지 및 그에 따른 환수통보는 행정청이 우월한 지위에서 행하는 공권력의 행사로서 행정처분에 해당한다고 볼 수 없다고 한 사례

중소기업 정보화지원사업에 따른 지원금 출연을 위하여 중소기업청장이 체결하는

협약은 공법상 대등한 당사자 사이의 의사표시의 합치로 성립하는 공법상 계약에 해당하는 점, 구 중소기업 기술혁신 촉진법(2010. 3. 31. 법률 제10220호로 개정되기 전의 것) 제32조 제1항은 제10조가 정한 기술혁신사업과 제11조가 정한 산학협력 지원사업에 관하여 출연한 사업비의 환수에 적용될 수 있을 뿐 이와 근거 규정을 달리하는 중소기업 정보화지원사업에 관하여 출연한 지원금에 대하여는 적용될 수 없고 달리 지원금 환수에 관한 구체적인 법령상 근거가 없는 점 등을 종합하면, 협약의 해지 및 그에 따른 환수통보는 공법상 계약에 따라 행정청이 대등한 당사자의 지위에서 하는 의사표시로 보아야 하고, 이를 행정청이 우월한 지위에서 행하는 공권력의 행사로서 행정처분에 해당한다고 볼 수는 없다(대판 2015. 8. 27. 2015두41449).

(2) 공법상 금전지급청구소송

1315   예를 들어 공무원이 미지급된 봉급에 대한 지급을 청구하는 소송, 사회보장적 성격의 급부를 청구하는 소송 등은 당사자소송의 대상이다.

◆ 쟁점 공법상 금전지급청구소송에 대한 중요 판례 정리

[판례1] 구 공무원연금법상 퇴직급여결정이 행정처분인지 여부(적극)

구 공무원연금법(1995. 12. 29. 법률 제5117호로 개정되기 전의 것) 제26조 제1항, 제80조 제1항, 공무원연금법시행령 제19조의2의 각 규정을 종합하면, 같은 법 소정의 급여는 급여를 받을 권리를 가진 자가 당해 공무원이 소속하였던 기관장의 확인을 얻어 신청하는 바에 따라 공무원연금관리공단이 그 지급결정을 함으로써 그 구체적인 권리가 발생하는 것이므로, 공무원연금관리공단의 급여에 관한 결정은 국민의 권리에 직접 영향을 미치는 것이어서 행정처분에 해당하고, 공무원연금관리공단의 급여결정에 불복하는 자는 공무원연금급여재심위원회의 심사결정을 거쳐 공무원연금관리공단의 급여결정을 대상으로 행정소송을 제기하여야 한다(대판 1996. 12. 6. 96누6417).

[판례2] 공무원연금관리공단이 공무원연금법령의 개정사실과 퇴직연금 수급자가 퇴직연금 중 일부 금액의 지급정지대상자가 되었다는 사실을 통보한 경우, 위 통보가 항고소송의 대상이 되는 행정처분인지 여부(소극)

구 공무원연금법 소정의 퇴직연금 등의 급여는 급여를 받을 권리를 가진 자가 당해 공무원이 소속하였던 기관장의 확인을 얻어 신청하는 바에 따라 공무원연금관리공단이 그 지급결정을 함으로써 그 구체적인 권리가 발생하는 것이므로, 공무원연금관리공단의 급여에 관한 결정은 국민의 권리에 직접 영향을 미치는 것이어서 행정처분에 해당할 것이지만, 공무원연금관리공단의 인정에 의하여 퇴직연금을 지급받아 오던 중 구 공무원연금법령의 개정 등으로 퇴직연금 중 일부 금액의 지급이 정지된 경우에는 당연히 개정된 법령에 따라 퇴직연금이 확정되는 것이지 구 공무원연금법 제26조 제1항에 정해진 공무원연금관리공단의 퇴직연금 결정과 통지에 의하여 비로소 그 금액이 확정되는 것이 아니므로, 공무원연금관리공단이 퇴직연금 중 일부 금액에 대하여 지급거부의 의사표시를 하였다고 하더라도 그 의사표시는 퇴직연금 청구권을 형성·확정하는 행정처분이 아니라 공법상의 법률관계의 한쪽 당사자로서 그 지급의무의 존부 및 범위에 관하여 나름대로의 사실상·법률상 의견을 밝힌 것일 뿐이어서, 이를 행정처분이라고 볼 수는 없다. 그리고 미지급퇴직연금에 대한 지급청구권은 공법상 권리로서 그의 지급을 구하는 소송은 공법상의 법률관계에 관한 소송인 공법상 당사자소송에 해당한다고 할 것이다(대판 2004. 7. 8. 2004두244).

[판례3] '민주화운동관련자 명예회복 및 보상 심의위원회'의 보상금 등의 지급 대상자에 관한 결정이 행정처분인지 여부(적극)

'민주화운동관련자 명예회복 및 보상 등에 관한 법률' 제2조 제1호, 제2호 본문, 제4조, 제10조, 제11조, 제13조 규정들의 취지와 내용에 비추어 보면, 같은 법 제2조 제2호 각 목은 민주화운동과 관련한 피해 유형을 추상적으로 규정한 것에 불과하여 제2조 제1호에서 정의하고 있는 민주화운동의 내용을 함께 고려하더라도 그 규정들만으로는 바로 법상의 보상금 등의 지급 대상자가 확정된다고 볼 수 없고, '민주화운동관련자 명예회복 및 보상 심의위원회'에서 심의·결정을 받아야만 비로소 보상금 등의 지급 대상자로 확정될 수 있다. 따라서 그와 같은 심의위원회의 결정은 국민의 권리의무에 직접 영향을 미치는 행정처분에 해당하므로, 관련자 등으로서 보상금 등을 지급받고자 하는 신청에 대하여 심의위원회가 관련자 해당 요건의 전부 또는 일부를 인정하지 아니하여 보상금 등의 지급을 기각하는 결정을 한 경우에는 신청인은 심의위원회를 상대로 그 결정의 취소를 구하는 소송을 제기하여 보상금 등의 지급대상자가 될 수 있다(대판(전원) 2008. 4. 17. 2005두16185).

[판례4] 법관이 이미 수령한 명예퇴직수당액이 구 법관 및 법원공무원 명예퇴직수당 등 지급규칙 제4조 [별표 1]에서 정한 정당한 수당액에 미치지 못한다고 주장하며 차액의 지급을 신청한 것에 대하여 법원행정처장이 거부하는 의사를 표시한 경우, 위 의사표시를 행정처분으로 볼 수 있는지 여부(소극), 명예퇴직한 법관이 미지급 명예퇴직수당액의 지급을 구하는 경우, 소송 형태(=행정소송법의 당사자소송)

명예퇴직수당은 명예퇴직수당 지급신청자 중에서 일정한 심사를 거쳐 피고가 명예퇴직수당 지급대상자로 결정한 경우에 비로소 지급될 수 있지만, 명예퇴직수당 지급대상자로 결정된 법관에 대하여 지급할 수당액은 명예퇴직수당규칙 제4조 [별표 1]에 산정 기준이 정해져 있으므로, 위 법관은 위 규정에서 정한 정당한 산정 기준에 따라 산정된 명예퇴직수당액을 수령할 구체적인 권리를 가진다. 따라서 위 법관이 이미 수령한 수당액이 위 규정에서 정한 정당한 명예퇴직수당액에 미치지 못한다고 주장하며 차액의 지급을 신청함에 대하여 법원행정처장이 거부하는 의사를 표시했더라도, 그 의사표시는 명예퇴직수당액을 형성·확정하는 행정처분이 아니라 공법상의 법률관계의 한쪽 당사자로서 지급의무의 존부 및 범위에 관하여 자신의 의견을 밝힌 것에 불과하므로 행정처분으로 볼 수 없다. 결국 명예퇴직한 법관이 미지급 명예퇴직수당액에 대하여 가지는 권리는 명예퇴직수당 지급대상자 결정 절차를 거쳐 명예퇴직수당규칙에 의하여 확정된 공법상 법률관계에 관한 권리로서, 그 지급을 구하는 소송은 행정소송법의 당사자소송에 해당하며, 그 법률관계의 당사자인 국가를 상대로 제기하여야 한다(대판 2016. 5. 24. 2013두14863).

(3) 공법상 신분·지위의 확인을 구하는 소송

예를 들어 국가유공자의 확인을 구하는 소송은 당사자소송의 대상이다. 1316

수신료 부과행위의 법적 성질(=공권력 행사) 및 수신료 징수권한 여부를 다투는 소송의 성격(=공법상 당사자소송)

수신료 부과행위는 공권력의 행사에 해당하므로, 피고(한국전력공사)가 피고 보조참가인(한국방송공사)으로부터 수신료의 징수업무를 위탁받아 자신의 고유업무와 관련된 고지행위와 결합하여 수신료를 징수할 권한이 있는지 여부를 다투는 이 사건 쟁송은 민사소송이 아니라 공법상의 법률관계를 대상으로 하는 것으로서 행정소송법 제3조 제2호에 규정된 당사자소송에 의하여야 한다(대판 2008. 7. 24. 2007다25261).

(4) 공법상 결과제거청구소송

1317 예를 들어 국가를 상대로 사인이 자신의 소유물의 반환을 청구하는 소송은 당사자소송의 대상이다(실무에서는 민사소송으로 처리된다).

(5) 행정처분에 이르는 절차적 요건의 존부나 효력 유무에 관한 소송

1317a 행정처분에 이르는 절차적 요건의 존부나 효력유무에 관한 소송은 당사자소송의 대상이다(대판 2010. 2. 25. 2007다73598).

(6) 법률관계(권리·의무 관계) 그 자체를 다투는 소송 [19 노무]

1317b 납세의무부존재확인을 구하는 소송은 공법상 법률관계를 소송물로 하는 공법상 당사자소송에 해당한다(대판 2000. 9. 8. 99두2765).

Ⅱ. 형식적 당사자소송★★

1. 의   의

1318 형식적 당사자소송이란 실질적으로 행정청의 처분등을 다투는 것이나 형식적으로는 처분등으로 인해 형성된 법률관계(주로 재산상 법률관계)를 다투기 위해 제기하는 소송을 말한다(예를 들어 사업시행자와 토지소유자 간에 보상금에 관한 분쟁이 있어 토지수용위원회(행정청)가 1m²당 10만원의 보상금을 재결한 경우, 토지소유자가 토지수용위원회의 재결을 다투는 것이 아니라 사업시행자를 상대로 보상금의 증액을 청구하는 당사자소송을 제기하는 경우를 말한다. 그러나 이러한 당사자소송은 형식은 당사자소송이지만 실질은 토지수용위원회의 10만 원의 보상금재결에 불복하는 항고소송이다. 따라서 이를 전체로 보아 형식적 당사자소송이라 한다. 아래의 실정법상의 예 참조(1320)).

2. 인정 근거

1319 당사자가 다투고자 하는 것이 법률관계인 경우 처분청이 아니라 실질적인 이해관계자를 소송당사자로 하는 것이 소송의 진행이나 분쟁의 해결에 보다 적합하다는 점이 형식적 당사자소송을 인정하는 근거가 된다.

3. 실정법상의 예

공익사업을 위한 토지등의 취득 및 보상에 관한 법률 제85조 제2항의 보상금증감 　1320
청구소송이 대표적이다. 이 소송의 실질은 토지수용위원회의 보상금재결에 불복하는
것이지만 형식은 대등한 당사자인 사업시행자와 토지소유자(관계인) 사이의 당사자소
송이다(제85조(행정소송의 제기) ① 사업시행자, 토지소유자 또는 관계인은 제34조에 따른 재결에 불
복할 때에는 재결서를 받은 날부터 90일 이내에, 이의신청을 거쳤을 때에는 이의신청에 대한 재결서를
받은 날부터 60일 이내에 각각 행정소송을 제기할 수 있다. ② 제1항에 따라 제기하려는 행정소송이 보
상금의 증감(增減)에 관한 소송인 경우 그 소송을 제기하는 자가 토지소유자 또는 관계인일 때에는 사업
시행자를, 사업시행자일 때에는 토지소유자 또는 관계인을 각각 피고로 한다)(671 이하 참조)).

4. 형식적 당사자소송의 일반적 인정 여부(명문의 규정이 없는 경우)

(1) 문제 상황

공익사업을 위한 토지 등의 취득 및 보상에 관한 법률 제85조 제2항의 보상금증 　1321
감청구소송과 같은 명문의 규정이 없음에도 불구하고 당사자에게 실질적으로는 행정
청의 처분등을 다투는 것이나 형식적으로는 처분등으로 인해 형성된 법률관계를 다투
기 위해 제기하는 소송을 일반적으로 인정할 수 있는지가 문제된다.

(2) 학　설

1) 긍 정 설　　긍정설은 ⓐ 처분(또는 재결)의 구성요건적 효력을 제거하지 않 　1322
은 채 그 결과로 발생한 법률관계만을 형식적 당사자소송으로 변경하더라도 그것이
바로 구성요건적 효력을 침해하는 것은 아니며, ⓑ 취소소송의 심리에 대한 행정소송
법 제25조·제26조가 동법 제44조에 의해 당사자소송에도 준용된다는 것은 형식적
당사자소송을 긍정하는 것으로 보아야 한다는 점을 근거로 한다.

2) 부 정 설　　부정설은 ⓐ 처분(또는 재결)의 효력을 제거하지 않은 채 그 결 　1323
과로 발생한 법률관계를 형식적 당사자소송으로 변경하는 것은 인정될 수 없고, ⓑ
개별법에 규정이 없는 경우에는 원고적격·피고적격·제소기간 등의 소송요건도 불분
명하다는 점을 근거로 한다(다수설).

(3) 검　토

형식적 당사자소송은 실질이 처분등을 다투는 것이고, 처분(또는 재결)에 대한 불 　1324
복은 항고소송에 의하는 것이 원칙이라는 점을 고려할 때 부정설이 타당하다.

◉ 제3항 성   질

1325   당사자소송은 주관적 소송이며, 시심적 소송이다. 그리고 당사자소송의 성질에
따라 이행소송과 확인소송으로 나누어진다.

◉ 제4항 항고소송과 당사자소송의 관계*

Ⅰ. 문제 상황

1326   행정소송법 제3조는 행정소송의 종류에서 (특히 주관적 소송) 항고소송과 당사자소
송을 규정하고 있는데 양 소송의 관계가 문제될 수 있다.

Ⅱ. 처분이 취소사유인 경우

1327   처분은 하자가 있다고 하더라도 무효가 아닌 한 권한 있는 기관에 의해 취소되기
전까지는 유효한 것으로 취급된다(공정력(302 이하), 구성요건적 효력(304 이하)). 따라서 처
분에 단순위법인 하자가 있는 경우에는 취소소송 이외의 소송(당사자소송)으로는 처분
의 효력을 부정할 수 없어 권리구제를 받을 수 없고 취소소송에 의해서만 처분의 효
력을 소멸시킬 수 있다(예를 들어 취소사유인 과세처분이 발령된 경우, 해당 과세처분이 판결로 취
소되기 전이라면 조세채무는 존재하기 때문에 당사자소송으로 채무부존재확인소송을 제기해서는 인용판
결을 받을 수 없다. 따라서 과세처분취소소송을 먼저 제기해야 한다).

Ⅲ. 처분이 무효사유인 경우

1328   처분이 무효인 경우 처분에 대한 무효확인소송 외에 처분으로 발생한 법률관계에
대해 당사자소송을 제기하여 권리구제를 받을 수 있는지가 문제된다.

1. 학   설

(1) 무효확인소송우선설

1329   당사자소송은 공법상 법률관계 일반을 대상으로 하는 일반소송의 성격을 가지므
로(행정소송법 제3조 제2호 참조) 무효확인소송으로 해결이 가능한 경우는 당사자소송이
불가능하다는 견해이다(당사자소송의 보충성을 긍정하는 견해).

(2) 병렬적 관계설

1330   무효인 처분은 공정력(구성요건적 효력)이 없어 누구든 어떤 방법으로든 그 효력 없
음을 확인할 수 있기 때문에 당사자는 무효확인소송이나 당사자소송 중 선택할 수 있
다는 견해이다(당사자소송의 보충성을 부정하는 견해(다수 견해)).

2. 검   토

처분이 무효인 경우에는 어떤 방법으로도 효력 없음을 확인할 수 있는 것이며, 당사자소송의 보충성에 대한 명문의 규정이 없으므로 당사자는 무효확인소송과 당사자소송 중 선택할 수 있다는 병렬적 관계설이 타당하다(앞의 예(1327)에서 과세처분이 무효라면 당사자는 과세처분무효확인소송을 제기할 수도 있고, 당사자소송으로 채무부존재확인소송을 제기하여 권리구제를 받을 수도 있다).

1331

제2절 소송의 대상

항고소송은 행정청의 공권력 행사를 직접 대상으로 하지만, 당사자소송은 공권력 행사·불행사로 생긴 법률관계 및 그 밖의 공법상 법률관계를 대상으로 한다.

1332

제3절 소송의 당사자

◉ 제1항 당사자의 종류

국가와 공공단체, 국가와 사인, 공공단체와 사인, 공공단체와 공공단체 간에 당사자소송이 가능하다.

1333

◉ 제2항 원고적격

행정소송법에는 당사자소송의 원고적격에 대한 규정이 없다. 따라서 민사소송법이 준용되어, 소송의 내용이 이행소송인 경우는 이행청구권이 있음을 주장하는 자이면 원고적격이 인정되고 소송의 내용이 확인소송인 경우는 확인의 이익을 가지는 자에게 원고적격이 인정된다.

1334

❍ 제3항 권리보호필요성

1334a   당사자소송은 민사소송과 유사하기 때문에 당사자소송 중 확인소송은 항고소송인 무효등확인소송과는 달리 즉시확정의 이익이 요구된다(대판 2002. 11. 26. 2002두1496).

❍ 제4항 피고적격과 피고경정

1335   (가) 당사자소송은 국가·공공단체 그 밖의 권리주체를 피고로 하며(행정소송법 제39조), 행정청이 피고가 되지 않는다. 국가가 피고가 되는 경우는 국가를 당사자로 하는 소송에 관한 법률 제2조에 따라 법무부장관이 대표하며, 지방자치단체가 피고가 되는 경우는 지방자치법 제114조에 따라 해당 지방자치단체의 장이 대표한다.

   (나) 당사자소송의 경우도 피고경정이 가능하다(행정소송법 제44조 제1항, 제14조 참조).

사인을 피고로 하는 당사자소송이 허용되는지 여부(적극)

행정소송법 제39조는, "당사자소송은 국가·공공단체 그 밖의 권리주체를 피고로 한다."라고 규정하고 있다. 이것은 당사자소송의 경우 항고소송과 달리 '행정청'이 아닌 '권리주체'에게 피고적격이 있음을 규정하는 것일 뿐, 피고적격이 인정되는 권리주체를 행정주체로 한정한다는 취지가 아니므로, 이 규정을 들어 사인을 피고로 하는 당사자소송을 제기할 수 없다고 볼 것은 아니다(대판 2019. 9. 9. 2016다262550).

❍ 제5항 소송참가

1336   당사자소송에도 취소소송과 같이 제3자의 소송참가(행정소송법 제16조, 제44조)와 행정청의 소송참가(행정소송법 제17조, 제44조)가 인정된다.

제4절 소송의 제기

❍ 제1항 토지관할

1337   당사자소송에 관한 재판관할에도 취소소송에 관한 규정이 적용되어 제1심 관할법원은 피고의 소재지를 관할하는 행정법원이다. 다만, 국가 또는 공공단체가 피고인 경우에는 관계행정청의 소재지를 피고의 소재지로 본다(행정소송법 제40조)(행정소송법 제

39조가 당사자소송의 경우 국가·공공단체 그 밖의 권리주체를 피고로 하는 것과 구별하여야 한다).

◉ 제2항 행정심판전치, 제소기간

① 행정심판의 전치는 적용되지 않는다. ② 그리고 취소소송의 제기기간 규정도   1338
당사자소송에는 적용되지 않는다. 다만, 행정소송법 제41조는 당사자소송에 관하여
법령에 제소기간이 정하여져 있는 때에는 그 기간은 불변기간으로 한다고 규정한다.

◉ 제3항 관련청구소송의 이송·병합, 소의 변경

관련청구소송의 이송·병합(행정소송법 제44조 제2항, 제10조) 및 소의 변경(행정소송법   1339
제42조, 제21조 제1항, 제44조, 제22조)은 인정된다.

◉ 제4항 가 구 제

당사자소송에는 집행정지가 준용되지 않고, 민사집행법상의 가처분규정이 준용된   1340
다(행정소송법 제8조 제2항).

제5절 소송의 심리

당사자소송에는 행정심판기록제출명령, 직권심리주의가 적용된다(행정소송법 제44조   1341
제1항 제25조, 제26조).

제6절 소송의 판결

◉ 제1항 판결의 종류와 효력

(가) 판결은 각하·기각·인용판결로 구분된다. 그리고 소송의 내용에 따라 확인판   1342

결과 이행판결로 나눌 수도 있다. 다만 사정판결제도는 없다.

(ㄴ) 당사자소송의 확정판결도 자박력·확정력·기속력을 가진다.

● 제2항 기 타

1343 　(ㄱ) 당사자소송에는 제3자에 의한 재심청구가 인정되지 않는다.

　(ㄴ) 국가를 상대로 하는 당사자소송의 경우에는 가집행선고(확정되지 아니한 종국판결에 대해 미리 집행력을 부여하는 형성적 재판을 말한다)를 할 수 없다(행정소송법 제43조).

1343a

참고

당사자소송에 준용되지 않는 중요한 취소소송 규정들(주로 처분등을 전제로 하는 규정들)
① 행정소송법 제18조(행정심판전치)
② 행정소송법 제20조(제소기간)(단, 행정소송법 제41조에서 당사자소송의 제소기간에 관해 따로 규정함)
③ 행정소송법 제23조·제24조(집행정지)
④ 행정소송법 제28조(사정판결)
⑤ 행정소송법 제29조(취소판결등의 효력)
⑥ 행정소송법 제30조 제2항(판결의 기속력 중 재처분의무)
⑦ 행정소송법 제31조(제3자의 재심청구)
⑧ 행정소송법 제34조(간접강제)
*행정소송법 제9조(재판관할), 제10조(관련청구소송의 이송·병합), 제14조(피고경정), 제16조(제3자의 소송참가), 제25조(행정심판기록의 제출명령)·제26조(직권심리), 제30조 제1항(단, 제2항은 제외)(판결의 기속력)은 준용규정 있음.

객관적 소송

객관적 소송이란 주관적인 권리보호가 목적이 아니라, 행정작용의 적법성을 보장 　1344
받기 위해 제기하는 소송을 말한다(예: 공익을 위한 소송).

제1절　민중소송

◉ 제1항　개　념

Ⅰ. 의　　의

민중소송이란 국가 또는 공공단체의 기관이 법률에 위반되는 행위를 한 때에 직 　1345
접 자기의 법률상 이익과 관계없이 그 시정을 구하기 위하여 제기하는 소송을 말한다
(행정소송법 제3조 제3호).

Ⅱ. 성　　질

1. 객관적 소송

민중소송은 당사자 사이의 구체적인 권리·의무에 관한 분쟁의 해결을 위한 것이 　1346
아니라, 행정법규의 정당한 적용을 확보하거나 선거 등의 공정의 확보를 위한 소송으
로서 객관적 소송이다.

2. 제소권자

민중소송은 법률이 정한 자에 한해 제기할 수 있다(행정소송법 제45조). 　1347

3. 법정주의

민중소송은 법률이 정한 경우에 제기할 수 있다(행정소송법 제45조). 　1348

○ 제2항 민중소송의 예

1349 ① 공직선거법상 선거소송(공직선거법 제222조)(대통령선거 및 국회의원선거에 있어서 선거의 효력에 관하여 이의가 있는 선거인·정당 또는 후보자는 당해 선거구선거관리위원회위원장을 피고로 대법원에 제기함)(지방의회의원 및 지방자치단체의 장의 선거에 있어서 선거의 효력에 관한 제220조의 결정에 불복이 있는 소청인(당선인을 포함한다)은 해당 선거구선거관리위원회 위원장 또는 선거관리위원회 위원장을 피고로 하여 비례대표 시·도의원선거 및 시·도지사선거(교육감선거)에 있어서는 대법원에, 지역구시·도의원선거, 자치구·시·군의원선거 및 자치구·시·군의 장 선거에 있어서는 그 선거구를 관할하는 고등법원에 제소함).

② 공직선거법상 당선소송(공직선거법 제223조)(대통령선거 및 국회의원선거에 있어서 당선의 효력에 이의가 있는 정당 또는 후보자가 당선인, 중앙선거관리위원회위원장 또는 국회의장, 당해 선거구선거관리위원회위원장 등을 피고로 대법원에 소를 제기함)(지방의회의원 및 지방자치단체의 장의 선거에 있어서 당선의 효력에 관한 제220조의 결정에 불복이 있는 소청인 또는 당선인인 피소청인이 당선인 또는 선거관리위원회 위원장을 피고로 하여 비례대표 시·도의원선거 및 시·도지사선거(교육감선거)에 있어서는 대법원에, 지역구시·도의원선거, 자치구·시·군의원선거 및 자치구·시·군의 장 선거에 있어서는 그 선거구를 관할하는 고등법원에 제소함).

③ 국민투표법상 국민투표무효소송(국민투표법 제92조)(투표인이 중앙선거관리위원회위원장을 피고로 하여 대법원에 제소함).

④ 주민투표법상 주민투표소송(주민투표법 제25조 제2항)(주민투표권자가 관할선거관리위원회위원장을 피고로 하여 특별시·광역시 및 도에 있어서는 대법원에, 시·군 및 자치구에 있어서는 관할 고등법원에 제소함).

⑤ 지방자치법상 주민소송(지방자치법 제22조)(주민이 단체장을 상대로 해당 지방자치단체의 사무소 소재지를 관할하는 행정법원에 제기함).

○ 제3항 적용법규

1350 민중소송에 적용될 법규는 민중소송을 규정하는 각 개별법규가 정하는 것이 일반적이다. 행정소송법은 민중소송에 대해 성질에 반하지 않는 한 취소소송, 무효등확인소송, 당사자소송에 관한 행정소송법의 규정을 준용하도록 규정하고 있다(행정소송법 제46조).

제2절 기관소송★★

○ 제1항 개 념

Ⅰ. 의 의

기관소송이란 국가 또는 공공단체의 기관 상호 간에 있어서의 권한의 존부 또는 1351
그 행사에 관한 다툼이 있을 때에 이에 대하여 제기하는 소송을 말한다. 다만, 헌법재
판소법 제2조의 규정에 의하여 헌법재판소의 관장사항으로 되는 소송(1. 법원의 제청에
의한 법률의 위헌 여부 심판 2. 탄핵의 심판 3. 정당의 해산심판 4. 국가기관 상호간, 국가기관과 지
방자치단체 간 및 지방자치단체 상호간의 권한쟁의에 관한 심판 5. 헌법소원에 관한 심판)은 제외한
다(행정소송법 제3조 제4호).

Ⅱ. 권한쟁의심판과의 구별

① 형식 면에서 기관소송은 행정소송이나 권한쟁의심판은 헌법재판이고, ② 대상 1352
에 있어 기관소송은 공법상의 법인 내부에서의 법적 분쟁을 대상으로 하는 데 반해,
권한쟁의심판은 공법상의 법인 상호 간의 외부적인 분쟁을 대상으로 한다. 그러나 헌
법 제111조는 헌법재판소의 관할사항이 되는 소송(예: 국가기관 상호 간, 국가기관과 지방자
치단체 및 지방자치단체 상호 간의 권한쟁의)을 열거하고 있어 국가기관 상호 간의 분쟁은 권
한쟁의심판의 대상이다.

Ⅲ. 인정필요성

행정주체 내에 이러한 분쟁을 해결할 수 있는 적당한 기관이 없거나 제3자에 의 1353
한 공정한 해결을 할 필요가 있는 경우가 있고, 이러한 경우 법원에 제소하여 해결하
는 제도가 기관소송이다.

○ 제2항 성 질

Ⅰ. 동일한 행정주체 내부기관 간의 소송만을 말하는 것인지 여부

① ⓐ 기관소송은 동일한 행정주체 내부의 기관 간의 소송으로 보아야 한다는 1354
견해(한정설)(다수설)와 ⓑ 기관소송을 동일한 행정주체 내부의 기관 간의 소송에 한정할
필요가 없이 쌍방당사자가 행정주체가 아닌 행정기관인 행정소송으로 보아야 한다는
견해(비한정설)가 대립된다. ② 행정소송법의 법문상 기관소송은 동일한 행정주체 내부

의 기관 간의 분쟁을 의미하지, 행정주체 사이의 분쟁을 의미하는 것은 아니다(행정소송법 제3조 제4호는 헌법재판소의 관장사항인 권한쟁의심판 등을 제외한 소송을 행정소송인 기관소송으로 규정하고 있는데, 이는 공법상 법인 상호간의 외부적 분쟁은 헌법소송으로, 공법상 법인 내부적 분쟁은 행정소송인 기관소송으로 해결하라는 취지로 볼 수 있다). 따라서 한정설이 타당하다.

Ⅱ. 객관적 소송

1355 기관소송을 제기할 수 있는 권리는 주관적 권리가 아니다. 따라서 기관소송은 객관적 소송의 한 종류이다.

Ⅲ. 제소권자

1356 기관소송은 법률에 정한 자에 한하여 제기할 수 있다(행정소송법 제45조).

Ⅳ. 법정주의

1357 기관소송은 법률이 정한 경우에 제기할 수 있다(행정소송법 제45조).

● 제3항 기관소송의 예 ― 지방의회재의결에 대해 단체장이 제소하는 경우(지방자치법 제120조 제3항)

1358 ① 지방의회의 위법한 재의결에 대해 단체장이 지방의회를 상대로 대법원에 제소하는 경우(지방자치법 제120조 제3항).
  ② 시·도의회의 위법한 재의결에 대해 교육감이 시·도의회를 상대로 대법원에 제소하는 경우(지방교육자치에 관한 법률 제28조 제3항).

● 제4항 적용법규

1360 행정소송법은 기관소송에 대해 성질에 반하지 않는 한 취소소송, 무효등확인소송, 당사자소송에 관한 행정소송법의 규정을 준용하도록 규정하고 있다(행정소송법 제46조).

판례 색인

사항 색인

저자 소개

연세대학교 법과대학 졸업
연세대학교 법과대학 대학원(석사)졸업(행정법)
연세대학교 법과대학 대학원 박사과정(행정법)
연세대학교 등 대학특강 강사
프라임법학원 행정쟁송법 전임강사

저 서

핵심정리 행정법(박영사, 초판 2012, 제10판 2021)
행정법 진도별 기출연습(박영사, 2019)
행정법 사례연습(박영사, 초판 2015, 제4판 2019)
공인노무사 핵심정리 행정쟁송법(박영사, 초판 2014, 제9판 2022)
세무사 핵심정리 행정소송법(박영사, 2017)
행정법 쟁점정리(박영사, 초판 2011, 제9판 2018)
행정법 STUDY BOOK(청암미디어(박영사), 2011)
로스쿨 객관식 행정법특강(공저)(박영사, 2012)

2023 대비(제9판)
공인노무사 핵심정리 행정쟁송법

초판발행   2014년 9월 30일
제2판발행   2015년 9월 30일
제3판발행   2016년 10월 5일
제4판발행   2017년 10월 2일
제5판발행   2018년 10월 10일
제6판발행   2019년 10월 2일
제7판발행   2020년 10월 8일
제8판발행   2021년 10월 5일
제9판발행   2022년 10월 15일

지은이   김기홍
펴낸이   안종만·안상준

편 집   김선민
기획/마케팅   조성호
표지디자인   이소연
제 작   고철민·조영환

펴낸곳   (주) **박영사**
                서울특별시 금천구 가산디지털2로 53, 210호(가산동, 한라시그마밸리)
                등록 1959. 3. 11. 제300-1959-1호(倫)
전 화   02)733-6771
f a x   02)736-4818
e-mail   pys@pybook.co.kr
homepage   www.pybook.co.kr
ISBN   979-11-303-4316-7   93360

정 가   26,000원